Menschliches Verhalten im Wandel der Zeit

Martin Schuster

Menschliches Verhalten im Wandel der Zeit

Konstanz und Veränderung der menschlichen Psyche

Martin Schuster
Fakultät für Psychologie
(pensioniert) Universität zu Köln
Köln, Nordrhein-Westfalen, Deutschland

ISBN 978-3-662-60697-1   ISBN 978-3-662-60698-8   (eBook)
https://doi.org/10.1007/978-3-662-60698-8

Die Deutsche Nationalbibliothek verzeichnet diese Publikation in der Deutschen Nationalbibliografie; detaillierte bibliografische Daten sind im Internet über http://dnb.d-nb.de abrufbar.

© Springer-Verlag GmbH Deutschland, ein Teil von Springer Nature 2020, korrigierte Publikation 2021
Das Werk einschließlich aller seiner Teile ist urheberrechtlich geschützt. Jede Verwertung, die nicht ausdrücklich vom Urheberrechtsgesetz zugelassen ist, bedarf der vorherigen Zustimmung des Verlags. Das gilt insbesondere für Vervielfältigungen, Bearbeitungen, Übersetzungen, Mikroverfilmungen und die Einspeicherung und Verarbeitung in elektronischen Systemen.
Die Wiedergabe von allgemein beschreibenden Bezeichnungen, Marken, Unternehmensnamen etc. in diesem Werk bedeutet nicht, dass diese frei durch jedermann benutzt werden dürfen. Die Berechtigung zur Benutzung unterliegt, auch ohne gesonderten Hinweis hierzu, den Regeln des Markenrechts. Die Rechte des jeweiligen Zeicheninhabers sind zu beachten.
Der Verlag, die Autoren und die Herausgeber gehen davon aus, dass die Angaben und Informationen in diesem Werk zum Zeitpunkt der Veröffentlichung vollständig und korrekt sind. Weder der Verlag, noch die Autoren oder die Herausgeber übernehmen, ausdrücklich oder implizit, Gewähr für den Inhalt des Werkes, etwaige Fehler oder Äußerungen. Der Verlag bleibt im Hinblick auf geografische Zuordnungen und Gebietsbezeichnungen in veröffentlichten Karten und Institutionsadressen neutral.

Fotonachweis Umschlag: © zef art/stock.adobe.com

Planung/Lektorat: Heiko Sawczuk
Springer ist ein Imprint der eingetragenen Gesellschaft Springer-Verlag GmbH, DE und ist ein Teil von Springer Nature.
Die Anschrift der Gesellschaft ist: Heidelberger Platz 3, 14197 Berlin, Germany

Inhaltsverzeichnis

1	**Einleitung**		1
1.1	Die wundersamen Wege der Traditionsbildung		1
	1.1.1	Enkulturation als Ursache von Unterschiedlichkeit	2
	1.1.2	Memetik	4
	1.1.3	Traditionsgebundene Verhaltensweisen	5
	1.1.4	Naturgesetze, Tradition und individuelle Einzigartigkeit	7
	1.1.5	Ein punktueller Vergleich	7
	1.1.6	Keiner war dabei	8
	1.1.7	In uns schlummern Notfallprogramme	10
	1.1.8	Es zählen weniger Gesetze und Normen, sondern eher berichtetes Verhalten	10
	1.1.9	Kulturvergleich und Epochalvergleich	11
1.2	Kunst- und Modegeschichte helfen, die historischen Entwicklungen des Verhaltens zu verstehen		11
	1.2.1	Rückbezug auf frühere Zeiten	12
	1.2.2	Die Dauer von Stilen und Moden	14
	1.2.3	Warum sich Kunststile verändern	14
	1.2.4	Kulturkontakt und Wanderungsbewegungen (im Modell: Mode und Kunst)	15
	1.2.5	Altes und Neues existiert gleichzeitig	16
	1.2.6	Schichten und Untergruppen	17
	1.2.7	Regionale Unterschiede in Verhaltens- und Erlebnisweisen	18

		1.2.8	Die besonderen Möglichkeiten des Kunsthistorikers und des epochenvergleichenden Psychologen	19
		1.2.9	Langfristige Trends	20
	1.3	Die Mentalität einer Epoche		21
	Literatur			22

2 Wir erklären uns die Welt 23

	2.1	Welterklärungen beeinflussen Verhalten und Erleben. Beispiel: der Selbstmord	23
		2.1.1 Der Selbstmord und Platon	23
	2.2	Die Besorgnis über die Gesundheit	24
		2.2.1 Gottesstrafe, Teufelswerk und Hexerei	25
		2.2.2 Gesundheit und Ernährung	26
		2.2.3 Die Folgen des Einverleibens	28
	2.3	Seelische Krankheiten in der Geschichte	28
		2.3.1 Historische Krankheiten	29
		2.3.2 Krankheiten wurden anders bewertet	32
		2.3.3 Ängste	33
		2.3.4 Ist Sex ungesund?	35
	2.4	Sexualität	39
		2.4.1 Die Sexfreudigkeit der alten Welt	39
		2.4.2 Die Sexfeindlichkeit des Christentums	41
		2.4.3 Onanie von Männern und Frauen	44
		2.4.4 Sexualität unter Ausnahmebedingungen	47
		2.4.5 Ist Inzucht zulässig?	48
		2.4.6 Mit zwölf Jahren heiratsfähig?	48
		2.4.7 Die Erfindung der Homosexualität	49
		2.4.8 Knabenliebe	51
		2.4.9 Homosexualität von Frauen (lesbische Beziehungen)	52
		2.4.10 Orale Befriedigung	53
		2.4.11 Hilflose Kinder	53
		2.4.12 Ersatzsexualität zwischen Männern	54
		2.4.13 Sexualität und Gewalt	55
	2.5	Geschlechterrollen, Geschlechterkonzepte	56
	2.6	Die Idee von der Schönheit	60
	2.7	Ich-Haftigkeit, Individualität	67

	2.7.1	Rangordnungen, Ungleichheit, Gerechtigkeit	69
	2.7.2	Das Christentum und der Sklavenhandel	70
Literatur			72

3 Die Religionen — 77
3.1 Vorgeburtliche und Kindheitserfahrungen und das Entstehen der Götter — 77
3.2 Naturerfahrungen und das Entstehen der Götter — 78
3.3 Schwere Katastrophen und das antike Interesse am Lauf der Gestirne — 79
3.4 Das Vergehen der Götter — 80
3.5 Der eine, allmächtige Schöpfergott — 81
3.6 Was will Gott? — 84
    3.6.1 Will Gott die Menschen bestrafen? — 84
    3.6.2 Alle Götter mögen Kollektivstrafen — 85
3.7 Präventive Selbstbestrafung — 85
    3.7.1 Die Strafanlässe: 1. das Böse — 85
    3.7.2 Strafanlässe: 2. Es gibt zu viele oder fehlerhafte Menschen — 87
3.8 Andere Erklärungen der Katastrophen — 88
    3.8.1 Natürliche Erklärungen von Katastrophen — 88
3.9 Andere Theorien zur Entstehung der Religion — 88
3.10 Der Glaube an ein Weiterleben — 89
3.11 Furcht vor den Totengeistern — 91
3.12 Wiedergeburt und pränataler Himmel — 92
3.13 Religion und Verhalten — 94
3.14 Was glauben die Menschen wirklich? — 95
Literatur — 96

4 Konstanz und Veränderung der Welterklärungen — 99
4.1 Übertragung von Überzeugungen durch Bilder — 99
    4.1.1 Bilder und Szenen können sich am Bewusstsein vorbeischleusen — 100
    4.1.2 Sprachbilder — 101
    4.1.3 Die Wirklichkeitssuggestion von Bildern — 101
    4.1.4 Beispiele — 101
4.2 Das Traditionsschwungrad Sprache — 111
    4.2.1 Redensarten — 114
    4.2.2 Begriffe — 116

4.3		Traditionsübermittlung durch Handlungen	117
4.4		Ja, wenn das so ist, dann muss doch auch …	121
4.5		Das logische Denken und die Naturbeobachtung	124
	4.5.1	Die Aufklärung und die neue Moral	125
Literatur			127

5 Wir erfinden die Welt — 129

5.1		Die Konstruktion der Gefühle	129
	5.1.1	Die Gefühlswelt der Romane wird Wirklichkeit	132
	5.1.2	Politische Veränderungen und Romane	133
5.2		Die Liebe	134
	5.2.1	Kinderliebe	135
	5.2.2	Elternliebe	141
	5.2.3	Partnerliebe/Geschlechtsliebe	142
	5.2.4	Liebe gegenüber religiösen und politischen Führern	148
	5.2.5	Besitzbindung, Besitzliebe	149
5.3		Mitgefühl, Empathie	150
	5.3.1	Eine Schaulust unterbindet das Mitgefühl	150
5.4		Erfindungen, Entdeckungen und Verhalten	155
	5.4.1	Die Anti-Baby-Pille	155
	5.4.2	Fortschritte der Geburtsmedizin und Aggressivität	156
	5.4.3	Die Fotografie	156
Literatur			157

6 Beherrsche Dich — 161

6.1		Methoden der Gefühls- und Impulskontrolle	161
	6.1.1	Die Historie der Emotion	161
	6.1.2	Psychologie der Selbstkontrolle	162
	6.1.3	Der kognitiv-emotionale Set	164
	6.1.4	Redewendungen und Selbstkontrolle	166
6.2		Scham- und Ehrgefühl	167
	6.2.1	Schamgefühl	168
	6.2.2	Ekel, Hygiene	176
	6.2.3	Ehre und Schande	177
	6.2.4	Die Ehre der Frauen	179
	6.2.5	Ehrverteidigung durch Duelle	180

		6.2.6	Unehrliche Berufe	181
		6.2.7	Beschämung: Ehrverletzung als Strafe	181
		6.2.8	Besondere Ehrbezeugungen	182
	6.3	Aggressionskontrolle und Aggression		183
		6.3.1	Spontane Gewaltexzesse	183
		6.3.2	Aggression gegen einen Sündenbock	184
		6.3.3	Aggression gegen Fremde, Gruppenaggression	186
		6.3.4	Krieg und Aggression als „conditio humana"	186
	6.4	Die Kontrolle des Weinens		187
	6.5	Expressive Trauer, beherrschte Trauer		188
	6.6	Unterdrücktes Schmerzempfinden		190
	6.7	Kontrolle des Lachens		190
		6.7.1	Aggressive Witze, Spott, Schadenfreude	191
		6.7.2	Spotten durch Obszönitäten, Zoten	194
		6.7.3	Analer Humor, anales Spotten	195
		6.7.4	Das Lachen über das Ungewohnte	197
		6.7.5	Die Wirkung des Lachens und Auslachens	198
		6.7.6	Gemeinsames Lachen, der soziale Gebrauch des Witzemachens	199
	6.8	Wonach wir streben		199
		6.8.1	Die Antike	200
	Literatur			203
7	**Kulturelles Training und Reaktionen auf Ereignisse**			207
	7.1	Kulturelles Training, Kognition und mentale Fertigkeiten		207
		7.1.1	Die Introspektion	207
		7.1.2	Kognitive Fähigkeiten	209
		7.1.3	Sensorische Fähigkeiten	213
	7.2	Umweltbedingungen erzeugen spezifische Reaktionen		214
		7.2.1	Die Pest, der Schwarze Tod	214
		7.2.2	Die Syphilis und die Sexualität	215
		7.2.3	Weniger Nachwuchs	215
	7.3	(Traumatische) Erfahrungen und historisches Gedächtnis		216
	Literatur			217

8 Theorien der historischen Veränderung — 219
- 8.1 Nicht Fakten, sondern Einschätzungen und Interpretationen zählen für das Erleben — 219
- 8.2 Die Lernpsychologie — 220
  - 8.2.1 Lernen durch Geschichten — 220
  - 8.2.2 Modell-Lernen — 221
  - 8.2.3 Das Modell der Mächtigen — 223
  - 8.2.4 Modell-Lernen von überlegenen Kulturen — 223
  - 8.2.5 Erlernte Hilflosigkeit — 224
- 8.3 Die Psychoanalyse — 224
  - 8.3.1 Regression und Fixierung — 225
  - 8.3.2 Die Abwehrmechanismen — 226
  - 8.3.3 Die Archetypen — 229
  - 8.3.4 Die Psychohistorie — 230
- 8.4 Entwicklungspsychologische Konzepte — 236
- 8.5 Die psychogenetische Grundregel — 237
- 8.6 Die Dekadenztheorie — 238
- 8.7 Selbstmedikation mit Alkohol — 238
- Literatur — 239

9 Ergebnisse und Schlussfolgerungen — 241
- 9.1 Traditionsübermittlung durch ein implizites Curriculum — 242
- 9.2 Die tiefe Glaubwürdigkeit alter Kognitionen — 243
- 9.3 Der vielstimmige Menschheitstraum — 244
- 9.4 Das Interesse der Herrschenden — 247
- 9.5 Selbstorganisierende Prozesse oder Folgen der Kinderaufzucht? — 251
- 9.6 Ist der Verlauf der Geschichte auch psychisch bedingt? — 251
- 9.7 Die Gefahren der Freiheit von Instinkten — 253
- 9.8 Eine „neue" Psychologie — 253
  - 9.8.1 Eine „vergleichende Methode" — 254
  - 9.8.2 Es gibt weitere Möglichkeiten, sich dem Thema empirisch zu nähern — 258
  - 9.8.3 Eine neue Erklärungsmacht — 261
- 9.9 Ausgewählte Beispiele für aktuelle Entwicklungen unserer Psyche — 262
- Literatur — 266

Erratum zu: Einleitung — E1

1

Einleitung

Dies ist ein Psychologiebuch, das vorwiegend von historischen Sachverhalten handelt. Es geht darum, ob und in welchem Maß menschliches Verhalten aus der Tradition und Historie oder aus Naturgesetzen bewirkt wird. Je nachdem, wie man diese Frage beantwortet, hat das erhebliche Folgen für die Erkenntnismethode der Psychologie (vgl. Kap. 9).

Es gibt schon länger eine „historische Psychologie", die sich mit teils recht abstrakten Begriffsabwägungen beschäftigt. Daneben existiert eine Psychohistorie (deren Arbeiten hier ausführlich gewürdigt werden), der ich aber den speziellen Blickwinkel des Psychologen hinzufügen möchte. Und in der angloamerikanischen historischen Literatur ist ein neuer, boomender Bereich entstanden: die „Geschichte der Emotionen", die hier ebenfalls einfließt.

Der „kulturvergleichenden Psychologie" wird in diesem Buch also der Versuch einer „zeitenvergleichenden Psychologie" an die Seite gestellt.

1.1 Die wundersamen Wege der Traditionsbildung

Unsere genetische Ausstattung stammt aus den Millionen Jahren der Jäger- und Sammlerkultur. Schaik und Michel (2019) geben eine Darstellung von der genetischen Ausstattung, die sich unter den Umständen entwickelte (das nennen sie die „erste Natur"):

Die Originalversion dieses Kapitels wurde revidiert. Ein Erratum ist verfügbar unter https://doi.org/10.1007/978-3-662-60698-8_10.

© Springer-Verlag GmbH Deutschland, ein Teil von Springer Nature 2020, korrigierte Publikation 2021
M. Schuster, *Menschliches Verhalten im Wandel der Zeit*,
https://doi.org/10.1007/978-3-662-60698-8_1

Wir suchen nach Ursachen. Wir sind leichter durch Taten als durch Worte zu überzeugen, wir wollen einen gerechten Austausch. Ungerechtigkeit empört uns. Normabweichungen werden im Laufe der Zeit meist tolerant verziehen, um den Gruppenzusammenhalt nicht zu gefährden. Auch Menschenaffen haben schon Mitgefühl, kooperieren und kennen einen gerechten Austausch. Fremden gegenüber sind wir misstrauisch bis feindselig (schon allein um fremde Keime zu vermeiden [...]). Eine natürliche „angeborene" Religiosität belebt animistisch die Natur. Unser „Ruf" in der Kleingruppe ist uns extrem wichtig. Wir streben das Leben in Paarbeziehungen an, obwohl die sexuelle Treue uns schwerfällt. Jäger und Sammler sind in sexueller Hinsicht auch gegenüber Frauen liberaler. Die Beziehung zwischen den Mitgliedern der Gruppe und auch zwischen Frauen und Männern ist relativ egalitär.

Wären wir immer noch Jäger und Sammler, könnten wir gut mit dieser Ausstattung leben (vgl. Kap. 6). Seit die Menschen vor ca. 10 000 Jahren Viehzüchter und Landwirte wurden, mussten sie jedoch unter Bedingungen leben, für die sie genetisch nicht gut ausgestattet waren. Kulturelle Gewohnheiten – meist vermittelt durch die Religion – mussten nun Anpassungen herstellen (unsere zweite Natur), und schließlich mussten und müssen wir manchmal oft ganz gegen unsere Natur nur vernünftig sein (unsere dritte Natur). So kommt es zu einer andauernden Formung und Veränderung von menschlichem Fühlen und Verhalten im Strom der menschlichen Kulturentwicklung.

Die Menschen, die heute die Erde bevölkern, haben sehr unterschiedliche Sitten und Gebräuche. Der Eingeborene eines Amazonasstamms z. B. könnte ungestraft ein vielfacher Mörder sein. Ein durchschnittlicher Kölner dagegen hat kaum je einen Mitmenschen körperlich verletzt. Sind solche Verhaltensunterschiede vererbt oder gelernt?

1.1.1 Enkulturation als Ursache von Unterschiedlichkeit

Auch Verhalten ist in hohem Maße genetisch determiniert. Bei eineiigen Zwillingen staunt man über die Übereinstimmungen im Verhalten bis hin zur Bevorzugung von bestimmter Kleidung. Die Menschen unterscheiden sich genetisch: z. B. deutlich in der Hautfarbe. Mit solchen körperlichen Unterschieden mögen auch Unterschiede im Verhalten einhergehen.

Die Angehörigen einer Kulturgruppe müssten aber aus Klonen eines einzigen Gensatzes bestehen, wenn wir die Übereinstimmung in ihrer Kultur genetisch verursacht verstehen wollten. Tatsächlich ist die genetische

Vielfalt innerhalb einer Kultur und einer Region aber erheblich. In der Geschichte hat es immer Völkerwanderungen gegeben, die den Genpool einer Bevölkerung bzw. eines Kulturraums durchmischt haben (vgl. etwa die maurische Besatzung von Spanien oder den genetischen Einfluss der Türken in Bayern, der sich bis heute in Gestalt von schwarzhaarigen und dunkelhäutigen Menschen darstellt). Das Temperament der Bayern könnte also ein erhaltenes genetisches Verhaltensmerkmal der türkischen Gegner Prinz Eugens sein.

Es kann bei einzelnen Merkmalen vererbte Unterschiede geben. Die mittlere Körpergröße ist seit dem Mittelalter gestiegen. Im Museum staunt man über die kleinen Rüstungen für die damaligen Ritter. Indem Frauen im Allgemeinen größere Männer bevorzugen, ist ein Auslesedruck auf die Körpergröße plausibel. Andererseits spielt auch die Ernährung für die Körpergröße eine Rolle.

Seit es größere Städte gibt und die Menschen eng mit Tieren zusammenleben, werden sie von Epidemien heimgesucht, denen dann mitunter mehr als die Hälfte der in der Gemeinschaft lebenden Menschen zum Opfer fällt. Das könnte in den vergangenen 10 000 Jahren einen konstanten Auslesedruck auf Reinlichkeit, auf Scheu vor Fremden (die eben ansteckende Keime tragen, gegen die man keine Immunabwehr besitzt) und auch auf die Vorliebe der sexuellen Bindung an eine Person ausgeübt haben. Bewiesen ist das nicht.

Regionale Kulturen können durch Umweltbedingungen einem Auslesedruck ausgesetzt sein. Bei den in kalten Regionen lebenden Menschen etwa werden eine eher spitze Nasenform und eine subkutane Fettschicht einen Überlebensvorteil haben.

Das Verhalten einer Kultur ist also im Wesentlichen durch Lernprozesse erworben; das macht ja gerade die große Anpassungsfähigkeit des Menschen an wechselnde Umwelten aus. In einer Kultur werden die Mitglieder „enkulturiert", „sozialisiert" oder wie immer man den Sachverhalt bezeichnen will, dass sich das Individuum in vielem so wie die anderen Mitglieder seiner Kultur verhält.

Kulturbedingte Auslese

Die Kultur selbst kann genetische Ausleseprozesse durchführen. Die europäischen Adelshäuser betreiben ein großes „Zuchtprogramm" (bzw. Inzuchtprogramm, so vererbte sich im englischen Königshaus z. B. die Bluterkrankheit). Indem aber – auch wegen des Inzestverbotes der Kirche – Hochzeiten über weite Regionen hinweg arrangiert wurden, blieben die

Folgen der Inzucht begrenzt. Manchmal wurden sogar ausgesuchte Männer und Frauen des Volkes in die Erblinien aufgenommen, sodass im Zuchtprogramm „Adelsfamilien" letztlich eine Bestenauslese zustande kam.

Bei den russischen Juden war es erwünscht, dass die Tochter des reichsten Kaufmanns den besten Thoraschüler heiratet. So kam es zu einer Intelligenzauslese. Manche Südseekulturen schätzten weibliche Fettleibigkeit; über diese Bevorzugung ergab sich eine genetische Selektion. Möglicherweise gab es in der Antike Gladiatorenfamilien, in denen „Muskelmänner" gezüchtet wurden.

Es gibt aber – über solche gelegentlichen kulturellen „Zuchtprogramme" für einzelne Körpermerkmale hinaus – keinen Grund anzunehmen, zwischen heutigen und antiken Ägyptern, Griechen oder Römern gäbe es wesentliche genetische Unterschiede zum heutigen Menschen, weil der Betrachtungszeitraum für natürliche evolutionäre Veränderungen zu kurz ist.

Der Lernstoff „Kultur"

Will man verstehen, welche Gründe die Vielfalt menschlichen Verhaltens hat, reicht es nicht aus zu behaupten, dass es gelernt sei. Man müsste ja erklären können, warum mit dem gleichen Mechanismus „lernen" in verschiedenen Kulturen ganz unterschiedliches Verhalten entsteht. Es kommt dann nämlich auf den Lernstoff der jeweiligen Kultur an!

Der Lernstoff Kultur wird von Generation zu Generation weitergegeben. Irgendwann in der Traditionsübermittlung kommt es dabei zu Änderungen. Das könnten zufällige Abweichungen sein oder Abweichungen, die durch besondere Umstände oder Innovationen bedingt werden. Um das zu erforschen, müsste man versuchen, den historischen Zeitpunkt der Veränderung zu betrachten, um dort die Ursachen derselben zu finden.

1.1.2 Memetik

Die Traditionsbildung wird als Verhaltensursache von der Psychologie sträflich vernachlässigt. Erst jüngst tauchte sie unter dem Stichwort Memetik im anthropologischen Diskurs wieder auf. Wie die Individuen einer Art eine Kopie der Gene sind, so bestehen die Inhalte der Kulturen, die unser Verhalten ja nachhaltig determinieren, aus der Kopie von geistigen Inhalten, den Memen. Richard Semon prägte diesen Begriff (1911), aber in der hier verwendeten Bedeutung wird er von Dawkins (2014) in die Debatte geworfen. Als Beispiele von unverändert tradierten Memen werden von Dawkins die Religionen, aber auch Kunststile (s. u.) genannt.

Auch bei den Memen kann zwischen Phänotyp und Genotyp unterschieden werden: Der Genotyp, das Mem, wird z. B. in Büchern kopiert. Je nach den Lebensgeschichten bilden sich aus den Genotypen, die in den Informationsspeichern vielfältig kopiert werden, Wissensstrukturen in individuellen Gehirnen aus, die von der Überlieferung durchaus substanziell abweichen können. Das entspricht dem Phänotyp. Auch auf Memen kann ein Auslesedruck liegen. Solche Populationen, die über längere Zeit alle sexuelle Energie in die Fortpflanzung lenken und durch die Ehe in stabile Aufzucht- und Trainingsbedingungen der Jugend investieren, haben hinterher mehr und auch disziplinierte Nachkommen. So verwundert es nicht, dass nahezu alle Kulturen Wert auf die Ehe als Aufzuchtgemeinschaft legen.

Die Meme der Kultur sind in Religionen und Philosophien in einer festen Verkettung gegeben, natürlich können sie sich – sozusagen als losgelöste Wissenselemente – auch unabhängig von dieser Verknüpfung verbreiten. So wie sich Gene und Gensätze über die Arten hinaus verbreiten können (z. B. das Linsenauge), kann es etwa eine Geste sein, die tradiert wird, wie z. B. die Geste „Feige" (die Feigenhand ist eine symbolische Form des Schamweisens der Antike), während andere Handgesten der Antike nicht mehr üblich sind.

1.1.3 Traditionsgebundene Verhaltensweisen

> Eine erste These dieses Buches ist folgende: In unserem heutigen Leben gibt es überraschend viele Überzeugungen, Empfindungen und Verhaltensweisen, die aus der tiefen Vergangenheit der Menschheit stammen, über deren Ursprung und damalige Ursache wir uns aber kaum bewusst sind.

Beispiel

Die Überzeugung, dass Schwitzen gesund sei, basiert auf der antiken Gesundheitslehre Galens (vgl. Kap. 2). Das Blut bewegt sich nach dieser Lehre vom Zentrum zur Peripherie des Körpers, wo es verbraucht als Schweiß (oder auch Menstruationsblut) ausgeschieden wird. Also wird beim Schwitzen Verbrauchtes, Überflüssiges abgegeben. Dass Schwitzen gesund sei, war auch noch die Überzeugung der praktischen Ärzte des vergangenen Jahrhunderts, ohne dass sie die zugehörige Lehre von der Verwandlung des Blutes geteilt hätten.

Wie in diesem Beispiel ist der antike Ursprung vieler Überzeugungen nur wenigen Experten bewusst. Ja, es kann sein, dass man für solche Überzeugungen – oder im folgenden Beispiel auch Handlungen – nachträglich Rechtfertigungen findet, die zwar plausibel sind, aber nichts mit dem wirklichen Entstehen der Überzeugung zu tun haben:

> **Beispiel**
>
> Vor dem Betreten der Moschee soll man die Schuhe ausziehen – man denkt, um keinen Straßenstaub in den heiligen Bereich zu tragen. Tatsächlich hat die Sitte eine ganz andere Ursache. Sie basiert auf uralten Rinderkulten (Baal-Kulten, vgl. das goldene Kalb), nach der man die Haut seines Gottes im Tempel nicht an sich tragen soll. In Jain-Tempeln in Indien (das ja bis auf den heutigen Tag heilige Kühe verehrt) wird dies besonders augenfällig: Dort soll man nicht einmal lederne Geldbörsen oder lederne Gürtel in die Moschee mitnehmen.

Diese Fokussierung erfordert, die Wissensinhalte, die ja das Verhalten und Erleben der Menschen ganz wesentlich bestimmen, in die Psychologie einzubeziehen. Denn es ist ja nicht der objektive Sachverhalt, auf den wir reagieren, sondern die Interpretation, die wir einem Sachverhalt geben. Wenn z. B. ein Komet mit Angst betrachtet wird, so liegt eine kaum noch bewusste Erfahrung dahinter, dass solche Sternkörper auch auf der Erde einschlagen können.

Die Überzeugung bestimmt auch das Gefühlsleben. Was wäre mächtiger als Todesangst? Aber mit einer festen Überzeugung können Menschen frohen Mutes in den Tod gehen:

> **Beispiel**
>
> Der eigene Tod wird freudig hingenommen, wenn eine entsprechende Heilserwartung gegeben ist. So wird es von den Katharern oder auch von Zwingli berichtet. Araber konnten todesmutige Krieger sein und ein sehr kleiner Teil davon ist heute in den Medien als bereitwillige Selbstmordattentäter präsent (wenngleich natürlich Araber und Selbstmordattentäter nicht gleichgesetzt werden können und dürfen), weil sie sicher annehmen, nach dem Tod im Gotteskrieg direkt in den Himmel zu kommen, wo sie vielfältige Belohnungen erwarten.

Mit der Zeit verändert sich das Wissen der Menschen – und damit auch ihre Welterklärungen und Handlungen. So hatte ein Mensch der Antike möglicherweise ein ganz anderes Gefühlsleben als etwa ein neuzeitlicher Mensch. Wir verstehen also, dass Menschen unterschiedlicher Zeitalter ganz unterschiedlich sein können.

> **Beispiel**
>
> Der mittelalterliche Mensch sah sein Seelenheil durch die Todsünde „Selbstmord" als derart gefährdet an, dass ein Mitmensch, der den Selbstmörder berührte, geächtet wurde. Der Versuch, einen Selbstmörder innerhalb der Stadtmauern zu beerdigen, führte ggf. zu einem Aufstand gegen die Obrigkeit. Dieser sorgenvolle Blick auf das Jenseits ist uns Heutigen völlig fremd.

1.1.4 Naturgesetze, Tradition und individuelle Einzigartigkeit

Windelband (1904) verortete die Psychologie zwischen den „nomothetischen" Wissenschaften wie der Physik, die die Gesetze der Natur erforschen, und den ideografischen Wissenschaften, die einmalige historische Gegebenheiten untersuchen. Die Psychologie untersucht nach heutiger Auffassung das einmalig historisch gegebene Individuum mit den Methoden der nomothetischen Wissenschaften. Die epochenvergleichende Psychologie findet eine Position zwischen nomothetischen und ideografischen Wissenschaften, indem sie das Individuum auch mit den Methoden der Kulturwissenschaft, z. B. mit dem Vergleich (vgl. Kap. 9), zu erklären versucht. Verhalten kann also naturgesetzlich sein, traditionsgebunden (hier könnte der Begriff „soziografisch" passen) oder aber auch ideografisch individuell. So kann das Verhalten eines Einwanderers in seiner neuen Gruppe ganz einzigartig sein, aber eben den Traditionen seines Ursprungslandes entsprechen, wo es das übliche Verhalten ist.

1.1.5 Ein punktueller Vergleich

Das Verhalten von Menschen in vergangenen Epochen ist in einzelnen Episoden überliefert. Wie sich die Menschen des gleichen Kulturkreises 100 oder auch nur zehn Jahre früher oder später verhalten haben oder verhalten werden, wissen wir oft nicht. Daher ist es schwer oder sogar unmöglich, eine Entwicklungsreihe einzelner Verhaltensweisen über die Jahrzehnte und Jahrhunderte in verschiedenen Kulturen in ihren lokalen Ausprägungen nachzuzeichnen. Die Schwierigkeit wird dadurch erhöht, dass frühere

Kulturgemeinschaften nicht so große Landstriche und Bevölkerungsgruppen vereinten wie heute. Das Verhalten eines schottischen Adligen und eines süditalienischen Fürsten konnten zur selben Zeit völlig unterschiedlich sein.

Der psychologischen Untersuchung bietet sich also ein eher punktuelles Vorgehen an: Sie interessiert sich eben nicht für die historische Entwicklung des Verhaltens in einer Kultur und zu einer Zeit, sondern nur für die Besonderheit des jeweiligen historischen Momentes im Vergleich zur heutigen Verhaltensweise, auf die ein Blitzlicht geworfen wird. Dennoch ist meine Hoffnung, dass sich aus den einzelnen beleuchteten Punkten der Mentalitätsgeschichte – wie bei einem pointillistischen Bild – aus der Distanz der Betrachtung eine sinnvolle Karte menschlicher Entwicklungsmöglichkeiten ergibt.

1.1.6 Keiner war dabei

Historische Fakten sind nicht an sich gegeben, sondern überliefert. Sie sind möglicherweise falsch oder stark nach Interessenlagen interpretiert.

Aussagen von Zeitgenossen sind möglicherweise unter Druck entstanden, etwa wenn eine von der Inquisition befragte Frau aussagt, sie sei die Geliebte des Pfarrers gewesen. Sie könnte (wie auch eine andere Befragte, die intime Kontakte mit dem Pfarrer gestand) vielleicht hoffen, damit davonzukommen, weil ja Missstände der Kirche nicht durch die Untersuchung der Inquisition aufgedeckt werden sollten (vgl. Abschn. 2.4).

Weil diese Analyse aber eine psychologische ist und keine historische, kann ich natürlich nicht anders, als das in historischen Werken dargelegte Tatsachenwissen zu übernehmen. Mit einer Veränderung des historischen Wissens verändert sich zwar auch die Faktengrundlage dieser Untersuchung. Ich habe aber die Hoffnung, dass diese Studie über die Historie des Verhaltens nicht sehr anfällig für Interpretationen und Fehler der Fakten ist. Indem sich die Suche nach den allgemeinen Dimensionen der Unterschiedlichkeit richtet, ist es nicht der einzelne Fall, der hier die Argumentation trägt, sondern das häufige Vorkommnis, sodass eine mögliche einzelne Fehlüberlieferung die Aussage hoffentlich nicht zu stark verfälscht.

Der Bericht von moralischen Verwerflichkeiten mag auch dem Wissenschaftler zu peinlich scheinen, um darüber klar und eindeutig zu schreiben:

„Was ihre Niedertracht angeht, scheint es für diese Pinguine keine Grenzen zu geben", schreibt George Murray Levick ca. 1913, der bei einer Expedition länger das Verhalten der Adeliepinguine beobachtete (Russell et al. 2012). Er vertraute seine Beobachtungen des aus seiner Sicht skandalösen Verhaltens dieser Tiere einem Expeditionsbericht nur verschlüsselt in griechischer Sprache an: Er beobachtete nämlich Selbstbefriedigung, homosexuelles Verhalten, Vergewaltigung, Nekrophilie und sogar sexuelle Gewalt gegen Küken. Diese Niederschrift war nicht zur Veröffentlichung bestimmt und wurde erst jetzt in den Tiefen eines Museumsarchivs wiedergefunden.

So bleibt auch menschliches Sexualverhalten in Berichten oft relativ dunkel, wie z. B. die gleichgeschlechtlichen Kontakte männlicher Jugendlicher, ohne dass diese homosexuell wären. Obwohl solche Kontakte sicher recht häufig vorkommen, finden sich Berichte darüber nicht einmal im liberalen Kinsey-Report. Martin Walser berichtet in seiner Autobiografie (1998) über derartige Erlebnisse (s. u.).

Die bewunderten Griechen der Antike will man im historischen Bericht nicht als Knabenvergewaltiger dastehen lassen – auch deswegen nicht, weil sie sonst Vorbild unmoralischen Verhaltens werden könnten. DeMause (2005) schreibt in Bezug auf den Umgang mit Kindern (S. 268): „Es ist kein Wunder, dass Historiker bevorzugten, die hier enthüllten Belege zu verstecken, zu verleugnen und weißzuwaschen, um die Konfrontation mit dem elterlichen Missbrauch von Kindern zu verstecken …".

An dieser Stelle muss ich eine Anmerkung zu meinen Quellen machen: Ich habe überwiegend nicht in Originalquellen recherchiert, weil mir das bei meiner Ausbildung als Psychologe nicht leicht gefallen wäre – und dieses Buch bei der thematischen Breite der Darstellung zu mehr als einem Lebenswerk gemacht hätte. Die historischen Sachverhalte habe ich fast immer sekundär (meist) aus Quellen der Psychohistorie entnommen. Auf deren Korrektheit bin ich angewiesen.

Zudem habe ich auch Romane und Kunstbilder – natürlich mit der gebotenen Vorsicht – vgl. Burke 2019 – als Quellen verwendet. Auf den Bildern Canalettos z.B. kann man den Wasserstand in der Lagune im Jahre 1730 ablesen.

Wenn etwa Goethe eine Kutschfahrt schildert, kann man ja davon ausgehen, dass er diese Fahrt ungefähr so beschreibt, wie sie damals stattfand. Dass der Selbsterzähler Casanova dabei ein erotisches Abenteuer gehabt hat, bei dem ihm die Reisegefährtin durch eine Bodenwelle geradezu in den Schoß gefallen ist, könnte auch sehr wohl dem Wunschtraum des Erzählers geschuldet sein. Der antike Roman „Kallirhoe" (Chariton; 1. Jhdt. n. Chr., 2006) schildert für Frauen die Trauersitte, laut zu klagen, sich die Kleider zu zerreißen und Asche auf das Haupt zu streuen. Wir wissen darüber auch aus vielen anderen Quellen. Der Schriftsteller Michael Houellebecq schreibt 2018 in einem Interview: „…die Tatsache bleibt bestehen, dass man mehr über das Frankreich um 1830 erfährt, wenn man die Romane von Balzac liest, als wenn man ein dutzend Historiker liest, so ernsthaft, kompetent und belehrend sie auch sein mögen."

1.1.7 In uns schlummern Notfallprogramme

Menschliches Verhalten ist ein komplexes Gebilde, das eine bestimmte Formbarkeit aufweist, aber dazu noch ganz ungewöhnliche Ausnahmeverhaltensweisen erlaubt, die das Überleben sichern, jedoch nicht zum Kanon der kulturellen Verhaltensweisen einer Zeit zählen. Niemand wird behaupten, dass in unserer westlichen Kultur Kannibalismus in den Bereich möglichen Verhaltens fällt. Bei Flugzeugabstürzen in kalten Regionen hat es aber zeitweise systematischen Kannibalismus gegeben. Aus Zeiten von Pestepidemien wird der Verzehr von Leichenfleisch berichtet. Unter dem Eindruck des allzu wahrscheinlichen baldigen Todes – z. B. auch wieder bei Pestepidemien – kann sich auch das sexuelle Verhalten dramatisch ändern. Es muss also jeweils geprüft werden, ob ein berichtetes Verhalten Ergebnis eines Ausnahmezustandes ist oder ob es sich um ein seltenes, aber doch übliches Verhalten einer Kultur in einer bestimmten Epoche handelt.

Der Gedanke an das Trinken von Urin mag uns schaudern lassen, in Tibet gibt es jedoch eine Ausnahmesituation, nämlich das Trinken des Urins des Dalai Lama, das aber eben als Ausnahme und religiöse Verehrung aufgefasst werden sollte (in unserer Zeit gab es eine Modewelle, Eigenurin zu trinken). Ägyptische Quellen sprechen dagegen so häufig vom Verspeisen von Kot, dass man in diesen Fällen hinter die Ausnahmeannahme ein Fragezeichen machen muss.

1.1.8 Es zählen weniger Gesetze und Normen, sondern eher berichtetes Verhalten

Regeln und Gesetze sind häufig schriftlich überliefert; das wirkliche Verhalten aber kann ganz anders ausgesehen haben. So wurde Sexualkontakt unter Männern zu vielen Zeiten unter Strafe gestellt, aber gleichzeitig doch weitgehend geduldet. Es kommt also auf Aussagen über das Verhalten an, über Belustigungen, Aufwallungen des Zorns usw., wie es in der Zeit tatsächlich vorkam. Das findet sich manchmal nur in einem Halbsatz der historischen Texte, etwa wenn im Matthäus-Evangelium (Mt. 19, 3–12) Christus sagt, es gebe Personen, die sich um der ewigen Seligkeit willen entmannt hätten (später wird solches vom heiligen Hieronymus berichtet).

Hier erkennen wir also an der Quelle die frühe Lust- oder Sexualfeindlichkeit des Christentums. In den Confessiones von Augustinus (1955) wird auch die Lust am Essen, an der Schönheit und der Musik verdammt. Dies hat sich aber weniger in Verhaltensnormen der christlichen Welt umgesetzt.

1.1.9 Kulturvergleich und Epochalvergleich

Wenn man sich für den möglichen Rahmen interessiert, den menschliches Verhalten ausfüllt, also für die Plastizität des Verhaltens der Spezies Mensch, dann können in diesem Zusammenhang Kultur- und Zeitunterschiede gleichbehandelt werden.

Die Untersuchung könnte, um sich auf sicherem Grund zu bewegen, nur die Unterschiede im Verhalten betrachten, die sich in heutigen Kulturen finden, und nur aus diesen die gesuchten Dimensionen menschlicher Unterschiedlichkeit erschließen. Dies würde die Spannbreite des möglichen Verhaltens allerdings drastisch einschränken. Heute hat sich weitgehend eine westliche Kultur europäischer Prägung durchgesetzt. Durch Mobilität und freie Information wird Kultur immer dominanter. Die wirklich mögliche Unterschiedlichkeit kulturell und epochal geprägten Verhaltens wird erst unter Einbeziehung der historischen Unterschiede sichtbar.

> Eine zweite These dieses Buches ist also: Die Vielfalt menschlicher Verhaltens- und Erlebnismöglichkeiten wird erst durch den historischen Vergleich sichtbar!

Gleichzeitig aber werden hier immer auch heutige Kulturunterschiede, z. B. auch Verhaltensweisen weniger entwickelter Ethnien, erwähnt (die vermutlich in diesen Ethnien auch schon Jahrhunderte Bestand haben und unter dem Einfluss der dominanten westlichen Kultur heute allmählich aufgegeben werden).

1.2 Kunst- und Modegeschichte helfen, die historischen Entwicklungen des Verhaltens zu verstehen

Die Modegeschichte und die Kunstgeschichte eignen sich als Modell für eine Geschichte des Verhaltens. Wer nur die heutige Mode kennt, macht sich keinen Begriff von der Spielbreite der Moden der Vergangenheit. Hier sei z. B. nur an den „Latz" bzw. „Protzsack" erinnert (15./16. Jahrhundert), der den stoffumhüllten Penis freilegte. Gleichzeitig können Elemente der Mode – ohne dass es uns allzu bewusst wäre – auf einen sehr fernen Ursprung zurückgehen, wie etwa die Sicherheitsnadel, deren Ursprung sich zu der prähistorischen Hallstadt-Kultur und dem antiken Griechenland zurückverfolgen lässt (Abb. 1.1).

1.2.1 Rückbezug auf frühere Zeiten

Die Werke der Kunstgeschichte sind den Nachfahren immer vor Augen, sodass Rückbezüge möglich und tatsächlich häufig sind. Die Moden der vergangenen Zeiten gibt es noch im Theaterfundus. Auf der Straße aber sieht man sie nicht, sodass Rückbezüge auf die Moden weit vergangener Zeiten seltener sind.

Die Kunst der Renaissance z. B. übernimmt die antiken Vorbilder. Die heutigen Moden greifen oft Elemente etwas früherliegender Moden auf. Weiter zurückliegende Moden wie z. B. die Kröse (eine Art Kragen, s. Abb. 1.2) geraten jedoch in Vergessenheit und kommen dem heutigen Betrachter seltsam vor. So geht es uns in vielen Fällen auch bei historischen Verhaltensweisen, die man heute schlichtweg für Verrücktheiten halten würde.

Abb. 1.1 Kleiderfibel. Eine bronzezeitliche russische Kleiderfibel, die der heutigen Sicherheitsnadel sehr ähnlich ist. (© SuperStock/FineArt Images/mauritius images, www.mauritius-images.com)

Abb. 1.2 Kröse. Portrait eines spanischen Ritters von El Greco, 16. Jahrhundert, Madrid, Prado (© SuperStock / mauritius images, www.mauritius-images.com)

> **Beispiel**
>
> Im späten Mittelalter galt es z. B. als vornehm (höfisch), bei Festen auf einem Bein zu stehen. Diese Körperhaltung ist noch in dem Benimm-Buch des Erasmus von Rotterdam „De civilitate morum puerillium" (1530) erwähnt. Man sieht sie aber auf vielen Bildern.

Bei kulturellen Umbrüchen, wie z. B. in der postkommunistischen Zeit in Russland, werden unterdrückte Traditionen wiederbelebt. Die frühere russische Gläubigkeit lebte auf. In den Klöstern sieht man heute wieder, wie Gläubige die Hände der vorbeigehenden Popen küssen.

1.2.2 Die Dauer von Stilen und Moden

Am leichtesten wäre es anzunehmen, durch kleine Kopierfehler und zufällige Abweichungen driftetn die Verhaltens- und Erlebnisweisen auseinander (z. B. auch die Kunstrichtungen verschiedener Menschengruppen, die sich einmal von einem gemeinsamen Ursprung entfernt haben). So einfach kann es aber nicht sein:

Es gibt in der Kunst Phasen relativer Konstanz, nämlich die Stile, und daneben Phasen schneller und drastischer Veränderung. Die Dauer von Phasen der Konstanz und der Veränderung kann extrem unterschiedlich sein. In Ägypten hielt sich ein Kunst-„Stil" über ca. 3000 Jahre, der Jugendstil im Europa der Jahrhundertwende jedoch war nach 15 Jahren Dauer ausgelaufen.

So gibt es Verhaltens- und Erlebnisweisen mit kurzer Dauer: Die Romantik z. B. entwickelte nur für eine kurze Epoche eine neue Gefühlsintensität, während lange Epochen mit befremdlich geringer Empathie gegenüber Misshandlungen möglich waren (vgl. Kap. 5.3). Im Paris des 18. Jahrhunderts gab es für ca. elf Jahre einen Empfindsamkeitskult mit einer neuen Wertschätzung des Lächelns, der aber auch schnell wieder verschwand (Jones 2016, und vgl. Kap. 5).

1.2.3 Warum sich Kunststile verändern

Bei vielen Kunststilen weiß man, warum sie entstanden und warum sie wieder verschwanden. Es handelt sich oft um neue geistige Strömungen, die (wie bei der Renaissance) neue Vorbilder aufnehmen, oder (wie beim Bauhaus-Stil) um neue Ideen, hier der Forderung nach Funktionalität, nach der ein neues Design gestaltet wird, während das Ornament gleichzeitig durch billige Maschinenarbeit entwertet wird. Insofern wird auch für die Verhaltens- und Erlebnisweisen die Kosmologie der Zeit eine wichtige Rolle spielen (vgl. Kap. 2).

Revolutionen bringen plötzlich neue Ideologien und Kosmologien mit sich. So wollte der Kommunismus bekanntlich einen „neuen Menschen" hervorbringen. Die Kenntnis über die Folgen von Erziehungsmethoden war aber eher zu gering, um wirklich über wenige Generationen zu den angestrebten Verhaltensänderungen zu kommen.

Bei der Mode und auch beim Kunstgeschmack erkennen wir – neben der neuen Grundorientierung – einen weiteren Motor des Wandels. Die oberen Sozialschichten werden nachgeahmt (trickle down). Zunächst schmückten die „Ölschinken" mit röhrenden Hirschen die Wohnzimmer der Fürsten, dann wanderten sie in die bürgerlichen Wohnzimmer ab. Solche Übernahmen gab es auch in Bezug auf die Schamschwelle. Die Ritter ahmten immer mehr höfisches Benehmen nach.

> Das Buch stellt sich drittens die Aufgabe, Ursachen von Konstanz und Veränderungen des Verhaltens im Lauf der Historie zu erforschen.

1.2.4 Kulturkontakt und Wanderungsbewegungen (im Modell: Mode und Kunst)

In der Kunst werden Stile oft von einer überlegenen Kultur abgeschaut. Deutsche Künstler (wie z. B. Dürer) reisten nach Italien, um von der dortigen Renaissance-Malkunst zu lernen. Als die japanischen Farbholzschnitte Europa erreichten, wurden sie zur Vorlage für die Malweise van Goghs und waren ein Initialimpuls für den Impressionismus.

So gibt es auch drastische Veränderungen in Verhaltens- und Erlebnisweisen, wenn eine geistig weiterentwickelte Kultur auf eine weniger oder anders entwickelte Kultur trifft. Von der überlegenen römischen Kultur übernahmen die Kelten viele Wörter (z. B. Ziegel, Mörtel und Mauer, aber auch Schrift, Schule und Tafel). Genauso werden auch viele Verhaltensweisen übernommen. Die Germanen konvertierten zum Christentum und lernten damit eine auf Innerlichkeit gerichtete Religion kennen, die die Selbstbeobachtung fördert. Dabei musste in der germanischen Sprache eine neue Begriffswelt entstehen (z. B. wurde misericordia = Barmherzigkeit übersetzt mit Worten wie „Armherzin" oder „Miltida"). Die Mystiker suchten nach einer deutschen Versprachlichung ihrer spirituellen Erfahrungen.

Das Christentum als Buchreligion verbreitete Fertigkeiten wie Lesen und Schreiben. Es öffnete so den geistigen Horizont für die gesamte antike Literatur. Über die Jahrhunderte veränderten sich dadurch Denkweisen und Gefühlswelten der germanisch-keltischen Welt grundlegend.

Im Mittelalter hat die arabische Welt (z. B. im Weiterbestehen der Knabenliebe) die griechischen Traditionen und Philosophien, die griechische Heilkunde und Wissenschaft übernommen. Später haben die arabischen Nationen einen Teil ihrer Traditionen im Kontakt mit einer technisch überlegenen westlichen Welt wieder aufgegeben.

Der christliche Westen – der viktorianischen Zeit etwa – veränderte sich durch die Veröffentlichung der erotischen Schriften und Bilder Asiens in Richtung auf eine globalere Sexualität.

Es kommt zu einem Neuaufleben historischer Kognitionen, wenn bei Auswanderern die Schicht der Gebildeten unterrepräsentiert ist: Amerikanische Einwanderer bringen alte Kosmologien mit in die neue Heimat. So ist heute ein sichtbares Achselhaar in Amerika besonders verpönt. Spezielle Gruppen mit einer z. B. puritanischen Ideologie wandern nach Amerika aus und beeinflussen über Generationen die neue Gesellschaft in Richtung auf eine restriktive Sexualmoral. Während sich das „Mutterland" in bestimmten Hinsichten weiterentwickelt, kann die neue Gesellschaft im Alten verharren. So wurde der amerikanische Geschmack kaum durch die „Bauhaus"-Revolution beeinflusst, sodass wir bei Fernsehberichten staunend in die für uns kitschigen Wohnzimmer der superreichen Amerikaner blicken.

Andererseits gibt es in der neuen Gesellschaft Chancen für Weiterentwicklungen. Weil nur die Jungen und Kräftigen, z. B. nach Amerika, auswandern, fällt in den Familien die Großelterngeneration weg, was den Müttern in der neuen Heimat Freiheiten in der Kindererziehung öffnet (deMause 2000).

1.2.5 Altes und Neues existiert gleichzeitig

Ältere und neuere Kunststile existieren gleichzeitig. Während die ersten abstrakten Bilder gemalt wurden, feierten die französischen Salons noch die gegenständliche Malerei.

Auch ältere und neuere Verhaltens- und Erlebnisweisen kann es gleichzeitig geben. Das neue Denken der Aufklärung hat sich weder zu einem festen Zeitpunkt noch in allen Bevölkerungsgruppen etabliert (vgl. Kap. 4.5). Erst zeitlich nach den ersten wissenschaftlichen Erfolgen waren es Philosophen wie Voltaire und Descartes, die ein rationales Denken forderten. Dann langsam griffen diese Überzeugungen auf die Bevölkerung über, die aber gleichwohl bis heute in der großen Mehrzahl „irgendwie gläubig" ist. Die „Verdampfung des Christentums", wie Obrist (2006) griffig formulierte, ist also keineswegs übergreifend, wenngleich aber heute kaum noch ein Mensch in der westlichen Welt an das Wirken von Hexen glaubt. In katholischen Krankenhäusern wurde Krankheit noch bis in die Neuzeit als Gottesstrafe angesehen. Es konnten aber nun – durch Revolutionen, die weltlichen Philosophien folgten – Gesellschaftskonstruktionen entstehen (z. B. der Kommunismus), in denen es keinen Gottesglauben geben sollte.

Einzelne Gruppen verwirklichen neue Verhaltensmuster, die erst später in die größere Gemeinschaft hineinwirken. So gelangten die Dichter und Philosophen der Romantik in ihren Beziehungen zu einer neuen Einheit von Liebe und Sinnlichkeit, die dann zu einer der frühen Wurzeln einer liberalen Sexualität wurde.

1.2.6 Schichten und Untergruppen

In lokalen und sozialen Untergruppen kann es isolierte Kunst- und Modebevorzugungen geben. So galten für die Stände der mittelalterlichen und frühneuzeitlichen Gesellschaft jeweils eigene Modevorschriften und eben auch Verhaltenskodizes.

Die Unterschiedlichkeit der Kultur zu einem bestimmten Zeitpunkt ist zum Teil durch unterschiedliche alte Moden und Kunststile (also hier: Verhaltens- und Erlebnisweisen) gekennzeichnet, die sich in Gruppen erhalten haben. So war es eine Mode der vornehmen (und frommen) Frauen des 14. und 15. Jahrhunderts, ihren schönsten Schmuck, nämlich die Haare, unter einer Haube zu tragen. Diese Mode hat sich in der Tracht der Nonnen bis zum heutigen Tag erhalten. Durch die historisch vergleichende Betrachtung der Mode kann man also den Ursprung dieser Tracht finden.

Die Herrschenden und die Oberschichten können machen, was ihnen gefällt, ohne Sanktionen befürchten zu müssen. Ein Beispiel mag ein Fest des Renaissance-Papstes Rodrigo Borgia geben (Alexander der VI, Taylor 1970):

> **Beispiel**
> 50 nackte Frauen sammelten für die Gäste des Papstes Walnüsse vom Boden auf, die dabei einen Wettbewerb austrugen, wer mit den meisten dieser Frauen kopulieren konnte.

> **Beispiel**
>
> Ein zweites Beispiel: Auf den Solomon-Inseln konnten höhergestellte Männer ungestraft fremdgehen oder sogar vergewaltigen, obwohl dies für die allgemeine Bevölkerung unter Strafe stand (nach Katachourian 1985).

Priester hatten immer Sonderrechte. Schon die schmerzhaften Formen der Gottesurteile konnten auf Priester nicht verhängt werden. Von ihnen konnte als Gottesurteil lediglich das Verspeisen einer Oblate verlangt werden – die ja wohl nur im seltensten Falle im Hals steckenblieb; meist wird alles glücklich verlaufen sein. Auch die strenge Sexualmoral galt für Priester nur bedingt. Deren Sündhaftigkeit wird schon im Mittelalter verschiedentlich angeprangert. Noch 1934 in Sizilien (so berichtet Levi (1965) aus eigener Anschauung) hatten die Priester selbstverständlich (mehrere) Kinder.

Auch die Unterklassen haben wenig zu verlieren. Die Erziehungscodes vermitteln sich weniger, und die Fähigkeit zur Selbstkontrolle ist weniger trainiert, sodass dort auch in sittenstrengen Zeiten Inzest, Prostitution und außereheliche Geschlechtsbeziehungen florieren.

Bei all dem ist zu berücksichtigen, dass der Einzelne innerhalb seiner Gruppe untypisch sein kann oder aber sich auch ganz anders verhalten kann.

1.2.7 Regionale Unterschiede in Verhaltens- und Erlebnisweisen

Verhalten kann – wie wir z. B. bei der Analyse von Handgesten lernen – in ganz engen Grenzen völlig unterschiedlich sein. So folgen die Gesten für Bejahung und Verneinung den Grenzen der antiken griechischen Besiedlung Süditaliens (vgl. auch S. xx).

Es gibt regionale Unterschiede, z. B. weil sich in der Region eine andere Religion gehalten hat, oder Unterschiede zwischen verschiedenen Gruppen der Gesellschaft, wie z. B. den sozialen Schichten (s. u.). Sogar innerhalb einer Gruppe kann es eine Ambiguität der Normen und des Verhaltens geben (wie Bauer (2011) für den frühen Islam nachweist).

Während im heutigen Europa eine Mehrheit und das Gesetz Sexualität von Erwachsenen mit Kindern ablehnen, gibt es eine Untergruppe von Pädophilen, die diesem Verhalten in anderen Bereichen der Welt nachgehen, die ihre Kinder weniger gut schützen können oder wollen (vgl. die Colonia Dignidad in Chile).

Wenn auch die Menschen in China aktuell in einer Epoche ausgesprochener Kindesliebe leben, ist es dennoch gleichzeitig in bestimmten Regionen möglich, Säuglinge wegen ihres (weiblichen) Geschlechtes gleich nach der Geburt umzubringen. Verhaltensweisen, die man finstersten Urzeiten zuordnen möchte, existieren auch heute noch: So erfährt der erstaunte Leser in einem Artikel der Kronenzeitung (2007), dass im heutigen kommunistischen China (natürlich in seltenen Ausnahmefällen) junge Frauen umgebracht werden, um sie mit reichen, verstorbenen Junggesellen zu begraben, damit diese im Jenseits nicht einsam wären.

> **Fazit**
>
> Das menschliche Verhalten hat Stile unterschiedlicher Dauer und unterschiedlichen Durchsetzungsgrades. Wenn man verstehen will, wie Verhalten zustande kommt, reicht es nicht, auf Reifung und Lernen zu verweisen; man muss auch die Entwicklung und die Veränderung des „Lernstoffs Verhalten" in verschiedenen Kulturen und Epochen verstehen.

1.2.8 Die besonderen Möglichkeiten des Kunsthistorikers und des epochenvergleichenden Psychologen

Ein Kunsthistoriker kann Erstaunliches leisten. Wenn er ein beliebiges Bild sieht, kann er mit ziemlicher Sicherheit sagen, aus welcher Epoche es stammt oder sogar welches einzelne Individuum, welcher Künstler dieses Bild gemalt hat. Kann der epochenvergleichende Psychologe, der sich der gleichen Methode wie der Kunstwissenschaftler bedient, nämlich der vergleichenden Methode (vgl. Kap. 9), auch Bestimmungen leisten, die der bisherigen Psychologie verschlossen waren?

Er kann bei vielen unserer Verhaltensweisen, Gedanken und Gefühle als Ursache einen Traditionsgang ermitteln (z. B. bei Handgesten, vgl. Kap. 9). Er kann bestimmen, aus welcher Zeit und welchem Raum diese Verhaltensweise stammt, und eventuell sogar den Grund dafür finden, warum sie in der Zeit entstand (z. B. das „Lispeln" der spanischen Sprache, vgl. Kap. 9). So können wir – im günstigen Fall – bei ganz spezifischen Gebräuchen und Sitten, aber auch bei Überzeugungen verstehen, warum sie gerade so sind, wie sie sind.

Das Verhalten der Menschen einer Zeit ist häufig durch die „Missverständnisse" der damaligen Menschen determiniert. Spätere Generationen ahmen es dennoch einige Zeit nach oder lernen es – bis es irgendwann zu neuen Anpassungen kommt.

Nicht alles, was wir in der Kultur vorfinden, wird vom Einzelnen auf seine Funktionalität überprüft; er sieht das Bestehende einfach als normal an und lernt es. Ja, es wurde von Konrad Lorenz diskutiert, ob es eine „angeborene" Tendenz gibt, die „heiligen" alten Traditionen zu wahren. So kommt es zu dem Konglomerat von sinnvollen und weniger sinnvollen Verhaltensweisen, die eine Kultur ausmachen.

Neue Lösungen können zufällig in der einfachen Hütte entstehen. Meist sind es aber die Mächtigen und die Intellektuellen, die Könige und die Philosophen, die Priester und Schamanen, die die Kosmologie ihrer Zeit umfassend kennen und aus dieser Kenntnis heraus Antworten auf die Fragen der Zeit entwickeln.

Die Mächtigen werden die „Auslegung" der Kosmologie einer Kultur und einer Zeit in ihrem Sinne beeinflussen und kontrollieren wollen. Es wird zum Verständnis der Bestimmungsleistungen einer Kultur also beitragen, wenn man generell die Interpretationsinteressen der Mächtigen mit ins Kalkül zieht. So war es nicht nur die Sexualfeindlichkeit der katholischen Kirche, aus der heraus der Zölibat entstand. Nein, unter anderem sollten die Priester daran gehindert werden, Vermögen – das der Kirche zufallen sollte – an ihre Nachkommen zu vererben (vgl. aber Kap. 2).

1.2.9 Langfristige Trends

Neben den jeweiligen Stilen kann es in der Kunst auch über die Zeit der Stile hinausgehende langfristige Veränderungen geben. Der steigende Naturalismus, z. B. in der griechischen Kunst oder in der Kunst des Abendlandes bis hin zum Impressionismus, ist Beispiel dafür.

Zivilisierungsschübe in der Vergangenheit

Die großen Hochkulturen in der Antike, in Griechenland und Rom, in Persien und Mexiko, speziell auch in China, haben (vielleicht jeweils etwas anders geartete) Zivilisierungen erlebt. Sie sind aber, meist in Zusammenhang mit Kriegen, umgekehrt oder ganz abgebrochen worden. Einige Verhaltensweisen haben aber die Phase der Hochkultur überlebt: etwa das Essen mit Stäbchen in China (bei einem gleichzeitigen Niedergang der Tischsitten) oder das asiatische Lächeln auch in problematischer Situation (weil man auf keinen Fall das Gesicht verlieren darf).

> Wenn man verstehen will, warum sich Menschen so und nicht anders verhalten – so lautet nun die vierte These dieses Textes –, muss man versuchen nachzuzeichnen, wie aus den Erklärungssystemen sowie den Kosmologien der Zeit und der Kulturen unsere heutigen Verhaltenssysteme entstanden.

1.3 Die Mentalität einer Epoche

Wenn also generelle Aussagen über eine Zeit gemacht werden, müssen die genannten Differenzierungen immer mit gesehen werden. Dennoch bemühen sich verschiedene Autoren, einen „typischen" Charakter einer Zeitepoche zu isolieren:

Fromm versucht (1941), aus den Kräften und Kosmologien der Zeit einen „Gesellschaftscharakter" abzuleiten, der für die Menschen einer Zeit zwar nicht notwendig, aber typisch sei. Der evangelisch-calvinistische Glaube bringt seiner Meinung nach die Ideologie mit sich, dass Arbeit und Erfolg das Hauptziel des Lebens sei (Erfolg ist nach Calvins Lehre das Anzeichen dafür, zur Gruppe der Erlösten zu gehören). Ein Mexikaner – so führt Fromm als Beispiel an – arbeite nur so viel, wie er zum Leben brauche. Damit ist Fromm einer der ersten, die die geschichtliche Bedingtheit der menschlichen Psyche auszuarbeiten versucht.

Fromm (1996) beschreibt den Sozialcharakter der Zeit zwischen Bismarck und Hitler als „nervösen Charakter" (Neurasthenie usw.). Adorno sieht den autoritären Charakter als Folge der harten und autoritären Erziehung im kaiserzeitlichen Deutschland.

Wir suchen also nach einer Gemeinsamkeit in dem Sinne, wie sie Dinzelbacher (1993, S. XXI) definiert:

> Historische Mentalität ist das Ensemble der Weisen und Inhalte des Denkens und Empfindens, das für ein bestimmtes Kollektiv in einer bestimmten Zeit prägend ist. Mentalität manifestiert sich in Handlungen.

Wie weit wir die Mentalitäten vergangener Epochen noch durch „Einfühlung" verstehen können, mögen die Leser im Laufe des Textes an sich selbst erproben (vgl. Dilthey 1894). Zum Beispiel werden in der Brennu-Njáls Saga ganz ungewohnte Anzeichen extremer Emotion beschrieben: Die Körper der Personen schwellen an! Als Thorhall Asgrimson vom Mord an seiner Wache erfährt, schwillt sein Körper, das Blut fließt aus seinen Ohren (!), und er fällt in Ohnmacht (Miller 1993).

Literatur

Augustinus, A. (1955/ca. 400). *Bekenntnisse*. Frankfurt: Fischer Bücherei.
Bauer (2011). *Die Kultur der Ambiguität. Eine andere Geschichte des Islams*. Frankfurt: Verlag der Weltreligionen.
Dawkins, R. (2014). *Das egoistische Gen*. Heidelberg: Springer.
DeMause, L. (2000). *Was ist Psychohistorie? Eine Grundlegung*. Gießen: Psychosozial.
DeMause, L. (2005). *Das emotionale Leben der Nationen*. Klagenfurt: Drava.
Dilthey, W. (1894). *Ideen über eine beschreibende und zergliedernde Psychologie*. Berlin: Berliner Akademie.
Dinzelbacher, P. (Hrsg.). (1993). *Europäische Mentalitätsgeschichte*. Stuttgart Krömer.
Fromm, E. (1941). *Escape from Freedom*. NY: Holt Rinehart & Winston.
Fromm, E. (1996). *Anatomie der menschlichen Destruktivität*. Reinbeck: Rowohlt.
Katchadourian, H.A. (1985). *Fundamentals of human sexuality*. NY: Holt Rinehart & Winston.
Jones, C. (2016). *Die Revolution des Lächelns*. Stuttgart: Reclam.
Levi, C. (1965). *Christus kam nur bis Eboli*. Leipzig: Reclam.
Miller, W. I. (1993). *Humiliation: And Other Essays on Honor, Social Discomfort, and Violence*. NY: Cornell University Press.
Obrist, W. (2006). *Die Mutation des europäischen Bewusstseins. Von der mythischen zur heutigen Weltsicht*. Stuttgart: Opus Magnum.
Russell, D. G., Sladen, W. J., & Ainley, D. G. (2012). Dr. George Murray Levick (1876–1956): Unpublished notes on the sexual habits of the Adélie penguin. *Polar Record, 48*(4).
Schaik, C. & Michel, K. (2019). *Das Tagebuch der Menschheit Was die Bibel über unsere Evolutionverrät*. Hamburg: Rohwolt.
Semon, R. (1911). *Die Mneme*. Leipzig: Richard Engelmann
Taylor, G. R. (1970). *Sex in history*. NY: Harper & Row.
Walser, M. (1998). *Ein springender Brunnen*. Frankfurt a. M.: Suhrkamp.
Windelband, W. (1904). *Geschichte und Naturwissenschaft*. Straßburg: Heitz.

2

Wir erklären uns die Welt

2.1 Welterklärungen beeinflussen Verhalten und Erleben. Beispiel: der Selbstmord

Wie wirken sich die Konzeptionen von der Welt in den Epochen und Kulturen auf unser Erleben und Verhalten aus? Bei der Beantwortung dieser Frage muss es um Überzeugungen in den Köpfen vieler Menschen gehen, um grundlegende Prinzipien des Verhaltens – und nicht (!) um feine Differenzen in den Diskursen der Philosophen wie beispielsweise die (oft ernsthaft diskutierte) Frage, wie viele Engel auf einer Nadelspitze Platz haben. Eher geht es zum Beispiel um einfache Krankheitskonzepte, die bestimmte Arten der Vorsorge nach sich ziehen.

Die Religionen und auch die Philosophie bieten solche Kosmologien. Und später entstanden neue Kosmologien in der Wissenschaft. So war z. B. Freuds Werk über viele Kulturen einflussreich: Sexualität konnte als „natürlicher" Trieb aufgefasst werden, dessen Unterdrückung zu Neurosen führt (hysterische Konversion der Triebenergie). Dort liegt – neben der Erfindung der Pille, s. u. – ein wesentlicher Impuls für die sexuelle Befreiung der Neuzeit.

2.1.1 Der Selbstmord und Platon

Platon überlegte, welcher Mord der schlimmste sei. Das Ergebnis seines Nachdenkens: der Verwandtenmord. Und weiter fragte er sich, wer denn der engste Verwandte einer Person ist. Seine Antwort: man selbst; also sei der

Selbstmord der schlimmste aller Morde (Mösgen 1999, S. 41). Dieser Analogieschluss (und andere Argumente gegen den Selbstmord) haben bis in die Neuzeit dramatische Folgen gehabt. Die katholische Kirche sah den Selbstmord als schlimme Sünde an. Wer einen Erhängten berührte, wurde selbst zum Ausgestoßenen; der Selbstmörder durfte nicht in geweihter Erde bestattet werden. Im Mittelalter glaubte man, der Tote bringe als böser Geist Unheil und der Geist des Selbstmörders komme zurück (Wiedergänger), um das Abhalten von Messen zu erbitten.

Es kam zu Revolten der Bevölkerung gegen die Obrigkeit, wenn ein Selbstmörder auf dem Kirchfriedhof beerdigt werden sollte.

Im größtmöglichen Kontrast dazu steht die Auffassung der Mayas. Sie verehrten eine Göttin der Selbstmörder (Ixtab). Die Selbstmörder kamen nach ihrer Auffassung direkt ins Paradies (Krusche 1965). Der Selbstmord im Dienste des Kriegserfolges war natürlich auch in der christlichen Welt als gottgefälliges Opfer anzusehen.

2.2 Die Besorgnis über die Gesundheit

Von größtem Einfluss auf das Denken der Menschen über die Erklärung und Behandlung von Krankheiten ist die Lehre von den Körpersäften (Hippokrates, 460–370 v. Chr.; weiterentwickelt von Galen, ca. 129–215 n. Chr.). Die Körpersäfte sind:

1. Das Blut: Es steht für Hitze und Feuchte und ist mit dem Mars verbunden. Überwiegt dieser Saft, ist der Mensch Sanguiniker (Element Luft). Das Blut fließt – nach antiker Auffassung – vom Zentrum des Körpers zur Haut. Verbraucht wird es dort als Schweiß ausgeschieden. Die Schwitzhütte und die Sauna gehen auf die Idee zurück, das starke Schwitzen führe zu einer „Reinigung" des Körpers.
2. Die schwarze Galle: Sie ist kalt und trocken. Überwiegt die schwarze Galle, ist der Mensch Melancholiker (Element Erde).
3. Die gelbe Galle: Sie ist warm und trocken. Überwiegt die gelbe Galle, ist der Mensch Choleriker (Element Feuer).
4. Der Schleim: Er ist kalt und feucht. Überwiegt der Schleim, ist der Mensch Phlegmatiker (Element Wasser).

Beschrieben wurden dazu zwei Arten des Pneuma (Geist und Winde bzw. Blähungen), die durch die Kapillaren des Körpers fließen und z. B. bei der Zeugung den „Geist" übertragen.

Eine grundsätzliche Gesundheitserklärung war das Gleichgewicht bzw. Ungleichgewicht der Körpersäfte. Bei einem Ungleichgewicht der Körpersäfte, z. B. bei zu viel Hitze und Überfüllung, half angeblich das Ablassen von Blut, der „Aderlass". Noch Casanova beschreibt in seinen Memoiren (ca. 1750) bei verschiedenen Gelegenheiten Aderlässe. Gegebenenfalls wurde auch das „Vomieren" (Erbrechen) und „Abführen" angewendet, und hustenlösende Mittel z. B. sollten die schwarze Galle abführen.

2.2.1 Gottesstrafe, Teufelswerk und Hexerei

Neben den im Grunde wissenschaftlichen Erklärungen der antiken Gesundheitslehren sah das „fromme" Mittelalter bis hin zur Neuzeit die Krankheit immer auch als Gottesstrafe, Teufelswerk und Hexenzauber. Auch der Unmut von Heiligen konnte Krankheitstrafen bewirken. Wie den Liebespfeil aus Amors Bogen kannte man auch krankheitsbringende Pfeile. Pestpfeile sind verschiedentlich abgebildet. Der „Hexenschuss" benennt den abgeschossenen Pfeil als Ursache des plötzlichen Schmerzes (zur Metapher des Pfeilschusses vgl. Kap. 4.1 und 4.2).

Entsprechend der spirituellen Verursachung suchte man als Mittel der Therapie spirituelle Kraftfelder. Die Berührung oder die Nähe zu heiligen Reliquien galt als heilend. Noch besser war es, wenn man sich abgeschabte Teile von geweihten Statuen oder gar Teile der Reliquie selbst einverleibte. Bei der Fallsucht konnte ein heiliges Seifenband durch Einnähen in die Stirn einverleibt werden.

Dinzelbacher (2009, S. 3) teilt mit, dass der Dominikaner Heinrich Seuse (gest. 1366), der durch seine extremen Selbstgeißelungen bekannt wurde, so weit ging, die Farbe von einem Heiligenbild abzuschaben, um damit seine schmerzenden Augen zu heilen.

Die Kirchenfürsten selbst konnten sich – mit Genehmigung des Papstes – der Hexerei bedienen. So durfte ein Bischof durch Hexerei seine Geliebte mit derselben Krankheit bestrafen, die sie ihm nach seiner Meinung angehext hatte.

Man durfte auch aus der als Reliquie erhaltenen Kopfschale eines Heiligen trinken (z. B. der heiligen Theodora). Dinzelbacher (2009, S. 99) weist darauf hin, dass dies auf dem alten keltischen Brauch basieren könnte, aus dem Schädel des besiegten Feindes zu trinken.

Man konnte auch unter einer Reliquie herlaufen, um das „Summum Bonum" (höchstes Gut/Gott) zu erfahren. In Grabplatten von Heiligen wurden Löcher gebohrt, sodass man den Kopf dort hineinstecken konnte. In einer Art Tausch konnte man den eigenen todgeweihten Körper mit einem

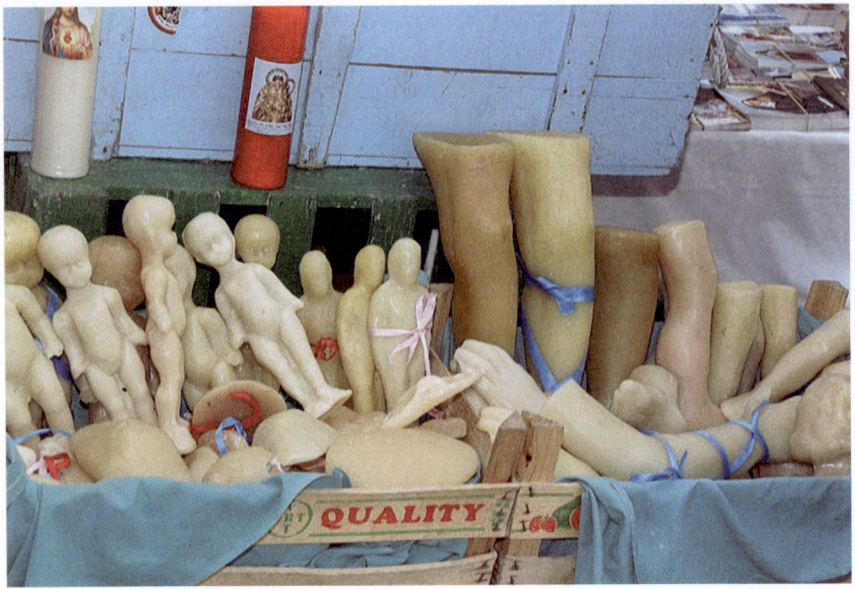

Abb. 2.1 Wachsorgane. Die Votivgaben formen das kranke Organ in Wachs nach. Rechte beim Autor eigenes Bild

Ersatz, einer Wachsfigur, aufwiegen und freikaufen. Das ist die Wurzel heutiger Votivgaben aus Gold oder Silber. Ich sah aber an Wallfahrtsorten auch noch Wachsorgane (Abb. 2.1).

Wenn alles nichts half, konnte die Reliquie aber auch bestraft werden (Geary 1994).

Wenn als Krankheitsursache in den Körper eingefahrene Dämonen ausgemacht waren, musste man sie durch das Ritual des Exorzismus austreiben. Dabei wurde dem Dämon durch Schläge, eiskalte Bäder oder Untertauchen das Leben schwer gemacht. In den Lebensberichten der Heiligen werden viele erfolgreiche Exorzismen berichtet. Speziell bei psychogenen Störungen erscheinen aus heutiger Sicht ja auch tatsächlich Heilungen durch die Austreibungssuggestion möglich.

2.2.2 Gesundheit und Ernährung

Ganz entsprechend der ägyptischen Auffassung, Krankheit komme vom Essen, wurde versucht, die Gesundheit durch Fasten und Erbrechen wiederherzustellen (Herodot, 5. Jahrhundert v. Chr.). In Rom sollte öffentliches Erbrechen den Körper reinigen. Die Sitte, das Essen zu erbrechen, um dann weiterschlemmen zu können, kannte die Antike, aber auch das Mittelalter (z. B. königliche Tafel von Karl IV. 1466/Verdon 2011, S. 115, 6).

Bei einem Überwiegen einzelner Säfte waren besondere Diäten zu halten. Warme Speisen (Fleisch und speziell Obst) galten als gefährlich, sie erzeugten gegebenenfalls Fieber (Galen ca. 129–215). Es gab kalte Speisen (Gemüse) sowie feuchte und trockene Speisen. Dabei kamen auch die Farbe und der Geschmack der Lebensmittel ins Spiel. Galen vermutete z. B., das dunkle Rindfleisch aktiviere die schwarze Galle und führe zu Trübsinn. Ein Melancholiker sollte keine (dunklen) Linsen essen. Dies hatte dann auch Auswirkungen auf die Einschätzung dunkelhäutiger Menschen, wie etwa der Mamelucken. Sie wurden dem melancholischen Typ zugeordnet. Die süße, rote Traube sieht wie Blut aus und konnte daher nach damaliger Auffassung eine Blutleere bzw. einen Mangel an Hitze ausgleichen.

Das Alter hatte nach Galen weniger Hitze und müsse daher heißere Lebensmittel zu sich nehmen. Also wurde dem alten Menschen Fleisch und Obst empfohlen. In Indien vermieden Schwangere das „heiße" Lebensmittel Milch. Das „kalte" Wasser galt dagegen als unbedenklich. Das reine Quellwasser speiste den Jungbrunnen des Mittelalters.

Die Pest trägt den Namen „schwarzer Tod". Sie wurde angeblich durch einen Anstieg der dunklen Körpersäfte bewirkt.

Speisen und Getränke lassen sich durch Feuer umwandeln, so wandelt sich beispielsweise Wein in Branntwein. Analog nahm man an, Schwitzen und Fieber seien heilsam. Schon im Hades und später in der christlichen Hölle gab es durch Feuer eine Umwandlung der Seelen zum Guten (im Purgatorium; s. a. das Purgieren bzw. Ausbrennen z. B. der Pestbeulen). Nach Galens Pneuma-Theorie führten Blähungen zu Erektionen. Daher sollten in den Klöstern keine blähenden Lebensmittel bereitet werden (Thomasset 1997).

Ungeziefer kommt nach dieser Lehre nicht durch mangelnde Hygiene, sondern durch verdorbene Körpersäfte.

> **Neuer Wein in alten Schläuchen**
>
> Das Gleichgewicht der Körpersäfte wird im 18. Jahrhundert durch ein anderes Gleichgewicht ersetzt. Die richtige Aktivation war nun für die Gesundheit wesentlich: John Brown (1780) setzte Opiate, Alkohol und Kampfer oder den Genuss von Fleisch (!) ein, um die Erregung zu steigern – und Aderlass, Abführmittel und Brechmittel, um sie zu mindern.
>
> Diese Theorie hat wegen ihrer antiken Anklänge so eine Art Wahrheitsvorsprung und geistert noch heute in Erklärungen der Ästhetik Berlynes in Form der These herum, die richtige Erregung („arousal") mache das attraktivste Kunstbild aus.

Im frommen Mittelalter wurden diese Krankheitserklärungen übernommen, aber zugleich als Strafe Gottes oder Wirkung des Teufels (inklusive Hexerei) aufgefasst. Noch im 17. Jahrhundert war ein faulender Zahn ein Zeichen moralischer Verdorbenheit. Die Schmerzen beim Ziehen waren nur die gerechte Buße (Trumble 2004).

> **Beispiel**
> Trotz aller Gesundheitslehren lebte im Volk immer schon eine Ahnung von der Ansteckung durch Krankheiten. Ein Beispiel: Um 1650 wurde Anna Kluge als Hexe verurteilt. Weil sie im Alter rote, entzündete Augen hatte, wollte schon vorher keiner aus demselben Kelch trinken (Tauer 1891, S. 164 ff.).

Das Mittelalter sah die Syphilis (Syphilis und Tripper wurden damals nicht unterschieden) und auch die Lepra als Folge von sündigem Geschlechtsverkehr, z. B. mit einer menstruierenden Frau (oder einer verheirateten Frau, Schnitzler 1996). Der Leprose wurde angeblich von seiner sexuellen Gier zerfressen.

2.2.3 Die Folgen des Einverleibens

Seit dem Altertum fragen sich die Menschen, was gegessenes Fleisch im Körper bewirkt. Führt der Verzehr von Fleisch zu Aggressivität? Übernimmt man Eigenschaften der Tiere, die man verzehrt (Kleinspehn 1996)? Kannibalismus könnte die direkte Folge solcher Überlegungen sein.

Möglicherweise gab es im frühen Mittelalter rituelle Hexenessen, um sich der Zauberkraft der Hexe zu bemächtigen (Röckelein 1996). Auf jeden Fall wurde es in der sogenannten „Capitulatio" (einem Gesetzestext von 782) verboten.

2.3 Seelische Krankheiten in der Geschichte

Seelische Krankheiten sind in ihren Erscheinungsformen naturgemäß kulturabhängiger als körperliche Krankheiten. Seelische Krankheiten können am Modell abgeschaut werden und dann z. B. als Ausweg aus übermäßiger Belastung dienen. Im Ersten Weltkrieg waren es die „Kriegszitterer", die krankheitsbedingt die Front verlassen durften, im

Zweiten Weltkrieg überwogen die psychogenen Lähmungen. Die harten Behandlungen (z. B. durch starke, schmerzhafte elektrische Schläge) sollten Nachahmer abschrecken.

Wie weit seelische Erkrankungen benannt werden können, unterliegt durchaus kulturellen Beschränkungen: Chinesen geben depressive Symptome nicht leicht zu, weil sie dann ja womöglich ihre Familie beschuldigen würden. Oder es kommt zu fehlerhaften Ursachenzuschreibungen: Migranten klagen bei seelischen Krankheiten z. B. gerne über Lungenbeschwerden. Die historische Krankheitsursache „schlechte Luft" als Ursache der Pest (Miasmentheorie) leuchtet da auf (Malaria = schlechte Luft, Stompe 2014).

Krankheiten können (a) in eine bestimmte Zeit gehören oder (b) zu verschiedenen Zeiten unterschiedlich bewertet sein. Schließlich sind (c) verschiedene Ängste aufgelistet, die heute fremd auf uns wirken.

2.3.1 Historische Krankheiten

Hysterie

Die Hysterie ist eine sehr früh postulierte seelische Erkrankung von Frauen. Sie ist wahrscheinlich schon in einem ägyptischen Papyrus erwähnt. Ihre Symptome sind vielfältig: Krämpfe im Körper, Lähmungen und ein Verlust der Sinnesempfindungen oder der Sprachfähigkeit gehören dazu. Die Antike sah als Ursache einen unbefriedigten Uterus. So kommt es im Körper angeblich zu einer Wanderung der Gebärmutter (griech. „hystera"), die dann auf die Eingeweide drückt. Beim Geschlechtsverkehr wollte man durch einen schlechten Geruch in der Nase den Uterus dazu bewegen, sich in der unteren Körperhälfte aufzuhalten.

Als Behandlung der Hysterie empfahl man eine Verheiratung oder einen manuell herbeigeführten Orgasmus. Es wurden sogar Operationen an der Gebärmutter durchgeführt (z. B. noch an der späteren Patientin von Freud, Marie Bonaparte (1927)).

In der Salpêtrière (ca. 1880–90) in Paris beobachtete Sigmund Freud Charcots Demonstrationen hysterischer Patientinnen. Diese Frauen waren zuvor im selben Gebäude untergebracht worden wie die Epileptikerinnen und konnten also den sorgsamen Umgang der Ärzte und Pfleger mit den Epileptikerinnen beobachten. So entwickelten sie – nach damaliger Auffassung – durch Modelllernen auch epileptische Symptome: Sie brachen mit zuckenden Bewegungen des Beckens zusammen und streckten (im

Abb. 2.2 Hysterischer Bogen. Ein hysterischer Bogen, ein Krampfanfall von Frauen, den es heute nicht mehr gibt. © The Reading Room/Alamy / mauritius images www.mauritius-images.com

sogenannten „hysterischen Bogen", Abb. 2.2) den Unterleib vor. Freud interpretierte die Symptomatik als eine Konversion (Umwandlung) seelischer Schmerzen in körperliche Symptome. Speziell die unbefriedigten sexuellen Wünsche wurden angeblich körperlich ausagiert (Breuer und Freud 1922). Immerhin hatte sich diese Art Symptomatik, von Paris ausgehend, dann über Europa ausgebreitet. Heute gibt es sie nicht mehr. Ross (2016) bringt aber starke Belege dafür, dass es sich eher um ein Ausagieren wirklicher sexueller Misshandlungen und auch sexueller Grenzüberschreitungen innerhalb der Klinik handelte (wo z. B. die Vaginaltemperatur beim „hysterischen Anfall" gemessen wurde). „Augustine", eine Musterpatientin, deren „Anfälle" anderen Medizinern oft demonstriert wurden, war z. B. tatsächlich zunächst sexuelles Opfer ihrer Brüder und ihres Arbeitgebers und dann auch der Klinikmitarbeiter gewesen. Heute gibt es die diagnostische Kategorie „Hysterie" nicht mehr, stattdessen wird für Männer und Frauen eine „histrionische Störung" diagnostiziert.

Neurasthenie

Die hohen Anforderungen des Berufslebens an Disziplin und Ausdauer in der Neuzeit trugen zum Entstehen des Krankheitskonzepts „Neurasthenie" bei, einer Nervenschwäche. Das Konzept der „reizbaren Schwäche" stammt von George Miller Beard aus dem Jahr 1869. Ein drastischer Beginn der Erkrankung „Neurasthenie" ereignete sich in einer Telefonvermittlung, als die Telefonistinnen in einer Überlastungssituation einen kollektiven Zusammenbruch erlebten.

Als Ursache für die Neurasthenie nahm man zu wenig oder zu viel Sex oder auch die Überreizung in Folge der modernen Technik an. Sie zeigte sich in einem Mangel an Energie. Als Therapie wurden warme Bäder und Ruhe verordnet. Im Sinne des 19. Jahrhunderts hielt man auch Reisen für günstig, speziell mit dem Automobil, weil man dann keine Angst haben müsse, den Zug zu verpassen.

Kaiser Wilhelm II. könnte (nach Radkau 1995) ein Fall von Neurasthenie gewesen sein. Er suchte – analog zu Therapien der Neurasthenie – den „Platz an der Sonne" und sah die „Zukunft auf dem Wasser".

Eine jüngst entstandene diagnostische Kategorie „Hypersexualität" oder „Sex-Abhängigkeit" sind ein aktuelles Aufleuchten dieser altbekannten Besorgnis, birgt aber auch eine tröstliche Entschuldigung für eheliche Untreue.

Ohnmacht

Eine Ohnmacht liegt anscheinend in der Reichweite intentionaler Kontrolle. So kann sie abgerufen werden, wenn die Gesellschaft das entsprechend akzeptiert. In belastenden und unschicklichen Situationen war es um 1890 – speziell für junge Frauen – üblich, kurz ohnmächtig werden. Man führte mit Ammoniak gefüllte Riechfläschchen mit sich, um die Ohnmächtige wieder aufzuwecken.

Ein französischer Roman des Mittelalters lässt selbst Karl den Großen bei der Entgegennahme einer schlechten Botschaft ohnmächtig werden. In der Karibik kennt man die „ataques de nervios": Schreie und Weinkrämpfe mit Ohnmachtsanfällen.

Zwangsstörungen

Zwanghaftes Beten oder Beichten (wie bei Luther) oder zwanghafte Waschungen im Islam (Waschung vor dem Gebet „Waswas") waren immer wieder auch Zeichen besonderer Frömmigkeit. Unter dem Mantel der Religionsausübung versteckt sich der Zwang in verschiedener Form: Es kann sein, dass Gebete unaufhörlich wiederholt werden oder die Reinigungen des Hauses vor dem Passahfest zwanghaft ausgedehnt werden. Häufige Beichten zur Lossprechung von Sünden sind von Ignatius und Luther (Holzer 2014) überliefert. In anderen Kulturkreisen gibt es ein zwanghaftes Wiederholen von Mantras oder das zwanghafte Einhalten von Speisevorschriften. Heute weiß man, dass Zwang eine Art Territorialverhalten ist und aus Angst vor Krankheit und der Verunreinigung des Reviers entsteht.

In einzelnen Epochen und an speziellen Orten brachen Symptome aus, die an Zwangsverhalten erinnern, aber auch der Konversionshysterie (s. o.) ähneln, z. B. die Tanzwut.

Bei der Tanzwut (Tarantismus, erstes Auftreten in Aix-la-Chapelle 1374) wurde bis zur Erschöpfung getanzt. Der Tanz erfolgte zum Spiel der Tarantella-Musik, die dauerhaft, z. B. drei Tage lang, laut gespielt wurde. Manche Tänzer hatten dabei Schaum vor dem Mund. Es gab zwei solcher Epidemien im Mittelalter. Die Obrigkeit erließ Verdikte gegen die Tanzwut (Dinzelbacher 1995, S. 308). Eine mögliche Erklärung könnte die Vergiftung durch einen Pilz des Roggenkorns sein (*ergot fungus*, Mutterkorn, Clark 2010). Eine Form dieser Vergiftung erzeugt Zuckungen und bizarre Bewegungen. Damals versuchte man, mit Musik beruhigend auf die vergifteten Menschen einzuwirken, so sah es aus, als tanzten sie zur Musik. Nach Clarks Meinung könnten religiöse Halluzinationen im Zuge dieser Vergiftung zum Bildreichtum der katholischen Religion beigetragen haben.

Es wurde eine Behandlung mit Exkrementen und Schwitzen verordnet, wohl um ein böses Agens zu vertreiben. Als Ursache glaubte man an einen Biss der Tarantella-Spinne, an ein „göttliches Verlassen-sein" oder „ein aus der Harmonie der Sphären Gefallen-sein".

2.3.2 Krankheiten wurden anders bewertet

Epilepsie

Die Epilepsie ist hier unter den „seelischen" Krankheiten aufgeführt, weil sich ihre Symptome im Verhalten zeigen. Aber schon Hippokrates (ca. 460–370 v. Chr.) sah die Epilepsie auch als eine Erkrankung des Gehirns an.

Seit der Antike wird die Epilepsie als heilige Krankheit (*morbus sacer*) bezeichnet. Sie entrückt den Kranken in eine Art Trance und darin – anscheinend – in einen Kontakt mit den Göttern. Es gibt eine Unterform der Epilepsie, die „ekstatische Epilepsie", die mit religiösen Halluzinationen einhergeht. Viele Religionsstifter und Heilige sollen solche Anfälle gehabt haben: z. B. der Apostel Paulus, Mohammed, Johanna von Orleans, Luther, die heilige Brigitte oder die heilige Katharina von Genua. Auch Katherina von Konnersreuth hatte in ihrer Jugend epileptische Anfälle. Tatsächlich gibt es Gehirnbereiche, deren Elektrostimulation zu quasi-religiösen Erlebnissen führt (das „Gottesmodul", Persinger 1987).

Insofern rückt die Krankheit „Epilepsie" auch in die Nähe der Besessenheit. Als göttliche Kraft ergreift diese Besitz von den Propheten oder wirkt als teuflische Kraft in den Hexen des Mittelalters. Der Exorzismus wurde – als Therapie der Besessenheit von Dämonen – noch bis in die Neuzeit hinein praktiziert (Zilboorg und Henry 1941).

In vielen außerchristlichen Religionen ist das „Besessen-sein" von Geistern und Gottheiten ein erstrebenswerter Zustand, z. B. im Schamanismus, im Sufismus, im Voodoo-Kult oder in der kubanischen Santeria. Man erkennt die Besessenheit durch den Gott an einem epilepsieartigen Zucken der Glieder und einer zeitweiligen Bewusst- und Empfindungslosigkeit.

> **Beispiel**
>
> König Karl II (als Graf der Provence) wollte diese Empfindungslosigkeit auf die Probe stellen und ließ flüssiges Blei über die Füße der entrückten seligen Douceline von Digne (1212–1275) gießen. Tatsächlich zeigte sie im Zustand der Entrückung keine Zeichen von Schmerz. Wieder bei normalem Bewusstsein hatte sie aber nun starke Schmerzen und ab da weiterhin Beschwerden am Fuß. Der Kaiser hielt sie dann in Hochachtung als Gevatterin (nach Dinzelbacher 1997, S. 265 f.).

Ernährungsstörungen, Selbstverletzungen

Die Magersucht wurde im Mittelalter als frommer Verzicht durchaus auch positiv gesehen. Katharina von Siena (1380) hungerte sich fastend zu Tode (Dinzelbacher 1995). Auch Bulimie gab es bei den heiligen Frauen des Mittelalters. Ihre Selbstverletzungen würden heute ebenfalls als seelische Krankheit diagnostiziert: Die Selbstgeißelungen konnten ein extremes Ausmaß erreichen. Bei sexuellen Gedanken z. B. sollte man das sündige Fleisch in Glasscherben wälzen (Schmerzlust?).

2.3.3 Ängste

Das Leben in früheren Zeiten war in vielerlei Hinsicht unsicherer als das heutige; man musste Angst vor Obrigkeiten und vor Überfällen feindlicher Gruppen haben. Aber auch vor der Gewalt des Nachbarn war man wenig geschützt. Sehen wir dazu z. B. allein die Tatsache, dass Nonnenklöster im Mittelalter häufig überfallen wurden, um die Bewohnerinnen zu vergewaltigen. Elias schreibt (1976, S. 447):

> Und menschengeschaffene Ängste halten schließlich von innen und von außen auch noch den Erwachsenen in Bann. Schamempfindungen, Furcht vor Krieg und Furcht vor Gott, Schuldgefühle, Angst vor Strafe und vor dem Verlust des sozialen Prestiges, die Angst der Menschen vor sich selbst, vor der Überwältigung durch die eigenen Triebe, sie alle werden in den Menschen direkt oder indirekt durch andere hervorgerufen. Ihre Stärke, ihre Gestalt und die Rolle, die sie im Seelenhaushalt des einzelnen spielen, hängt von dem Einfluss seiner Gesellschaft und seinem Schicksal innerhalb ihrer ab.

Beispiel

Es gab viele Fälle unvorstellbarer Grausamkeit gegen Mitmenschen. Eine sei erwähnt: Im 9. Jahrhundert war der Bischof von Le Mans mit seinen Priestern nicht einverstanden. Zur Strafe ließ er sie entmannen. So geschah es, bis Karl der Große ihn aus seinem Amt entließ (nach Rouche 1995).

Angst vor Zauberei und übernatürlichen Einflüssen

In einer heiligen Quelle (Salus, Bath, England) aus römischer Zeit wurden auf Zinntafeln praktisch nur Verfluchungen gefunden (die Fluchtäfelchen sollten von den Toten an die Götter der Unterwelt weitergegeben werden). Auf den Täfelchen finden sich auch die Gründe der Verwünschungen: z. B. wegen Diebstahls einer Kette/eines Kruges oder der Verführung einer Frau.

Mehr als in anderen Zeitspannen war der mittelalterliche Mensch von einem direkten Wirken übernatürlicher Mächte (Hexen, Gott, Teufel) in das tägliche Leben hinein überzeugt. Es gab vielerlei Schadens- und Liebeszauber (vgl. die Sage von Tristan und Isolde):

> Ein Liebeszauber, der das bildhaft analoge Denken gut illustriert, sei erwähnt. Im frühmittelalterlichen Franken sollte eine Frau einen lebenden Fisch in die Vagina einführen und dort zappeln lassen, bis er verendet. Der so mit erotischer Kraft aufgeladene Fisch sollte dann dem Ehemann serviert werden (Rouche 1995, S. 490).

Weitere Ängste, die in verschiedenen Kulturen und/oder zu vergangenen Zeiten auftraten und uns Hiesigen und Heutigen erstaunlich erscheinen, sind hier aufgelistet:

Im Mittelalter bis hin zur Neuzeit gab es eine reale Angst vor den Schrecken der Hölle. Es wurden erhebliche Ressourcen für Gebete und Ablässe eingesetzt (Delmenau 1985, S. 25, Duby 1996). Das Ende aller Zeiten und die damit verbundenen Katastrophen sah man bald und mit Gewissheit nahen.

Es gab eine Angst vor den Verstorbenen: Schwere Grabplatten verhinderten ihre Wiederkehr (Wiedergänger). Der Spiegel im Sterbezimmer wurde verhängt, damit sich die Seele des Verstorbenen nicht darin fängt. Das Fenster sollte geöffnet sein, damit die Seele aus dem Raum entweichen kann.

„Susto" ist die Angst, die Seele könne durch Erschrecken den Körper verlassen (Südamerika). Tatsächlich konnte das Erschrecken in der Antike auch als Therapie bei seelischen Störungen eingesetzt werden.

In Japan treten vermehrt Sozialphobien auf, häufig verbunden mit der Angst, anderen zur Last zu fallen (Stompe 2014).

2.3.4 Ist Sex ungesund?

Das gefährliche Menstruationsblut

In weniger differenzierten Stämmen fürchten sich die Menschen seit jeher vor dem Menstruationsblut. Es muss nach dem Abklingen der Blutung z. B. eine Reinigung in einem Bad mit zugefügtem Kuhdung erfolgen (Böck und Rao 1995). Auch in der Antike (dokumentiert u. a. im Alten Testament) sowie im Mittelalter galt Menstruationsblut als unrein und gefährlich. Gaius Plinius Secundus (77 n. Chr., zitiert nach Sitamer 1887, S. 32) schrieb zum Kontakt mit Menstruationsblut: „Neuer Wein wird sauer … Früchte fallen von den Bäumen, Bronze und Eisen werden sofort vom Rost überzogen." Nach der antiken Gesundheitslehre besteht Menstruationsblut nämlich aus nicht verdauten Nahrungsresten, die beispielsweise auch als Haarwuchs erscheinen können. Die weibliche Beinbehaarung sei ein Zuviel an weiblicher Feuchtigkeit, die zu „Moosbildung" führe (Duby und Braunstein 1990).

Die „blutflüssige" Frau sollte daher nicht berührt werden. Geschlechtsverkehr mit menstruierenden Frauen galt und gilt in vielen alten, aber auch weniger differenzierten heutigen Kulturen nicht nur als Gesundheitsgefährdung, sondern sogar als strafwürdiges Vergehen. Der Geschlechtsverkehr mit einer menstruierenden Frau, glaubte man im Mittelalter, führe zu Lepra. In der Zeit nach der Menopause, wenn also das schädliche und gefährliche Blut nicht mehr abgegeben wird, wandle es sich in einen gefährlichen „bösen" Blick der alten Frau. So waren alte Frauen besonders gefährdet, als Hexe beschuldigt zu werden.

Wieder finden wir diese alten Auffassungen auch im Sprachgebrauch der Neuzeit: Die Menstruation wird in Gerichtsakten des 18. Jahrhunderts von Frauen selbst als „Reinigung" bezeichnet; daher stammt anscheinend auch die Konnotation der besonderen „Verdorbenheit" des weiblichen Körpers (Lorenz 1996). Die Idee der „Femme fatale", der Frau, die den Mann vernichtet, hat ihre Wurzeln z. T. in der damals unterstellten Gefährlichkeit des Menstruationsblutes.

Es war Frauen – eben wegen der möglichen Unreinheit – verboten, einen hinduistischen Tempel zu betreten. Eine gesetzliche Neuregelung löste 2018 erhebliche Proteste aus (Meldung im „Kölner Stadt-Anzeiger" vom 03.01.2019). Wenn die katholische Kirche Frauen vom Priesteramt ausschließt, so hat dies anscheinend auch mit der „Unreinheit" des Menstruationsblutes zu tun. Ein Kölner Erzbischof äußerte sich entsprechend.

Mädchen haben noch kein Menstruationsblut, galten also in der Hinsicht als besonders gesund, und man war der Auffassung, Geschlechtsverkehr mit einem jungfräulichen Mädchen heile die Syphilis sowie andere Geschlechtskrankheiten – und das Blut des „reinen" jungen Mädchens sei ein Heilmittel gegen die Lepra.

> **Beispiel**
>
> In der Dichtung „Der arme Heinrich" von Hartmann von der Aue (ca. 1200) soll der Edelmann Heinrich, der von der Lepra befallen ist, durch das frische Blut eines jungen Mädchens, das sich freiwillig zu diesem Opfer bereit erklärt, geheilt werden. Die Vorbereitungen sind getroffen. Aber schließlich ist Heinrich von der Schönheit des jungen Mädchens so ergriffen, dass er sie heiratet.

Antike Wurzeln heutiger Überzeugungen

Heutzutage ist in afrikanischen Gesellschaften ein später Abkömmling dieser schändlichen Praxis zu finden: Einige Aidserkrankte glauben, ein Geschlechtsverkehr mit Kindern heile ihre Krankheit, und so kommt es aus diesem Grund nicht selten zu Vergewaltigungen. (Besonders in den Konzepten der traditionellen Volksmedizin bleiben die antiken Gedanken bis heute erhalten.)

Bis in die Neuzeit verwendete man ins Essen gemischtes Menstruationsblut als Liebeszauber (Levi 1965, z. B. in Süditalien). Das war wegen der angeblich gesundheitsschädigenden Wirkung dieses Blutes eine gefürchtete Maßnahme. Das leicht verfügbare Zaubermittel ließ natürlich bevorzugt die Frauen in einen Hexereiverdacht geraten.

Antike Wurzeln heutiger Verhaltensweisen

> **Beispiel**
>
> Die weibliche Beinbehaarung ist ein Zuviel an weiblicher Feuchtigkeit, die zu „Moosbildung" führt, hieß es einst (Duby und Braunstein 1990). Diese negative Sicht weiblicher Behaarung ist vor einigen Jahren wieder aufgeblüht. Achsel- und Beinhaare sollen in Amerika und mittlerweile auch in der ganzen westlichen Welt auf jeden Fall rasiert werden! Auch die männliche Behaarung ist nun in den Strudel der Ablehnung geraten.

Blut und Milch: die stillende Frau

Die Muttermilch wurde als gebleichtes weibliches Blut gesehen und behielt so dessen Gefährlichkeit (rothaarige Kinder trugen es angeblich noch in sich (Thomasset 1997)). Die Angst vor dem Menstruationsblut konnte sich also auf die Muttermilch ausweiten. Im Mittelalter sah man besonders die frühe Milch der Mutter als giftig für den Säugling an. In der Renaissance sollte man keinen Geschlechtsverkehr mit einer stillenden Mutter haben. Kinder wurden zu Ammen gegeben, weil die Milch von erneut schwanger gewordenen Müttern „vergiftet" sei. Die Amme musste das Kind im Falle einer eigenen Schwangerschaft wegen dieser Furcht abgeben (Klabisch-Zuber 1985).

Antike Wurzeln heutiger Verhaltensweisen

> **Beispiel**
>
> Ein Nachhall der alten Befürchtungen ist wie in vielen anderen Lebensbereichen in unserer Zeit zu verspüren. Im neuzeitlichen Amerika gab es noch um 1960 Kampagnen über die Gefährlichkeit des Stillens: Man solle lieber Ersatzmilch verwenden (Dervin 2010).

Verlust von Samen

Im antiken Griechenland nahm man an, die männliche Hitze sei in der Lage, das Blut in Samen umzuwandeln. Zuviel Sex war nach Ansicht der antiken Ärzte wegen des Verlustes von Hitze für den Mann nicht gesund. Männer mussten also auch Angst vor einer übersteigerten Sexualgier der Frau haben (Scheer 2011). Eine Sexualgier der Frau wurde denn auch zur Begründung der Frauenbeschneidung angeführt, die schon aus dem alten Ägypten in den Islam übernommen wurde. Nach der Gesundheitslehre Galens (ca. 129–215) war der Tripper ein „unfreiwilliger Samenfluss". Der Samenverlust stand also von Beginn der Gesundheitslehren an im Verdacht, Krankheit zu verursachen.

Die Angst vor Samenverlust gab und gibt es auch in Indien („Sukra Prameha" oder „Dhat"). Das ist die Angst vor Schwäche und Erschöpfung, die vom Verlust von Sperma im Urin herrührt. In China bezeichnet „Senkui" eine Krankheit infolge übermäßigen Geschlechtsverkehrs und Samenverlustes. Die taoistische Auffassung von den Gefahren des Geschlechtsverkehrs scheint auch ein Ableger der antiken Gesundheitslehren zu sein: Die Menschen enthalten Ying und Yang. Durch Geschlechtsverkehr werden diese im – gesunden – Gleichklang gehalten. Das Fluid „Ying" wird beim Sex ausgetauscht. Sein Betrag im männlichen Körper ist aber begrenzt. Ist es verbraucht, so muss der Mann sterben. Bei der Ejakulation nun gibt der Mann Ying ab. Die Aufnahme weiblicher Flüssigkeiten dagegen gibt Lebensenergie. Also ist langer Geschlechtsverkehr ohne Ejakulation günstig (Karezza). Dabei helfen Ablenkungen. Mit Musik z. B. kann man die Zeit der Penetration verlängern. Gut ist aus Sicht des Taoismus auch der Sex mit mehreren Frauen gleichzeitig.

Fernöstliche Erleuchtungslehren zielen darüber hinaus darauf ab, den Samen, aber auch das Pneuma (s. o.) im eigenen Körper zu behalten.

Der chinesische Daoismus empfiehlt, durch Druck auf die Peniswurzel das Ejakulat in den Hodensack zu leiten. So bleibt das Ying im Mann und ernährt das Gehirn (!). Auf diese Weise könne sogar Unsterblichkeit erlangt werden. Auf jeden Fall sei die Ejakulation schädlich, sexuelle Erregung aber gut. Zu viel Sex gilt also auch dort als ungesund.

Gefahren durch die Klitoris

In altägyptischen Texten wird die Klitoris auch als „Stachel" bezeichnet. In Südafrika kursiert bis heute die Fantasie, der Mann riskiere, vom Stachel der Klitoris gestochen zu werden (Trumble 2004). Auch glaubte man, die Klitoris könne wachsen und sogar größer als ein Penis werden. Ohne so recht zu wissen warum, ist die Beschneidung der Vagina mit Entfernung der Klitoris noch heute eine übliche und grausame Praxis in vielen afrikanischen Staaten.

> **Fazit**
>
> Krankheiten und speziell seelische Krankheiten können nur zu bestimmten Zeiten der Historie auftreten; sie können aber auch anders bewertet sein, als dies heute der Fall wäre. Die antiken Krankheitserklärungen konnten Besorgnisse und Ängste bewirken, die den heutigen Menschen fremd sind.

2.4 Sexualität

Beim Sex war in vergangenen Zeiten vieles möglich, aber zu allen Zeiten und in allen Regionen gab und gibt es Regeln. Verstöße wurden nicht selten mit dem Tode bestraft. Oft ist es das Ziel der Regulationen, die Ehe und die reguläre Aufzucht der Kinder zu beschützen (etwa durch Strafen für eheliche Untreue oder voreheliche Sex).

2.4.1 Die Sexfreudigkeit der alten Welt

Prähistorische Gesellschaften, die noch keine Syphilis kannten, engagierten sich anscheinend in orgiastischen Fruchtbarkeitsriten, während derer es zu Gruppensex kam.

In der von Geschlechtskrankheiten weitgehend freien Antike gab es aus heutiger Sicht eine liberale Sexualität, die freudig ausgelebt wurde. Es gab eine „Tempelprostitution", die der Generierung von Einnahmen für den heiligen Ort diente.

> **Beispiel**
>
> Als der Pharao sich einmal langweilte, gab ihm sein Minister den Ratschlag, eine Bootstour zu machen. 200 der schönsten seiner Haremsdamen sollten – nur mit einem Netz bekleidet – das Boot rudern. Ob es ihn erheiterte, berichtet die Quelle nicht (Rousselle 1989).

Im antiken Griechenland waren zu manchen Zeiten pädophile Beziehungen erlaubt und geschätzt (s. o. Knabenliebe). Es gab in der Antike Knabenbordelle mit kastrierten Knaben (Trube-Becker 2002), Homosexualität wurde geduldet; in der antiken griechischen Armee kämpften sogar homosexuelle Paare Seite an Seite, aber ein zeitgenössischer Text spricht auch von Ablehnung der Homosexualität: Angesichts der Tapferkeit solcher Paare sagte nämlich Philip von Mazedonien: „Schande über den, der schlecht von ihnen spricht" (Licht 1969, S. 391). Im antiken Roman „Kallirhoe" (aus dem griechischen Kulturkreis) wird zwischen Männern, die Frauen lieben, und solchen, die das nicht tun, ganz generell unterschieden. Die Urteile der Zeitgenossen über solche Sexualpraktiken waren von den Werten dominanter Männlichkeit bestimmt. So sollte ein freier Bürger nicht anal penetriert werden, konnte das aber selbst mit anderen Männern tun.

Im antiken Rom gab es anerkannte und beliebte Bordelle (die Prostituierten waren meist Sklaven; oft handelte es sich um ehemals ausgesetzte Kinder, die auf diese Weise für ihre Herren Geld verdienen mussten).

Darstellungen an den Wänden der Bordelle in Pompeji zeigen alle möglichen Sexpositionen, z. B. sieht man, wie eine Frau, auf dem Mann sitzend, den Penis mit ihrer Hand zur Klitoris führt. Männer und Frauen benutzten Dildos. Wenn aber eine antike Statue (im Museum Neapel) einen Mann zeigt, der sein Messer drohend gegen den erigierten Penis gewandt hält, erkennen wir, dass auch damals die Beherrschung des Sexualtriebes ein Thema war.

Neben der liberalen Sexualität gab es aber auch Bereiche, die der Regulierung unterlagen. In Rom galt es, die Reinheit des Mundes, mit dem man in Staatssachen redete, nicht zu beschmutzen. Ein freier Bürger durfte keinen Oralsex geben, ihn wohl aber von niedrig stehenden Menschen, also z. B. von Sklaven, empfangen.

In der asiatischen Welt war diese lustvolle Freizügigkeit ebenfalls verbreitet: In China vor 2000 Jahren gab es Sexhandbücher mit einer Darstellung des Cunnilingus (Oralkontakt) (Katchadourian 1985, S. 280). Auf japanischen Farbholzschnitten sieht man, wie von der Kurtisane eine Kalligrafie auf den erigierten Penis gezeichnet wird. Vielfältige Sexualpraktiken wie die Reizung der Vagina und Klitoris mit Gegenständen, Dildos, Strapons und sogar eine künstliche Vagina sind dort dargestellt. Die Bilder veranschaulichen auch Lust: Eine Frau beißt auf einen Knebel, um nicht zu schreien (Lust, Schmerz). Eine Frau trinkt oder raucht Pfeife beim Beischlaf, spielt Laute oder liest Texte vor. Dritte belauschen den Beischlaf und befriedigen sich dabei selbst. Auch Homosexualität ist abgebildet.

Allerdings gab es gegenüber diesen Bildern („Shunga") auch immer Wellen von Zensur, die ein Hin- und Herpendeln zwischen größerer Freizügigkeit und stärkerer Beschränkung erkennen lassen.

2.4.2 Die Sexfeindlichkeit des Christentums

Während viele alte und zeitgenössische Gesellschaften die Freuden des Sex unbeschwert genießen durften, ist Sex gerade dem Christentum „sündig" geworden. Verschiedene kosmologische Wurzeln kommen dabei zusammen:

Schon antike Gesellschaften kannten asketische Gemeinschaften (z. B. Kult der Kybele, in Indien ist die Göttin „Kali" zu nennen, Rousselle 1989). In diesen Gemeinschaften kam es zu verschiedenen Formen der Entmannung. Der Evangelist Matthäus (19,12) spricht von Männern, die sich der ewigen Seligkeit wegen entmannt haben.

Vielleicht war das Motiv, keine Ejakulation zu haben, denn nach Galens Lehre wird dabei neben der Materie auch der Geist (Pneuma) abgegeben. So kann der Asket den Geist in sich sammeln, um zu höheren Stufen der Erleuchtung zu gelangen (s. o.).

Der Apostel Paulus stand der Stoa nahe. In seinen Episteln an die frühe Christenheit äußert er die Auffassung, dass Ehelosigkeit für den Dienst an Gott die beste Lösung sei (Angenendt 2015). Dem Stoiker war es wichtig, Aufregung und übermäßige Erregung, also auch die sexuelle, zu vermeiden. Am besten sei die Enthaltsamkeit. Paulus sieht – wie später Augustinus – eine Art Konkurrenzbeziehung zwischen der Geschlechtsliebe und der Gottesliebe. Aber auch schon die Essener, eine frühchristliche Gemeinde, verdammten die Lust am Sex.

Der Kirchenvater Augustinus brandmarkte ebenfalls – nach eigenen sexuellen Wirrungen und in Berufung auf Paulus – die Wallung und Wollust der Sexualität, die das klare Denken auslösche und damit eine zeitweilige „geistige Behinderung" darstelle. Sex dürfe es nur zur Reproduktion in der Ehe geben. Die sexuelle Lust und das sexuelle Begehren (übrigens auch alles andere Begehren, z. B. nach Speisen, nach Musik oder Schönheit) seien Sünde. Wer einer Frau verbunden sei, wolle dieser Frau gefallen und nicht Gott. Augustinus geht so weit zu bedauern, dass er nicht kastriert ist (Confessiones 1955, S. 27).

In der Gnosis, einer antiken Zweiglehre des Christentums, kam eine zweite Wurzel der Sexualfeindlichkeit hinzu: Der Demiurg (Schöpfer) habe fehlerhafte Wesen geschaffen, die nicht noch durch Sexualverkehr vermehrt werden sollten. Eine Enttäuschung an der Welt führte zu dem Glauben, dass aufgrund haarsträubender Untaten und Perversionen dämonischer Schöpfermächte die Materie (also speziell auch der Körper) sündig sei. Besser solle man keine Sexualität haben, um die Materie nicht zu vermehren (eine Überzeugung, die sehr wohl auch zu den Wurzeln des Buddhismus gehören könnte).

Sexualität im Mittelalter und früher Neuzeit

Fromme Frauen überredeten im Mittelalter ihre Männer, in Enthaltsamkeit zu leben. Gebete vor dem Sex sollten gegebenenfalls die Sünde abwenden (Brigitta von Schweden, ca. nach 1344; Phillips und Reay 2011). Eine Kopulation fand z. B. bis zur Neuzeit bei besonders frommen Paaren nur im speziellen Nachtgewand mit ausgesparten Öffnungen statt (Chemise Cagoule), um unnötigen Körperkontakt oder das Anschauen von Nacktheit zu vermeiden. Aber insgesamt war auch im Mittelalter die Realität des Sexes oft eine andere: Öffentliche Bäder dienten als Bordell (eine Sitte, die die Kreuzfahrer mitbrachten). Hohe Gäste wurden um 1450 von den Städten in das städtische Bordell eingeladen (Elias 1976, S. 242).

Die Kirche kämpfte ohne allzu großen Erfolg gegen eine lockere Sexualmoral (z. B. im 8. Jahrhundert in England, Bonifacius in Taylor 1970). Die Verhältnisse änderten sich allerdings, nachdem 1494 die französische Armee bei Neapel viele Todesfälle durch die – damals virulentere – Syphilis zu beklagen hatte. Die Krankheit war von den Kolonisatoren aus Amerika eingeschleppt worden und verbreitete sich schnell in Europa. Nur logisch, dass nun der Kampf gegen die Prostitution energischer wurde. Ab 1500 wurden viele Bordelle und Badehäuser geschlossen.

Die Oberschichten nahmen sich trotz der vorherrschenden strengen Sexualmoral umfangreiche Freiheiten heraus. Ludwig XIII. ließ sich von Säuglingen Brust und Penis saugen (Trube-Becker 2002). Aus dem monastischen Frankreich wurde ein Beischlafversuch des etwa achtjährigen Ludwig XIV. unter Beifall und Anfeuerung des höfischen Publikums berichtet.

Das „Jus primae noctis", das vermeintliche Recht des Fürsten, mit der frischvermählten Untergebenen eine Liebesnacht zu verbringen, wurde zwar als politisch motivierte Legende entlarvt (Boureau 1996), aber natürlich gab es (und gibt es bis heute) die sexuelle Ausbeutung der weniger Mächtigen.

> **Beispiel**
> Wieweit sich in verschiedenen Zeiten die christliche Lehre in abgelegenen Dörfern (hier Mirepoix bei Pamiers) in Verhalten umsetzte, bleibt zweifelhaft, wenn man einem zeitgenössischen Bericht aus dem Jahr 1320 folgt. Wegen des Verdachtes der Hexerei wurde die 22-jährige Grazida verhört (aus Duby 1990). Sie berichtete: Der Pfarrer habe sie als 15-jährige Jungfrau geholt und genehmigungsweise ihre Mutter gebeten, sie „im Fleischlichen erkennen zu können". Beide stimmten dem zu. Später verheiratet, erlaubte der Ehemann eine Fortsetzung des Verhältnisses zum Pfarrer. „Glaubtest Du zu sündigen?" fragte der Inquisitor sie zu dem Verhältnis (ebd., S. 517), und sie antwortete: „Weil es mir zu diesem Zeitpunkt Spaß machte und dem Pfarrer auch, uns gegenseitig zu erkennen, glaube ich das nicht, und ich meine auch, dass das keine Sünde war...."

Die Priesterehe wurde in den Schriften der Kirchenväter schon seit dem 4. Jahrhundert verdammt, wurde aber erst 1123 verboten (ein Motiv unter anderen war, dass Priester das Vermögen der Kirche nicht an Kinder weitergeben sollten, und als Braut Christi sollte die Seele des Priesters keine Konkurrentin haben. Dinzelbacher 1995). Eine Inspektion des Erzbischofs von Rouen (1248–1269) förderte aber dennoch zutage, dass Priester Liebschaften mit Laien und Nonnen hatten.

Im viktorianischen Zeitalter in England erlebte die Sexfeindlichkeit ihre größte Blüte (mit großen Unterschieden von Dekade zu Dekade und von Sozialschicht zu Sozialschicht). Aber auch damals fielen Sexualnorm und tatsächliches Sexualverhalten auseinander. So stand die Homosexualität unter Strafe, wurde aber in besseren Kreisen geduldet.

Nachdem ja im Mittelalter die sexuelle Unersättlichkeit der Frau gefürchtet war, gab es nun sogar eine Verleugnung der weiblichen Sexualität. Nach ärztlichem Befund (z. B. in Büchern von William Acton) hatten Frauen angeblich keine sexuellen Wünsche. Männer und Frauen sollten gemeinsam keine (nackten) klassischen Statuen betrachten. In der Erziehung kam es zu drastischen Maßnahmen, um eine verfrühte Sexualität zu verhindern. Um 1800 verlötete man in einigen Fällen die Geschlechtsteile der Mädchen. Trotz aller Sittenstrenge aber war die Prostitution geläufig.

Wenn man die Zahl der Prostituierten in Beziehung zur Zahl der männlichen New Yorker setzt, kommt man zu dem Ergebnis, dass die Hälfte der erwachsenen Männer auf drei Besuche in der Woche kam (ca. 1840–1899, Tannahill 1980, S. 357).

Im (besonders sittenstrengen) viktorianischen London waren nach Schätzungen und zeitgenössischen Berichten 20–25 % der Frauen hauptsächlich oder gelegentlich Prostituierte (Clark 2010).

Erst die „sexuelle Befreiung" der 1960er Jahre (u. a. verursacht durch die Erfindung der Pille und wirksamer Antibiotika sowie die Erfahrungen des Vietnamkrieges) führte dazu, dass sich der Besuch von Prostituierten halbierte.

Wiederum bewegte in dieser Zeit eine Schrift die Sexualmoral, nämlich Kinseys Report (Kinsey 1949). Eine positive Bewertung der Homosexualität wurde zum Startpunkt für eine liberalere Einstellung der Gesellschaft (Katchadourian 1985).

2.4.3 Onanie von Männern und Frauen

Wieder steht am Beginn des Moralverhaltens eine antike Krankheitsanalogie. Das Zucken bei sexueller Erregung ähnelt der Epilepsie. Aus so antiker Vergangenheit kommt die Mär von Rückenmarksschwund und Nervenkrankheit durch Selbstbefriedigung.

Die ersten Krankenhäuser für geistig Kranke legten zudem den Blick auf übermäßige und offene Onanie der Insassen frei, sodass man sie für die Ursache der geistigen Behinderung hat halten können. Tatsächlich ist diese Selbstbefriedigung eher der institutionellen Langeweile und dem Wegfall der „gesunden" Hemmung, in der Öffentlichkeit zu onanieren, geschuldet.

Ein öffentliches Onanieren des Diogenes war auch im antiken Griechenland ein soziales Ärgernis und eher philosophisch als sexuell motiviert: Er wollte leben wie ein Hund, der seine Bedürfnisse sofort und auf der Stelle befriedigt.

Das antike Rom scheint da tolerant gewesen zu sein. Römische Knaben – so wird berichtet – onanierten mit glasigen Augen massenweise im Unterricht (Keller 2001). Erst das sexualfeindliche Christentum versuchte, die Selbstbefriedigung einzudämmen. Der Arzt Becker schrieb 1710 das Werk „Onanie oder die abscheuliche Sünde der Selbstbefleckung und all ihre erschreckenden Folgen für beide Geschlechter, unter Berücksichtigung einiger Ratschläge für Geist und Körper". Er gab den Rat, nicht unter einer warmen Decke zu schlafen und am besten immer mit einem Schlafanzug bedeckt zu sein. Ab 1760 wurde der Kampf gegen die Onanie noch heftiger. Eine Schrift von Tissot (1958) sah die Onanie als Ursache vieler Krankheiten. Um 1900 kam es zu Klitoris-Entfernungen bei „zwanghafter Onanie". Man applizierte bei Jugendlichen Penisringe, die eine Erektion verhindern sollten. Es wurden sogar an Vagina und Penis künstliche Eitergeschwüre hervorgerufen. Nonnen und Mönchen in den Klöstern wurden nachts die Hände festgebunden oder mit Gewichten beschwert. Der amerikanische Arzt John Harvey Kellog (1852-1943) empfahl gegen die Onanie eine Penisbeschneidung (Zircumzision) ohne Betäubung wegen der angeblich günstigen pädagogischen Wirkung. Johann Heinrich Kampe, der Hauslehrer Humboldts, schrieb in einem Buch gegen die Onanie (ca. 1800), er habe sich die Vorhaut mit einem Nagel durchschlagen und mit einem Draht aus Messing durchzogen, so dass eine Erektion schon durch den Schmerz verhindert worden sei (nach Angenendt 2015, S. 183).

Im „Struwwelpeter" wird dem Daumenlutscher durch das Abschneiden des Daumens symbolisch eine Kastration angedroht. Auch im 20. Jahrhundert war die Furcht vor den gesundheitlichen Gefahren der Onanie nicht völlig ausgerottet (Arafat und Cotton 1974).

Gegenüber weiblicher Onanie war man in Europa, vielleicht mit Ausnahme der Zeit von 1800 bis 1900, in der Regel toleranter, weil sie ja auch nicht mit dem so gefürchteten Samenverlust einhergeht. Albertus Magnus glaubte sogar, die weibliche Onanie „durch Reiben der Geschlechtskanäle" mache keuscher (nach Verdon 2011, S. 51). Bis zum 17. Jahrhundert galt allerdings auch das Lubrikat als weibliche Ejakulation, daher wurde von Theologen die Masturbation während des Koitus akzeptiert, damit die Frau empfangen könne.

Vielleicht ist der Dildo das früheste Werkzeug, das aus vorgeschichtlicher Zeit erhalten ist: nämlich in den ohne Standfuß phallusköpfig gestalteten Venusfiguren. Taylor (1970) führte hierfür überzeugende Belege an (Abb. 2.3). Für die weibliche Lust gab es jedenfalls 500 v. Chr. in Milet bereits eine Dildo-Produktion. Die Renaissance kannte Dildos mit Pseudosamen.

Eine Aversion mit wechselnden Begründungen

Die Ablehnung der Onanie in vielen Zeiten von der Antike bis zur Neuzeit offenbart, wie ein und dieselbe negative Einstellung in den Jahrhunderten unterschiedlich begründet werden kann: In der Antike ist es die Krankheitsanalogie (s. o.) und später die stoische Ablehnung übermäßiger Erregung, die die Vernunft beeinträchtige. Im Mittelalter stand der „Samenmord" im Vordergrund. Der männliche Samen dürfe nicht in das falsche Gefäß gegeben werden (also nicht in andere Männer, Tiere/Bestialität oder durch Onanie verschwendet werden). Dies alles müsse dann ganz wie Mord

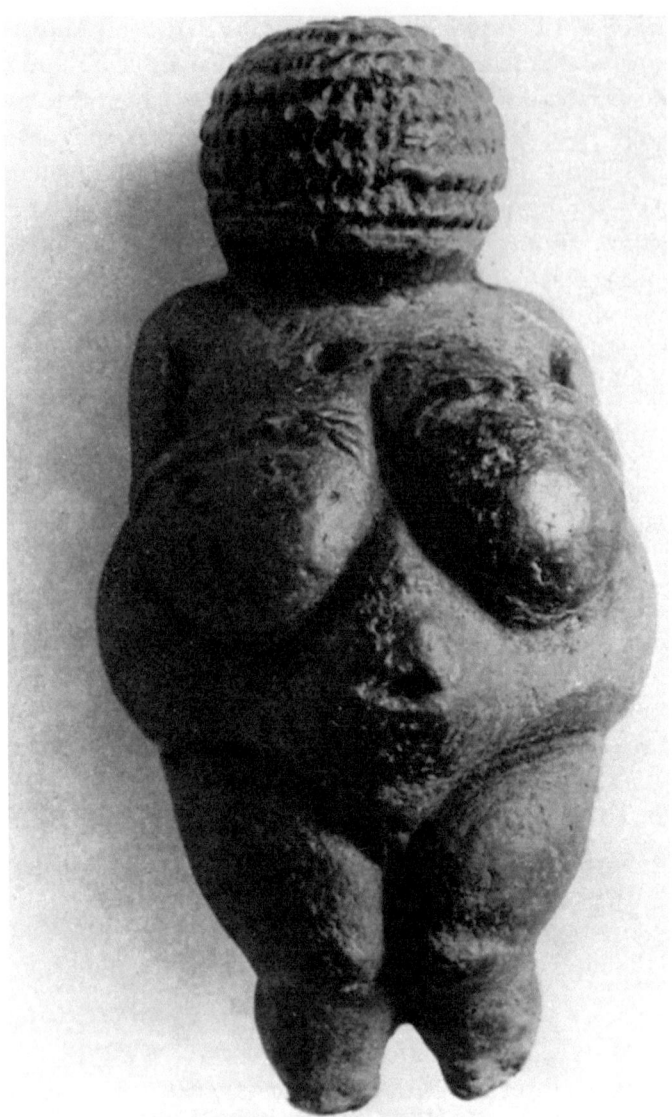

Abb. 2.3 Venus. Zu den frühesten Artefakten der Menschheitsgeschichte gehört die Venus von Willendorf. © WHA/United Archives/mauritius images www.mauritius-images.com

bestraft werden. Eine Bibelstelle, auf die man sich berief (Gen. 38, Vers 8–11), spricht aber tatsächlich eher von einem Coitus interruptus.

In der Neuzeit standen wieder vermutete Gesundheitsgefahren durch Samenverlust im Vordergrund. So kam dann auch der normale Geschlechtsverkehr in Verdacht: Den Samenverlust gibt es ja auch beim Geschlechtsverkehr.

Die Neurasthenie des ausgehenden 19. Jahrhunderts sei nämlich die Folge von zu viel oder zu wenig Geschlechtsverkehr (vgl. Abschn. 2.3.4). (Aber auch Freud zählte die Onanie noch zu den Aktualneurosen.)

Der weibliche Orgasmus

In der Naturkunde beschreibt Plinius (der Jüngere) einen weiblichen Orgasmus. Im deutschen Sprachraum schilderte Hildegard von Bingen (in Causae et Curae 1150–1160, zitiert nach Vogt-Lüerssen 2006, S. 110) zum ersten Mal – vermutlich ja aus eigenem Erleben – einen Orgasmus.

> Ist die Frau in Vereinigung mit dem Manne, so kündet die Wärme in ihrem Gehirn, die das Lustgefühl in sich trägt, den Geschmack dieses Lustgefühls bei der Vereinigung vorher an, wie auch den Erguss des Samens. Ist der Samen an seinen Ort gefallen, dann zieht ihn die eben erwähnte, sehr starke Wärme des Gehirns an sich und hält ihn fest. Fast gleichzeitig damit ziehen sich auch die Nieren des Weibes zusammen und alle die Teile, die während des Monatsflusses zur Öffnung bereit stehen, schließen sich zur selben Zeit so fest, wie wenn ein starker Mann irgendeinen Gegenstand fest in der Hand verschließt.

Auch der Roman „Parzival" (13. Jahrhundert) erwähnt, dass in einer dort beschriebenen sexuellen Begegnung beide (!) Partner zu höchsten Wonnen kamen. In einer der frühesten Sexualstudien von Celia Duel Mosher (1892/1980) berichteten die befragten (47) Mittelschichtfrauen, Freude am Sex zu haben. 80 % von ihnen erlebten demnach einen Orgasmus – die entsprechenden Zahlen von heute sind ähnlich. Die weibliche Lustempfindung war also über lange Zeiten zulässig und unproblematisch. Eine irgendwie geartete Konkurrenz zur Gottesliebe kam da anscheinend nicht in Betracht (s. o. Onanie).

2.4.4 Sexualität unter Ausnahmebedingungen

Unter verringerter Kontrolle und in einsamen Gegenden konnte Sexualität auch neben den Normen der Zeit gelebt werden.

Auf den einsamen Höfen Islands war – auch mangels fremder Frauen – Inzucht durchaus üblich. Noch die Erhebungen der Surrealisten fanden, dass in ländlichen Gebieten Sex mit Tieren vorkam (der ansonsten stets unter Strafe stand – im Mittelalter konnte es passieren, dass der Sodomit und das „mitschuldige" Tier lebendig begraben wurden).

Unter den gesetzlosen Zuständen der Kolonialisierung Amerikas wurden Indianerfrauen massenweise vergewaltigt.

2.4.5 Ist Inzucht zulässig?

In Ägypten und in Südamerika waren Geschwisterehen erlaubt. Noch heute ist in eine Ehe zwischen Cousin und Cousine in Deutschland zulässig und in der Türkei sogar erwünscht. Eine natürliche Abneigung gegen die Verwandtenehe scheint also nicht allzu weit zu tragen. Oft und in vielen Gesellschaften war Inzucht dennoch ein strafwürdiges Verbrechen.

2.4.6 Mit zwölf Jahren heiratsfähig?

Schon das Gilgamesch-Epos (ca. 4000 v. Chr.) nahm das Thema auf und ließ ein vierjähriges Mädchen sagen: „Meine Vagina ist noch zu klein." Wir schließen aus der Thematisierung des frühen Beischlafes, dass damals ein entsprechender Druck auf jungen Mädchen lag. Wenn wir gleichzeitig wissen, dass heute im islamischen Mauretanien mit Mädchen von vier Jahren Geschlechtsverkehr möglich ist und auch die Buschmänner ihre Töchter sehr früh in die Ehe abgeben (vielleicht um einen Esser loszuwerden), staunen wir weniger über Altersangaben für Heirat und Geschlechtsverkehr in historischen Quellen. Ägypten kannte eine Heirat mit 12 bis 14 Jahren (Friedell 1996).

Im antiken Rom waren eine Heirat und Geschlechtsverkehr mit zwölf Jahren erlaubt. Augustinus z. B. heiratete eine Zwölfjährige. Die Bibel hält Mädchen im Alter von 12 bis 13 Jahren für heiratsfähig (Deuterium 24:5).

Nach Auffassung der Kirchenväter der späten Antike wurde ein Mädchen durch vaginale Penetration reif für die Ehe – und das konnte ab sieben Jahren der Fall sein (Trube-Becker 2002). Szenen im Petronius-Roman (Satyricon) schildern Frauen, die zu einem erzwungenen Beischlaf einer Siebenjährigen Beifall klatschen. Im antiken Judentum konnte ein weibliches Kind im Alter von drei Jahren durch Beischlaf verlobt werden. Die Formbarkeit des sehr jungen Mädchens wurde zu verschiedenen Zeiten positiv hervorgehoben. Noch Casanova (ca. 1750) machte 14- und 15-jährige Mädchen zu seinen Geliebten (oft nachdem er die Ehe versprochen hatte).

Auf jeden Fall müssen wir die historischen Gebräuche als wenig sensibel gegenüber den Bedürfnissen der Mädchen ansehen. Sie wurden achtlos behandelt: wie ein Besitz, den man frühestmöglich gegen Geld eintauscht.

Auch die lange und bis heute in einigen arabischen und afrikanischen Gesellschaften übliche Amputation der Klitoris und das Vernähen der Vaginalspalte ist ja eine grausame Maßnahme der Besitzsicherung. Nur eine Jungfrau bringt später den angemessenen Brautpreis.

2.4.7 Die Erfindung der Homosexualität

Homosexualität ist ein Begriff der europäischen Neuzeit. Erst dann wird eine ausschließlich auf das gleiche Geschlecht bezogene Sexualität – abwertend und moralisch verwerfend – als dauerhafte Eigenschaft diagnostiziert. In früheren Zeiten bezog sich die Strafbarkeit und die Ablehnung nur auf die eigentliche sexuelle Handlung: die Sodomie, und das meinte damals den Analkontakt mit männlichen und weiblichen Partnern. Insofern erschuf die europäische Sexualwissenschaft erst die „Perversion" Homosexualität.

Es gab Zeiten und Kulturen, in denen zwischenmännliche Sexualität liberal zugelassen war. So war es in der arabischen Welt der ersten Jahrtausendwende. Auch wenn sich Analverkehr verbot, so war doch praktisch ausgeschlossen, dass es zu einer Bestrafung kam, denn dafür waren vier erwachsene Zeugen erforderlich, die die Tat genau beschreiben konnten. In dieser Hinsicht setzte die arabische Welt die Gebräuche des antiken Griechenlands fort. In der arabischen Literatur (z. B. im 9. Jahrhundert, Abu Nuwas) wird die erotische Begegnung mit Knaben beschrieben. Flaubert beobachtete auf seinen Reisen staunend, dass in arabischen Ländern homosexueller Sex erlaubt war. Erst der Kontakt mit dem technologisch fortschrittlicheren Westen hat diese arabische Liberalität vermindert (Bauer 2013). Heutige Zärtlichkeiten im Rahmen von Männerfreundschaften in Arabien sind ein später Nachhall dieser Liberalität.

Die venezianischen Dogen fürchteten für ihre schöne Stadt Gottesstrafen wie seinerzeit in Sodom und Gomorrha und verfolgten die „Sodomie" (Männerliebe 1300–1500; der Wortstamm legte ihnen die Furcht vor der verheerenden Strafe nahe; Sodom = Sodomie). Verdächtige anale Verletzungen mussten von den Barbieren und Wundheilern gemeldet werden. In schweren Fällen war die Kastration die Strafe. Viele derartige Gerichtsfälle werden in Phillips und Reay (2011) berichtet. In Dänemark wurde 1683 Homosexualität mit dem Tod bestraft. Zwischen 1730 und 1811 starben in Holland 16 homosexuelle Männer am Galgen.

Was ist natürlich?

In den christlichen Texten wurde darüber spekuliert, ob ein Verhalten „natürlich" ist (Paulus erster Brief an die Korinther 6,9). Dies wurde für die Homosexualität, die man damals bei Tieren nicht beobachtet hatte, verneint (z. B. Augustinus über Sodomie „verabscheuungswürdig", 1955, S. 45). Auch Verhütung und Bestialität seien nicht natürlich.

Die christliche Ablehnung der Homosexualität als „unnatürlich" kann aber die Vorbehalte z. B. in antiken Gesellschaften nicht erklären. Ein Wunsch der Gesellschaft nach Kindern kann kaum als Grund herangezogen werden, weil Kinder ja auch immer massenweise ausgesetzt wurden. Auch heute, in liberalen Zeiten, findet man Menschen, die Homosexualität ganz irrational ablehnen, sodass zumindest die Frage erlaubt sein muss, ob es für diese Ablehnung auch tiefer liegende Ursachen geben kann. Tatsächlich erhöht es die individuellen Fortpflanzungschancen ja doch ganz erheblich, wenn eine Neigung zu homosexuellem Kontakt durch eine „Homophobie" – eine starke Ablehnung der Homosexualität – unterdrückt wird. (Freud glaubte ja, die Ablehnung der Homosexualität sei in eigenen homoerotischen Wünschen begründet.)

Später steht der Erguss in das „falsche Gefäß" im Vordergrund der Ablehnung. Die Klage über das „falsche Gefäß" für den Samen findet sich beim Oralverkehr nicht, scheint also wiederum eher „nachgelegt" zu sein. Gerade bei der Homosexualität und Bestialität stellt sich die Frage, ob die in den Kosmologien gegebenen Erklärungen wirklich die Ursache der Ablehnung sind, weil die Ablehnung eben unterschiedliche Begründungen findet. Wenn schon in der Antike der Sodomit als „Bekackter" (oder mit dem Spottwort „wide assed") beschimpft wurde, könnte man auch meinen, ein fäkaler Ekel trage zur Ablehnung des Analkontaktes bei, die dann eben ganz unterschiedlich begründet wird.

Erst in den jüngsten Jahrzehnten hat sich ein dramatischer Wandel in der Bewertung der Homosexualität vollzogen. Sie wird nun als eine biologische Variante des Sexualtriebes toleriert und kommt auch nicht mehr im Katalog der psychiatrischen Diagnosen (DSM) vor.

Clark (2010, S. 159) gibt zu bedenken, dass sich hinter religiösen Verboten auch eine Gesundheitsvorsorge verstecken kann. Bei Analverkehr kommt es zu einer Erhöhung der Darminfektionen, die dann in einer Gemeinschaft wieder Auswirkungen auf die Kindersterblichkeit haben kann.

Der „unterlegene Part"

In Griechenland machten nicht die Geschlechter der Sexpartner aus, ob ein Verkehr schicklich war. Vielmehr durfte ein Mann immer nur den aktiven, penetrierenden Part übernehmen – dagegen war der passive Teil, der also von Sklaven oder Freigelassenen übernommen werden musste, verachtenswert.

2.4.8 Knabenliebe

Die griechische Knabenliebe war aus heutiger Sicht eine Form von erlaubter Päderastie. Gegenüber Knaben und Frauen gab es das gleiche Begehren, da wurde nicht unterschieden. Man begehrte einfach den schönen Körper. Zwischen älteren Männern und Knaben kam es zu sexuellen Handlungen. Weil die Penetration einen passiven und daher unterlegenen Partner brauchte, wurde als Form des Geschlechtsverkehrs der Schenkelkontakt empfohlen; anale Penetrationen waren gleichwohl häufig. Insofern würde man diese Praxis heute als schmerzhafte Vergewaltigung bezeichnen. In den Texten hieß es auch, der Knabe solle keine Lust empfinden, sondern dabei unter Schmerzen Tränen vergießen.

Es spielte aber auch die Vorstellung mit, durch den Samen übertrüge der Ältere seine Tugenden auf den Jüngeren und mache so aus dem Jungen einen Mann. Tatsächlich war die Knabenliebe auch eine pädagogische Beziehung, in der der Ältere für die Ausbildung des Knaben verantwortlich war. Im 4. Jahrhundert v. Chr. wurde die Knabenliebe als „rein, wahr und seelenbezogen" besungen. Die Liebe zwischen Mann und Frau dagegen sei vulgär und niedrig. Sex mit Knaben wurde in der Antike auch als weniger gesundheitsschädlich angesehen als der Sex mit Frauen. In manchen Zeiten war die Knabenliebe in der Gesellschaft akzeptiert und in der Dichtung aufgewertet. Die Knaben hörten Vorwürfe, wenn sie keinen Päderasten fanden (Ungaretti 1978).

In anderen Zeiten verlangten die Väter der Knaben allerdings von den Pädagogen, solche Beziehungen zu unterlassen. (Bei Platon findet sich die Forderung nach reiner Liebe gegenüber dem Knaben und auch nach gänzlicher körperlicher Enthaltsamkeit in diesen Beziehungen.) Der heranwachsende Knabe sollte später der Polis angehören. Das Ende der Beziehung war also spätestens dann gefordert, wenn dem Knaben das erste Barthaar wuchs.

Die Belege für spätere sexuelle Beziehungen zu Knaben sind jedoch vielfältig. In Florenz im späten 15. Jahrhundert wurde nach den Recherchen von Rocke (1998) die Hälfte aller Männer wegen Sexualkontakten mit Knaben angezeigt. In englischen Internaten pflegten Lehrer und ältere Schüler ziemlich offen sexuelle Beziehungen zu jüngeren Knaben, den sogenannten „Schlampen" (Hickson 1995). Niemand verhinderte dies.

> **Exkurs**
>
> Man könnte meinen, die griechische Vorstellung von der Knabenliebe habe sich zu dieser Zeit in etwas verwandelter Form auch in Melanesien gezeigt. Dort musste der heranwachsende Mann – um Männlichkeit zu erwerben – Samen von erwachsenen Männern „ansammeln". Dies passierte durch Oral- und Analkontakt. Nach der Christianisierung kam es zum Ende der Sitte (Bleibtreu-Ehrenberg 1980).

2.4.9 Homosexualität von Frauen (lesbische Beziehungen)

Antike Quellen besingen die Frauenliebe: Die Dichterin Sappho (630–612 v. Chr.) schwärmt von der Schönheit ihrer Gespielinnen. Ovid erwähnt die gleichgeschlechtliche Liebe in der „ars amatoria" (ca. 30 v. Chr.). Im heidnischen Franken stand die Homosexualität von Frauen noch nicht unter Strafe. Neben Anal- und Oralverkehr wurde diese jedoch im Zuge der Christianisierung in die Bußbücher aufgenommen. Weibliche Sodomie wurde dann zum ersten Mal in Bologna 1295 verurteilt. Sie wurde, wie die männliche Homosexualität, als „unnatürlich" verdammt. Insgesamt war sie aber weniger beachtet als männliche Homosexualität und konnte sich in den Klöstern und anderen weiblichen Gemeinschaften verwirklichen. Eine Nonne schreibt der abwesenden Mitschwester im 12. Jahrhundert: „Wenn ich mich an die Küsse erinnere, die Du mir gabst, und wie Du mit milden Worten meine kleine Brust kostest, möcht ich sterben" (zitiert nach Phillips und Reay 2011, S. 96). Nonnenklöster waren ein natürlicher Ort schwärmerischer Liebeskontakte zwischen den Schwestern. Die sprachbildnerische Übertragung von Vulva zu vulnus (Wunde) schlug sich in frommen Bildwerken der Zeit nieder. Auch Hildegard von Bingen hatte einen – kritisierten – engen Kontakt zu einer Mitschwester. Bußbücher warnten vor dem Abgleiten der spitituellen Beziehung in die „fleischliche

Lust". Die viktorianische Zeit mit ihrer Sittenstenge verdrängte die Sexualität in lesbische und homosexuelle Kontakte. Wieder finden wir vermehrt erotisch-liebevolle Briefe unter Freundinnen. Es ist auch feministischen Aktivisten zu verdanken, dass die Strafbewehrung der lesbischen Liebe ausgesetzt wurde. Der Feminismus der Mitte des 20. Jahrhunderts sieht in der lesbischen Liebe eine Möglichkeit, sich von der männlichen Sexualität unabhängig zu machen. Viele bildende Künstler ließen sich – wie z. B. Tizian – von der Vorstellung der Liebe unter Frauen zu Bildern anregen.

2.4.10 Orale Befriedigung

Je nach Still- und Abstillgewohnheiten können Kulturen ein besonderes Bedürfnis nach oraler Stimulation entwickeln. Das Abbinden und Verstümmeln der Füße junger Mädchen im alten China (schon vor dem 10. Jahrhundert, s. o.) diente dazu, einen Penisersatz zu erzeugen, an dem Männer in erotischem Kontakt saugen konnten (Levy 1978). Orale Kontakte mit den Genitalien von Babys werden im folgenden Absatz berichtet.

2.4.11 Hilflose Kinder

Wenn man heutige Verhältnisse in weniger entwickelten Stämmen zugrunde legt, dann gab es auch in früheren Jahrtausenden eine aus unserer heutigen Sicht missbräuchliche Sexualität zwischen Kindern und Erwachsenen beiderlei Geschlechts (deMause 2009 in Neuguinea, bei den Aborigines und bei afrikanischen Stämmen, z. B. in Darfur).

Der Penis der Jungen wurde oral stimuliert. Sie mussten Männer oral befriedigen (angeblich, um sich mit Männlichkeit aufzuladen oder eine Verweichlichung durch den Kontakt mit Frauen und Menstruationsblut abzulegen). Frauen misshandelten den – gehassten – Penis bei ihren Knaben oder sie legten sich auf ihre Kinder, um sich sexuell zu stimulieren.

Die Mädchen wurden etwa ab dem siebten Lebensjahr von erwachsenen Männern und auch von Jugendlichen-Banden vergewaltigt. Die Lebensbedingungen der Frauen waren teilweise so unerträglich, dass Selbstmordraten von 25 % beobachtet wurden. Unter solchen Bedingungen kam es nicht zu vertrauensvollen Bindungen zwischen den Menschen. Tatsächlich war die Gewaltbereitschaft dieser Gesellschaften sehr hoch (vgl. Kap. 6).

> **Beispiel**
>
> Von dem Leibarzt Louis XIII. (geb. 1601), Jean Héroard, ist ein Tagebuch (1868) über die Kindheit des Kaisers erhalten. Kurz nach der Geburt erhielt dieser tägliche Einläufe und Zäpfchen. Allerdings blieb er dabei insgesamt schmutzig. Er badete erst im siebten Lebensjahr zum ersten Mal. Ein in den Anus gesteckter Finger sollte das Böse im Kind beseitigen. Beginnend mit dem Säuglingsalter saugten Kindermädchen und Diener (in aller Öffentlichkeit) am Penis und am Mund des Knaben. Die Damen des Hofes griffen unter sein Kleid und manipulierten den Penis. Am Geschlechtsverkehr seiner Eltern nahm er spielerisch zusammen mit seiner nackten Schwester teil. Ab seinem vierten Lebensjahr nahmen Hofdamen und Kindermädchen ihn mit in ihr Bett, wo er ihre Genitalien erkunden sollte. Vergleichende Beschreibungen des Kindes von den Genitalien der Damen sind überliefert: „Ich habe ihr Loch gesehen … ist ziemlich fett."

Auch in Europa bis in die Neuzeit hinein war die Vergewaltigung von Mädchen und Jungen innerhalb und außerhalb der Familien eine weit verbreitete Praxis. Oft wurden sie zur Verbesserung des Familieneinkommens zur Prostitution gezwungen. Immer wieder wird Sex mit den (reinen) jungen Mädchen zur Heilung von Krankheiten, speziell auch zur Heilung von Geschlechtskrankheiten, erzwungen.

2.4.12 Ersatzsexualität zwischen Männern

Ohne dass die Beteiligten homosexuell orientiert wären, gibt es zu vielen Zeiten eine Art Ersatzsexualität zwischen Männern, wenn keine Frauen zur Verfügung stehen.

> **Beispiel**
>
> Eubios (nach Dover 1978, S. 35) sagt über den Trojanischen Krieg: „… Niemand erblickte irgendeine Hetäre … es war eine arme Campagne. Für die Einnahme einer Stadt kamen sie mit einem Anus nach Hause, der weiter war als die Tore der Stadt, die sie einnahmen."

Auch in Europa bis hin zur Neuzeit schaffte die gleiche Notlage die gleichen Lösungen. Im 19. Jahrhundert war es das Schicksal der Schiffsjungen, als Sexualobjekt zu dienen. Burg (2007) schätzt, dass 90 % aller Schiffsjungen missbraucht wurden.

Martin Walser berichtet in seinem autobiografischen Roman (2000) von Sexualkontakten mit gleichaltrigen Jugendlichen. Er beschreibt seine Angst, bei der Musterung eine Erektion zu bekommen, wenn er die nackten Gesäße der Kameraden hätte sehen müssen. Speziell amerikanische Gefängnisse sind in dieser Hinsicht gefürchtet, aber sexueller Kontakt zwischen Männern – sicher auch erzwungener – ist gängige Praxis in allen Gefängnissen der Welt.

2.4.13 Sexualität und Gewalt

Ganz prinzipiell und auch in unserem biologischen Erbe scheint Sexualität, speziell männliche Sexualität, mit Gewalt verknüpft zu sein. Zu allen Zeiten gibt es im Liebesspiel auch die Zufügung und Erduldung von Schmerz (Sadismus, Masochismus). In historischen Zeiten konnte sich aber „Gewalt" mehr oder weniger als Normalfall in das sexuelle Verhalten mischen. Die römischen Gladiatorenspiele zeigten auch immer sexuelle Gewalt, z. B. die Vergewaltigung von Frauen durch Tiere. In der Zeit de Sades (1740–1814) war es üblich, Prostituierte zu schlagen und zu foltern (so dass de Sade auch nicht damit rechnete, wegen solcher Vergehen vor Gericht zu kommen. Das passierte auch tatsächlich eher, weil der König ein begehrliches Auge auf sein Schloss geworfen hatte). Dabei war es allerdings die Macht der Oberschichten gegenüber dem einfachen Volk, die zu solchen Freiheiten führte. Das Gesetz nämlich verbot Gewalt gegenüber Prostituierten auch zu der Zeit de Sades. In der Renaissance wurden auf Festgelagen Menschen zur Unterhaltung der Gäste gequält und dabei körperlich verstümmelt. Es gab sogar Versehrtenheime für die armen Opfer dieser „Belustigungen".

Bei orgiastischen Feiern während Hinrichtungen (im 16. und 17. Jahrhundert) kam es massenweise zu Vergewaltigungen auf den Straßen. Die Oberschichten hatten während des Spektakels Sex auf den umliegenden Balkonen (Beutin 1993).

In Ausnahmesituationen, wie z. B. in Kriegen, kommt es auch in unserer Zeit gehäuft zu sexueller Gewalt. Erlebnisberichte von Soldaten betonen die sexuell-erotische Komponente des Kämpfens und Tötens. Im mittelalterlichen Kampf „Mann gegen Mann" waren Erektionen sehr wohl möglich.

Hier wäre eine These von Grof und Müller (2015) zu erwähnen, der Gewalt und sexuelle Gewalt gegen Frauen als Folge des Geburtstraumas sieht: Gegen den Ort der „Geburtsqualerei" kommt es also – unter besonderen Bedingungen – zu einer Art Rachegewalt.

Die weibliche Genitalbeschneidung ohne jede Betäubung ist eine weitverbreitete Grausamkeit gegenüber heranwachsenden Mädchen. Sie ist durch Herodot schon für das antike Ägypten überliefert. Damals schien sie eher der Ästhetik geschuldet als der Gesundheitsvorsorge. Sie wird von keiner Religion gefordert und wird dennoch unter verschiedenen – auch christlichen – Religionen millionenfach praktiziert. Die Begründungen sind so absurd (z. B. die Klitoris wachse sonst zu einer Art Penis oder so werde die Reinheit der Frau hergestellt), dass sie kaum als wirklicher Grund für das schlimme Ritual herhalten können. Ein möglicher Grund könnte die Verhinderung vorzeitigen Geschlechtsverkehrs sein. Plausibel ist aber auch der Wunsch nach grausamer Vergeltung für das erlittene Geburtstraumata (s. u.).

Auch in der staatlich gebilligten Folter zeigt sich sexualisierte Gewalt. Zur Zeit der Christenverfolgung schon zeigen Bilder Gewaltausübung gegen weibliche Genitalien. Grof und Müller (2015) erwähnen einen Erfahrungsbericht über einen SS-Mann, der bei Prügelexekutionen onanierte. Die von Frauen und Männern ausgeübte Folter in Abu Ghraib bestand ganz zentral aus sexueller Gewalt und sexueller Demütigung.

> **Fazit**
> Gerade im Bereich der Sexualität wird deutlich, dass alte Überzeugungen, deren Ursprung bis in die Prähistorie reichen, das Verhalten vieler späterer Generationen beeinflusst. Viele Varianten sind möglich, kaum etwas scheint nur „natürlich".

2.5 Geschlechterrollen, Geschlechterkonzepte

Die menschliche Frühgeschichte war möglicherweise matriarchalisch geprägt. Man kannte keine Vaterschaft, so bildeten sich matrilineare Bündnisse. Die Frauen bewerkstelligten das Wunder der so dringend benötigten Nachkommenschaft. Die Götterwelt war entsprechend weiblich (Janus u.a. 2019).

So verhält es sich auch bis heute noch beim Bauernvolk der Moso in China. Nach dessen Überlieferung begießt der Same nur den Sprössling. Der Mann gibt zum Kind also nichts Wesentliches hinzu. Der Vater lebt in diesem Stamm nicht mit der Mutter zusammen, sondern in einer Besuchsbeziehung. Die Männer nehmen dort eher die Rolle des unterdrückten Geschlechts ein (Donadoni 1997, S. 375). Im antiken Ägypten sah man im

Kind Teile von Vater und Mutter. So gab es dort auch eine relativ gleichberechtigte Stellung der Frau.

In der alten germanischen Welt konnten Frauen hohe Positionen einnehmen. Mit wertvollen Grabbeigaben ausgestattete Hügelgräber künden davon. Ihre Namen sind kriegerisch (z.B. Krimhild, Grimhild; Hild = Kampf) und ordnen sich gleichwertig in eine kampfesmutige Männerwelt ein. Gegebenenfalls konnten die Frauen auch selbst zu den Waffen greifen. Ihnen wurde eine seherische Gabe zugesprochen. Berühmte Seherinnen wurden von weither aufgesucht (Kunze 2019). Im germanischen Haushalt stand die Ehefrau unter der Herrschaft des Hausherrn (Munt), hatte aber im Haus über das Gesinde die Befehlsgewalt (Schlüsselgewalt). Bei Beerdigungen legte man Schlüssel als Symbol für dieses Privileg in Gräber. Ein Ehebruch der Frau wurde mit dem Tod der Ehebrecherin oder der Vertreibung aus dem Dorf geahndet. Ein Ehebruch des Mannes blieb weitgehend straffrei.

Im Übergang zu Ackerbau und Viehzucht änderte sich das aber in den meisten Gesellschaften aus zwei Gründen: 1.Territorialer (Land-) Besitz musste verteidigt werden, was zu einer Höherbewertung männlicher Kriegskunst und patriarchalischer Kampfordnungen führte. 2. Die Bedeutung der Vaterschaft wurde in der Viehzucht sichtbar, so dass die Fortpflanzung unter männliche Kontrolle gebracht werden konnte. In allen antiken Religionen hielten sich aber noch mächtige Göttinnen wie Isis, Athene und Parvati.

Im antiken Griechenland wertete eine „männliche" Philosophie die Frau ab. Aristoteles verglich die Anatomie von Mann und Frau und kam zu dem Schluss, die Frau sei geringer wertig. Ihre Organe seien kleiner – etwa das Gehirn – und weniger muskulös. Wenn sie aber nun größer waren wie beispielsweise die Brust, bemängelte er deren Schwammigkeit. Die Frau sei weniger lernfähig und mehr von Gefühlen bestimmt. Die von Aristoteles vorgetragene Geringschätzung des weiblichen Körpers und Geistes zementierte die Unterlegenheit des weiblichen Geschlechts in den antiken Gesellschaften. Der Frau wurde zudem eine geringe Vernunftbegabung und Lernfähigkeit nachgesagt (Rieger 2015).

Die Säftelehre Galens ergab zusammen mit den Konzepten von der Umwandlung der Substanzen das Fundament für das griechische (Aristoteles) und später das mittelalterliche Konzept der Geschlechter:

Der männliche Samen entsteht aus gekochtem (erhitztem) Blut. Die Frau besitzt zu wenig Hitze und kann diese Umwandlung nicht leisten, daher fließt Menstruationsblut ab. Ein kurzer Penis – wie man ihn an den griechischen Statuen oft sieht – ist gut, weil sich der Samen so auf seinem Weg in die Vagina nicht zu stark abkühlt (Thomasset 1997).

Für die Erhaltung des Stammes war nun der Mann wichtiger als die Frau. Der Same werde in die Frau wie in Erde gelegt: Die Rolle der Frau also sei für die Qualität der Nachkommen gering; es sei wichtig, männliche Nachkommen zu haben, um die eigene Art fortzupflanzen.

Auch in anderen Kulturkreisen wurde der Wert des weiblichen Nachwuchses geringgeschätzt, so z.B. im chinesischen Ahnenglaube: Danach können nur männliche Kinder nach ihrem Tode als Ahnen verehrt werden (nach Angenendt 2015). Die z.B. im historischen Indien mögliche und auch aus China überlieferte prähistorische Witwenverbrennung sollte dem Verstorbenen die Gefährtin im Jenseits sichern, behandelte die Frau also wie einen Besitz ohne eigenes Lebensrecht.

Über weite Teile der antiken Vergangenheit bestand wenig sozialer Kontakt zwischen Männern und (Ehe-) Frauen. Man aß nicht zusammen und redete wenig oder gar nicht miteinander. Griechische Vasenmalereien zeigen z.B. nie, wie Männer und Frauen zusammen essen. Und Sokrates konnte fragen: „Gibt es irgendwelche Frauen, mit denen du weniger sprichst als mit deiner Frau?" (nach deMausse 2005, S. 214).

Das Christentum gründet sich neben der Bibel auf die griechische Philosophie mit ihrer Abwertung der Frauen. Die Bibel berichtet von der leicht verführbaren Eva, die Adam den Apfel der Erkenntnis reicht und so die „Ursünde" zu verantworten hat. So galten die Frauen im Mittelalter als leicht verführbar und mussten entsprechend kontrolliert werden. Dies wirkt bis in die Neuzeit, die die Frau als passiv-emotional und den Mann als aktivrational sieht. Im 19. Jahrhundert ist das Ideal für Frauen und Männer die Selbstkontrolle der Gefühle, was man den Frauen aber weniger zutraute: Allerdings galt es auch, eine gefühlsmäßig temperierte Langweiligkeit zu vermeiden (Kessel 2010).

Es wurden in der anthropologischen Forschung jedoch Kulturen gefunden, in denen Männer mehr Gefühle zeigen (Plamper 2012).

Hochschild (1979) prägte für unsere Zeit den Begriff „emotionale Arbeit", die mehr von Frauen verrichtet werde. Sie vergleicht Stewardessen, die ja immer nett und höflich sein sollen, und männliche Schuldeneintreiber, deren aggressive Stimmung nicht besonders trainiert werden müsse. Sie zeigt auf, wie bei den Stewardessen die freundliche Emotion geformt wird und sich zur echten inneren Stimmung entwickelt.

Kinder aus Vergewaltigungen

Nach Galens (ca. 129–215) Lehre muss auch die Frau bei einer Empfängnis zu einer Art Ejakulation gelangen (das Lubrikat galt als der weibliche Samen).

Entstand aus einer Vergewaltigung ein Kind, konnte dies also nur passiert sein, weil auch die Frau – nach antiker und später auch mittelalterlicher Auffassung – Lust empfunden hatte. So galt die vergewaltigte Frau, wenn sie danach schwanger wurde, als ehrlos. Ein Leben als Prostituierte war dann oft ihr hartes Schicksal. In der Quing-Dynastie in China schien die beste Lösung für die Ehre der Frau nach einer Vergewaltigung die Selbsttötung zu sein. Der Staat zahlte dann die Beerdigung (Stearns 2009, S. 65).

Die männliche Herrschaft über die Frau
Gilt die Frau mehr oder weniger als ein Besitz des Mannes, so untersteht sie seiner Herrschaft. Das Mittelalter kennt einen Begriff für die Herrschaft des Haushaltsvorstandes über die Familie: die „Munt".

> **Beispiel**
>
> Dennoch forderten kulturelle Fantasien sehr früh eine faire Behandlung der Frau ein. „Parzival", S. 222/223: „Orilus war eben überzeugt, dem Manne sei die Gewalt über die Frau gegeben und er dürfe sie also nach Gutdünken lieblos behandeln, ohne dass sich jemand einzumischen hätte." So lässt er seine Frau, die er fälschlich verdächtigt, ihn betrogen zu haben, ärmlich und spärlich bekleidet hinter seinem Trupp hereiten. Parzival fordert aber nach dem Sieg im Zweikampf: „Entweder du behandelst sie gut oder Du stirbst".

Die Erziehung zur Frau bzw. zum Mann wird in Ratgeberwerken und auch in Anleitungen zur Kindererziehung noch lange vorgezeichnet: In dem Erziehungsratgeber: „How to bring out the Best in Your Child" (nach Bourke 2014, S. 102 f.) wird noch in den 60er Jahren des 20. Jahrhunderts die Fähigkeit des Jungen, Schmerz zu ertragen, recht handfest erprobt:

> **Beispiel**
>
> „Lächeln Sie, wenn Sie den linken Vorderarm Ihres Sohnes mit der rechten Hand ergreifen und halten Sie die Hand so, als ob sie ihn mit einem Schlag auf den Oberarm testen wollen. Geben Sie ihm einen leichten Klaps und fragen Sie „Hat das wehgetan?" (warten Sie auf seine Antwort). „Gut, ich muss sagen, du bist ziemlich tapfer. Jetzt schlage ich ein wenig fester zu. Hat das wehgetan?" Wenn er „Nein" sagt, antworten Sie: „Du wirst jeden Tag ein wenig mehr zum Mann. Du kannst ziemlichen Schmerz ertragen, ohne es zu zeigen. Das ist prima."

> **Beispiel**
>
> Für die jungen Frauen ist dagegen in den „Briefen an eine Frau" (Boumberger 1927, S.9) eine dienende Rolle vorgesehen: „Ist es nicht bezeichnend für unsere Zeit, dass sogar die Frau eine solche Aneignung vor dem Gehorsam hat? Und doch muss es auch in der besten und glücklichsten Ehe eine Autorität geben, und ohne Dienen geht in dieser Welt überhaupt nichts."

2.6 Die Idee von der Schönheit

Zweierlei soll deutlich werden: 1. Auch so grundlegende Empfindungen wie die von Schönheit und speziell menschlicher Schönheit sind historisch unterschiedlich und hängen 2. zudem von den Kosmologien der Zeit ab.

Die mittelalterlichen Schönheitsbeschreibungen orientieren sich an der Schönheit des strahlenden Lichtes (etwas kann auch heute redensartlich „strahlend" schön sein). Da sind die weiße Stirn, die roten Wangen und die strahlenden Augen dann eher Beispiele der zugrunde liegenden These. Der Bischof von Oxford, Robert Grosseteste, schrieb 1235 (nach Verdon 2011, S. 143): „Das Licht vereint das Schöne und das Gute …, in dem Maß, in dem Dinge leuchtend sind, sind sie nicht nur edel, sondern auch göttlich." Der antike Sonnengott lässt grüßen.

Aus Beschreibungen von Merkmalen der Schönheit in Texten und Bildwerken darf allerdings nicht naiv auf ein herrschendes Schönheitsideal geschlossen werden. Die Texte folgen oft einem traditionellen Kanon, der seinerseits Jahrhunderte oder gar Jahrtausende alt sein kann. So findet sich in der mittelalterlichen Dichtung die Beschreibung eines schönen Mädchens mit dem Hals einer Niederländerin, dem Gesicht einer Französin und den Beinen einer Deutschen. Das ist ein deutlicher Bezug zur antiken Zeuxis-Legende, nach der ideale Schönheit durch eine Kombination der schönsten Körperteile von verschiedenen Individuen erreicht wird.

Diese und andere Beispiele legen eher den Schluss nahe, dass die Zeitgenossen der verschiedenen Epochen kaum deklaratives Wissen darüber besaßen, was Schönheit ausmacht. Sie bedienten sich der traditionellen Formeln, um Schönheit zu beschreiben.

Die Bewertung der Schönheit
Die Einstellung zur Schönheit kann unterschiedlich sein. Die jüdische Welt sieht Schönheit als Gottesgeschenk. So wird auch die von der Schönheit entfachte sexuelle Begierde zu einer gottgewollten Neigung. Das jüdische, das auserwählte Volk wird von Jahwe mit der Gabe der Schönheit beschenkt; die Schönheit der jüdischen Frau gilt sogar als Beleg für den Sonderstatus des

jüdischen Volkes. Auch die Antike sah die Schönheit als Auslöser der Liebe, auch der Knabenliebe (z. B. in den sokratischen Dialogen, s. o.).

So eine ungebrochen positive Einstellung zur Schönheit und der Begierde gibt und gab es im christlichen Abendland nicht. In den literarischen Texten wird die Schönheit des Körpers der Schönheit der Seele und der Tugendhaftigkeit gegenübergestellt. Weibliche Schönheit galt als gefährlich, weil sie das Feuer der Begierde entfache und insofern auch teuflisch sei. Die Körperschönheit ist vergänglich und wird sogleich auch mit den negativen Attributen der Verwesung und des Verfalls assoziiert.

Die Fokussierung des Schönheitsurteils auf einzelne Bereiche
Die Objekte oder Merkmale, an denen Schönheit festgemacht wird und die im Fokus der Aufmerksamkeit stehen, wechselten im Lauf der Zeiten. In Japan und China riefen z. B. die schönen Koifische und die Bonsaibäume Bewunderung hervor. In Holland waren es für einige Jahrzehnte des 17. Jahrhunderts die Tulpen, deren Schönheit das ganze Land in Aufregung versetzte und eine Spekulationsblase mit Tulpenzwiebeln auslöste (Tulpomanie). So ist und war es auch bei der Körperschönheit: Dort geraten einzelne Merkmale in den Blickpunkt und werden dann Gegenstand der Konkurrenz, wie etwa die Wespentaille der Frau (18./19. Jahrhundert in Europa, Abb. 2.4, auch schon gelobt im Parzival, ca. 1200). Das Schnürkorsett gab es in der Zeit des Jugendstils auch für Männer. Sie schnürten es allerdings manchmal so kräftig zu, dass es in einzelnen Fällen zu Ohnmachten kam. Auch die Muskeln der männlichen Wade waren zeitweise Schönheitsmerkmal und wurden unter eng anliegenden Beinkleidern ausgestellt. Man kann das in den Museen an historischen Fürstenporträts bewundern. Es war sogar möglich, Holzattrappen in die Strümpfe zu stecken, um muskulöse Waden vorzutäuschen.

Einzelne Merkmale – wie ein ausgeprägter Busen, der meist als schön galt – können auch mal weniger gefallen: Am spanischen Hof (ca. 1650) kam es über längere Zeit zur Kaschierung der Brüste durch Fischbein und entsprechende Schnürung, während gleichzeitig die Rundungen des Rückens betont wurden (v. Boehn 1978, S. 317,). Bei den Mädchen wurde die Entwicklung der Brüste damals sogar durch Bleiplatten behindert.

Die Schönheit der Natur, speziell von Berglandschaften, wurde in Europa erst entdeckt, als in der Neuzeit ihre Bedrohlichkeit schwand. Ältere Texte beklagen den Schrecken der Steinwüsten, die man unter Lebensgefahr durchquerte.

Der weibliche Körper und weibliche Gesichtsschönheit
Schönheitsurteile unserer Vorfahren erscheinen uns manchmal fremd, manchmal vertraut. So würde man die Nofretete auch heute als schöne Frau ansehen, während viele Schwierigkeiten haben, die hochgelobte Schönheit

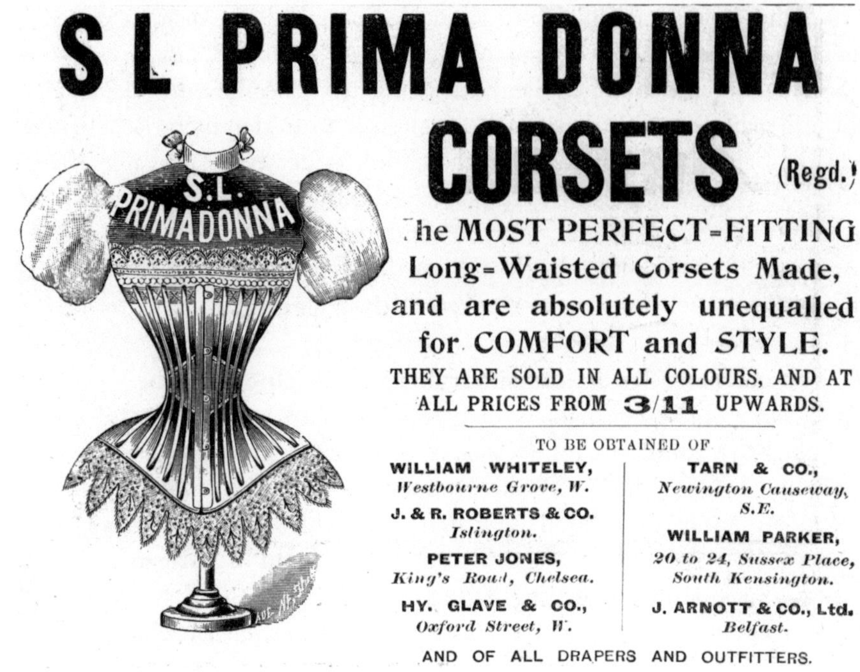

Abb. 2.4 Wespentaille. Werbung für ein Wespentaillen, Schnürkorsett, ca. 1880 © Memento/mauritius images www.mauritius-images.com

der Mona Lisa nachzuvollziehen (eventuell gab es ein Vorgängerbild, auf das sich Raffaels Schönheitspreisung stützte). Die atemberaubende Schönheit der Phryne (s. Abschn. 4.1.4.6) ist uns in der Kopie der Statue der Aphrodite von Cnidos von Praxiteles 349 vor Chr. überliefert. Tatsächlich ist ihr Gesichtsschnitt dem eher etwas langweiligen Gesichtsschema der Zeit geschuldet.

Jugendlichkeit
Immer schon gilt der jugendliche Körper als „schön" und der alternde als „hässlich". Speziell das antike Griechenland hob die Schönheit des jugendlichen Körpers hervor.

Die weiße Haut
In verschiedenen Epochen (z. B. in der Antike und im Mittelalter), in Texten und Bildwerken, beschrieb und zeigte man die „weiße Haut" der schönen Frau (z. B. der Maria); Lippen und Wangen sollten aber gleichzeitig „schön" gerötet sein, eventuell auch rot geschminkt sein (so z. B. im „Parzival" beschrieben). Zur weißen Haut gesellte sich bei idealer Schönheit eine weiße, makellose Zahnreihe.

Die Wertschätzung der weißen Haut der Frau mag dadurch verstärkt worden sein, dass man in traditionellen europäischen Gesellschaften den Mann als etwas dunkler ansah (tatsächlich entwickeln Männer mehr Farbpigmente). Die weiße Haut wurde so geradezu zum sekundären Geschlechtsmerkmal (van den Berghe und Frost 1986,). Männer (oder sexuell erregte Personen) werden in den Wandbildern Pompejis dunkler abgebildet. Eventuell liegt ist das auch der Grund für den gelobten „weißen", also frommen Teint der schönen Frau!

Während heute – angesichts der gesundheitlichen Gefahren durch das UV-Licht aber immer weniger – Bräunung als Zeichen von Luxus und Freizeit gilt, war früher eben die weiße Haut Merkmal der Städterin oder der Adligen, die nicht auf dem Feld im Freien arbeiten musste. Wir wissen, dass sich die Spanierin und Französin der Jahrhundertwende aus Schönheitsgründen mit einem Sonnenschirm vor allzu intensiver Bräunung schützte (bei Asiatinnen ist es heute noch so).

Dennoch kann die Formulierung „weiße Haut" eben doch mehr formelhaft als buchstäblich gemeint gewesen sein, denn es finden sich in den mittelalterlichen Texten Hinweise darauf, welche Mittel man gegen einen „zu weißen", kränklichen Teint nehmen solle. Die „krankhaft bleiche" Haut war es also auch nicht, die man als schön empfand. Die – in den Texten auch erwähnte – richtige Mischung von Rot und Weiß ist es ja auch heute noch, die mit Make-up und „Rouge" erzielt wird. Mariendarstellungen, die ja eine „schöne" Frau zeigen sollen, sind ebenfalls keineswegs mit rein weißem (oft aber mit relativ bleichem) Gesicht gemalt. Vielleicht steht die Vokabel „weiß" am ehesten auch für eine makellose Haut ohne Unreinheiten, wie das weiße, gewaschene Leinen.

Die „weiße" Farbe der Haut, die als „schön" beschrieben wird, verweist auch auf die assoziativen Faktoren des ästhetischen Urteils. Mit einer bestimmten Schattierung oder einem bestimmten Merkmal werden Assoziationen verbunden, die das ästhetische Urteil beeinflussen. Die antike Literatur, auch die römische, rühmte das schöne schwarze Haar und das schwarze Auge. Nachdem aber die Sarazenen zu Feinden der Kreuzfahrer geworden waren, wurde in Mitteleuropa zu Zeiten des Mittelalters das schwarze Haar abgelehnt und mit negativen Charaktereigenschaften verbunden. Die Farbe Schwarz konnte man ja ohnehin leicht mit dem Diabolischen verknüpfen. Schwarze Katzen wurden daher im Mittelalter fast ausgerottet.

Die schönen Haare
Die weibliche Haarpracht wurde im Mittelalter als verführerisches Merkmal der Schönheit betrachtet. Daher musste sie verhüllt werden (so z. B. in den drei Frauendarstellungen auf dem Teppich von Bayeux, ca. 1100). Noch

heute zeugen die Hauben mancher Nonnenorden von dieser Forderung. Diese Tracht ist eine „stehengebliebene" Mode der Vergangenheit.

Schlankheit, Fettleibigkeit

Aus der ägyptischen Antike kennen wir Statuen von jungen Frauen, die bei ausgebildeten weiblichen Rundungen doch gleichzeitig sehr schlank sind. Griechische Schönheiten wie die Venus von Milo sind dann etwas fülliger, aber immer noch schlank. In unserer europäischen Geschichte können wir ein gewisses Schwanken zwischen den Polen „Fülligkeit" und „magere Schlankheit" ausmachen. Die viktorianische Mode bevorzugte mit einer Auspolsterung des weiblichen Gesäßes eine breite, füllige Figur und einen ausladenden Busen. Die berühmten Rubens-Modelle wären aber nach heutiger Wahrnehmung schon etwas dick. Die Twiggy-Mode der 60er Jahre des 20. Jahrhunderts schätzte dann eine an Magersucht grenzende Schlankheit.

Die Bevorzugung der Schlankheit oder der Fülligkeit der weiblichen Figur haben etwas mit dem Nahrungsangebot zu tun. In Hungerzeiten sollte die Mutter Fettreserven haben, um Kinder gut versorgen zu können. So schätzte die arme Eifelbevölkerung zu Beginn des 20. Jahrhunderts rundlichere Körperformen der Frau.

Im arabischen Raum bis hin zur Türkei gab es eine anhaltende Bevorzugung fülliger bis dicker Frauen. In der Türkei wurden Frauen sogar gemästet. Bei den Tuareg z. B. ist die Ernährung für junge Frauen besonders fettreich. Daneben sollen die Frauen wenig Bewegung haben, damit sich ein schönes – dickes – Gesäß formen kann. Der arabische Bauchtanz wird von eher rundlichen Frauen getanzt. Auch bei den Maoris gilt Fettleibigkeit als Schönheitsideal. Ebenso war und ist es bis heute im afrikanischen Raum. Der Geschlechtsverkehr mit dünnen Frauen mache keinen Spaß, „da stößt man sich dran", heißt es dann. Es scheint auch längere Ausleseprozesse auf ein dickes Gesäß gegeben zu habe. Es gibt Stämme mit einem ausgeprägten Fettsteiß (Steatopygie). Erhaltene Frauenstatuetten der prähistorischen Zeit sehen fettleibig aus (Venus von Villendorf, aber auch andere antike Statuetten aus Malta und von den kanarischen Inseln, Abb. 2.3).

Fettleibigkeit kann mit Reichtum (Nahrungsreichtum) verbunden sein, sodass die Bevorzugung dann eher auch assoziativen Faktoren zuzuschreiben ist. Der Nahrungsüberschuss moderner Zeiten macht diese Reserven überflüssig, so dass dann heute Schlankheit ein Merkmal von Gesundheit und jugendlichem Alter wird.

Behaarung

Die meisten Säugetiere sind völlig behaart. Menschen sollen so nicht sein. Schon das Alte Testament weiß zu berichten, dass völlig behaarte Kinder ausgesetzt wurden. In Ägypten wurde das Körperhaar rasiert (Friedell 1996). In Rom bot ein Achselhaarzupfer seine Dienste an (Weeber 2006, S. 86). Starke Augenbrauen wirken eher „männlich" und wurden daher z. B. von Frauen in Asien gänzlich entfernt, um sie dann mit einem schwarzen Strich nachzuzeichnen. In Europa wurden die Augenbrauen rasiert und durch aufgeklebte Mäusefellstreifen ersetzt (Trumble 2004).

Die Nasengröße
In Asien galt und gilt die Nase generell als hässlich: je kleiner desto besser. So ist es auch – jedenfalls für die weibliche Schönheit – in Europa.

Ein mittelalterliches Schönheitsideal spricht zwar von einer langen Nase, schmalen Lippen und großen Augen, weil so ein frommer Gesichtsausdruck zustande komme. Tatsächlich sind die Nasen der „schönen" mittelalterlichen Kölner Reliquiare aber recht klein geraten (Abb. 2.5).

Einzelne Merkmale
Besondere Beachtung fanden in der Antike weibliche Grübchen am Rücken (Morris 1993). Japaner lackierten die Zähne schwarz (Ohaguro, 5. bis ins 19. Jahrhundert). Warum das so gemacht wurde, weiß man heute nicht mehr genau. Bei Männern war die Farbe Schwarz damals Symbol der

Abb. 2.5 Kölner Reliquiare mit Jenseitslächeln mit schöner heller Haut (Rechte beim Autor, eigenes Bild)

Vasallentreue. Bei Frauen galt sie als erotisch und signalisierte ebenfalls (eheliche) Treue. Andere Gründe für die Schwärzung wurden genannt: Vielleicht geschah es, um das Gesicht im Halbdunkel besonders weiß erscheinen zu lassen. Trumble (2004, S. 89) glaubt, die Zähne sollten verfault wirken, um so die Frauen vor Vergewaltigung zu schützen. Möglich wäre auch, dass zivilisierte Personen animalisch-weiße Zähne vermeiden sollten.

Männliche Körperschönheit

Der schöne Mann der Antike sollte eine breite Brust, eine kleine Zunge und einen großen, muskulösen Po besitzen (Clark 1998). Im mittelalterlichen Roman „Parzival" wird die männliche Schönheit des Helden oft gelobt, aber nur das wallende blonde Haar und schlanke muskulöse Beine speziell erwähnt. Der berühmte Teppich von Bayeux (ca. 1100 n. Chr.) zeigt die muskulös schlanken Beine der Ritter. Brustpanzer aus Leder oder Bronze modellierten einen muskulösen Körper. Sie wurden nicht nur im Kampf, sondern auch – aus wertvollen Materialien – zu festlichen Gelegenheiten als Imponierkleid getragen. So ist Muskulosität sicher ein generelles Merkmal männlicher Körperschönheit. Auch heute findet das „Sixpack" der Bauchmuskulatur seine Bewunderer(-innen). In dem Maße, in dem die Konkurrenz der Männer nicht mehr im körperlichen Kampf ausgetragen wird, verliert die Betonung der Körperkraft an Bedeutung; nur noch die wattierten Schultern unserer Anzüge sind ein Relikt des Imponierens mit muskulöser Männlichkeit.

Die vielen Besonderheiten der Mode können hier nicht dargestellt werden. Manches ist uns Heutigen sehr fremd, etwa wenn im antiken Ägypten die Frauen ihre Haare hinter den dann abstehenden Ohren trugen oder im Mittelalter vorstehende Schamkapseln das männliche Geschlecht betonten (s. o.). Der ständige Wechsel der Moden belegt uns aber die Flexibilität des Schönheitsideals.

> **Fazit**
> Bei Schönheitsurteilen wirken vermutlich biologische und kulturelle Ursachen zusammen. So können wir auch heute in den überlieferten Statuen die ägyptische und griechische Gesichts- und Körperschönheit nachempfinden. Dennoch kann es auch zu großen Unterschieden in verschiedenen Zeiten kommen. Das liegt einerseits an einer Fokussierung auf Schönheitsbereiche in einer bestimmten Zeit (etwa die männliche Wade), zum anderen an negativen „Assoziationen", die etwa die Schönheit des dunklen Teints mindern.

2.7 Ich-Haftigkeit, Individualität

Die Idee, erst die Kultur entwickle die Individualität, ist seit Längerem im Umlauf. Jakob Burckhard z. B. sieht in der Renaissance das Aufleuchten des Individuums. Für den psychologischen Gebrauch scheinen mir die dabei zugrunde gelegten Konzepte von Individualität erklärungsbedürftig.

Was bedeutet „Individualität"?
Dass der Mensch sich von Beginn als Individuum und getrennt von anderen erlebt, scheint mir evident, weil Schmerz, Hunger und Durst, Triebwünsche oder Triebverzicht notwendig das einzelne Individuum betreffen und ihm ständig Information über sein Getrenntsein von anderen vermitteln.

Ich und Umwelt verschmelzen
Der Säugling unterscheidet in den ersten Lebensmonaten nicht zwischen dem Ich und der versorgenden Mutter. In diesem Sinne konstatierte Lévy-Bruhl (1910) bei weniger differenzierten Völkern eine „participation mystique", eben eine menschliche Beseelung der Umwelt. Erst der aufgeklärte Mensch, der im Wirken der Natur kein Hexenwerk mehr erkennt, steht der Natur als Fremder, als getrenntes Individuum gegenüber.

Das Aufgehen in der Gruppe
Ein Aspekt der Individualität ist das Aufgehen in der Gruppe – im Gegensatz zum Getrenntsein von der Gruppe. In der europäischen christlichen Gesellschaft ist das Individuum ja über Beichte und Sünde früh konstituiert. Es kann sündig oder gerecht sein, individuell Buße tun oder ein Übermaß an guten Werken anhäufen. Ab dem 13. Jahrhundert entstand so eine Praxis der Selbsterforschung von Absichten und Motiven, die die Psyche der Menschen neu ordnen konnte.

Dabei gibt es allerdings keine unidirektionalen Entwicklungslinien zu mehr erlebter Individualität. Wenn Luther alle Menschen zu Sündern erklärt, die nur durch die Gnade Gottes erlöst werden können, konstituiert er eine Gruppe der Gleichen, wo vorher jeder in seiner individuellen Sündigkeit einsam war. Inbrünstiges Singen im evangelischen Gottesdienst trägt das Seinige zum verschmelzenden Gruppenerlebnis und zum Erfolg der neuen protestantischen Religion bei. In verschiedenen Quellen wird zwischen Ethnien mit einem Gruppen-Ich und Ethnien mit individueller Orientierung unterschieden. Asiatische Gesellschaften wie die chinesische sind eher Gruppen-ich-orientiert. In jedem großen gemeinsamen Projekt und in Ritualen gibt es eine Nivellierung der individuellen Unterschiede; es entsteht eine liminale Gruppe der Gleichen (Turner 1989) – denken wir z. B. an das Gemeinschaftserlebnis der Kriegsbegeisterung, das nicht nur Sigmund Freud und Thomas Mann für den Ersten Weltkrieg schwärmen ließ, sondern auch zu Beginn der heutigen Kriege Amerikas fast immer zu beobachten war (s. u.).

Erleben wir heute einen Höhepunkt an „Individualität"? Freie Berufswahl und freie Gattenwahl, freier Konsum und freie Entscheidungen für Hobbies scheinen jedermann zu seines Glückes Schmied zu machen. Die Vielfalt der Warenwelt gaukelt jedoch durch Unterschiede im Unwesentlichen eine fälschliche Freiheit vor. Es gibt Personen, die das Glück in der Obhut klösterlicher Gemeinschaften suchen, wo die Entscheidungslast und die Verantwortung für das eigene Glück übernommen wird.

Die Kontinuität der Person
Eine weitere Ursache für die Konstitution des Individuums liegt in der Kontinuität als die „gleiche" Person. Autobiografische Werke, die also die Entwicklung einer Person schildern, nahmen im Spätmittelalter zu. Gemälde zeigten nun individuelle Porträts. Eine Biografie des Edelherren Bernhard II. zur Lippe (1140–1224) verweist kaum auf Absichten, personale Einstellungen oder ein die Handlungen koordinierendes Ich (Wiersing 1993). So wandelt sich Bernhard II., als er in der Erbfolge nachrücken muss, problemlos vom Mönch zum (erfolgreichen) Krieger.

Ist ein Mensch also z. B. ein Verbrecher, weil dies seine Rolle ist und er sich nun der Rolle gemäß verhält (wenn er die Rolle aufgäbe, könnte er auch Richter sein) – oder weil er als individuelle Person ein normverletzendes Individuum ist? Hier konstituieren sich die Gemeinschaften unterschiedlich.

Mit dem Aufkommen von Ausweispapieren, später von Fotos wurde die Identität der Person auf eine neue Art fixiert. Der Simplicissimus in Grimmelshausens Roman (ca. 1650) kann vom Eremitenschüler zum Soldaten, vom Soldaten zum Räuber und von dort wieder zum Bauern wechseln. Er schlüpft – wenn er nur den Ort wechselt – in neue Identitäten, ohne weiter durch seine Vergangenheit festgelegt zu sein. Es sind dann oft die (Standes-)Kleider, „die die Leute machen".

Aufgefasste Unterschiedlichkeit der Menschen
Wie konzeptualisiert eine Kultur die Unterschiedlichkeit des Menschen? Die Antike z. B. kannte vier Temperamente – nach dem jeweils vorherrschenden Körpersaft (Galen, ca. 129–215): Beim Sanguiniker überwiegt das rote Blut, beim Choleriker die gelbe Galle, beim Melancholiker die schwarze Galle und beim Phlegmatiker der weiße Schleim. Bis in die

frühe Neuzeit waren diese Typen gebräuchlich. Auch die heutige Psychologie ist erst bei fünf grundlegenden Unterscheidungsmerkmalen angelangt (big five). Das indische „Kamasutra" teilte die Menschen nach der Größe des Geschlechtsorgans in drei Klassen ein (die dann jeweils in gleicher Größe zueinander passen sollten).

Einzelne Eigenschaften wie die Hypochondrie wurden in der Dichtung aufgefasst („Der eingebildete Kranke" von Moliere). Die heutige Psychologie kann diese Verhaltensweisen als „Neurose", also als Abweichung vom „Normalen" beschreiben. In der Persönlichkeitspsychologie sieht man von der Beschreibung seltener Eigenschaften, die eben nur einige Individuen der Population haben, weitgehend ab (z. B. Geiz, Jähzorn). Die Geburt des Individuums steht in diesem Bereich erst noch bevor.

Die erlaubte Unterschiedlichkeit
Vergangene Gesellschaften waren unterschiedlich tolerant gegenüber Andersartigkeit bzw. gewährten ihren Mitgliedern in unterschiedlichem Maße Freiheit zu individueller Lebensgestaltung.

Das Leben der antiken Azteken war bis ins Kleinste durch Religion und die Beziehung zu Prophezeiungen geregelt. Die Freiheit für individuelles Handeln fehlte den Menschen (Todorov 1985).

Die europäische Antike ließ viele Götter zu. Das Christentum und der Islam etablierten dann den einzigen Gott und eröffneten Zeiten religiöser Intoleranz. Nur der jüdische Glaube wurde neben dem Christentum geduldet, aber immer wieder wurden Juden verfolgt und zur Übernahme des katholischen Glaubens gezwungen. Im heiligen Köln des 18. Jahrhunderts musste man den Nachweis führen, katholisch zu sein, um eine Einbürgerung zu erlangen.

Über Toleranz und Ablehnung der Homosexualität oder einzelner Sexualpraktiken wurde an verschiedenen Stellen schon gesprochen. Im Mittelalter und der frühen Neuzeit gab es schwerwiegende Körperstrafen für Sodomie, Ehebruch und Gotteslästerung. Wer missliebig war, konnte leicht als Hexe angezeigt werden. Über viele Jahrhunderte war es geradezu lebensrettend, nicht mit ungewöhnlichen Ansichten (etwa zur Religion) oder ungewöhnlichen Verhaltensweisen aufzufallen (vgl. Abschn. 2.4).

2.7.1 Rangordnungen, Ungleichheit, Gerechtigkeit

Im Bewusstsein der Menschen spielen die Rangordnungen eine wichtige Rolle. Wie im Tierreich sind Ernährung und Fortpflanzungsmöglichkeiten ranghoher Personen besser (vgl. z. B. das Mogulsystem in Abschn. 9.4).

Daher und auch durch eine Absonderung vom gemeinen Volk überstehen sie Seuchen besser. Im 18. und 19. Jahrhundert war die Arbeiterklasse von der Tuberkulose schwer betroffen. Eine distinguierte – hier abgesonderte – Lebensweise des Mannes von Status zahlte sich also aus (Clark 2010).

Auch bei Menschen könnte man also an eine angeborene Bereitschaft, „Hackordnungen" zu bilden, denken. Hammurabi (ca. 1792-1750 v. Chr.) schon unterschied „Freie", „Gemeine" und „Sklaven".

Die antiken Gesellschaften Griechenlands und Roms basierten geradezu auf der Sklavenarbeit. Das Alte Testament erwähnt vielfach die Versklavung von ganzen besiegten Völkern.

Die Sklaven konnten wie Sachen nach Gutdünken behandelt werden. Nach dem Tod der ägyptischen Herrscher (auch der chinesischen) wurden auch seine Sklaven getötet, damit er im Totenreich Bedienstete hätte (vgl. auch den Abschnitt zur Empathie Kap. 5.3).

Die Rangunterschiede können – wie in der Auffassung der indischen Kastengesellschaft – im Schöpfungsakt zugrunde gelegt sein und wären insofern ja dann göttlicher Wille. Wie aber die vielen Kulturen der Welt die Sklaverei als „natürlich" hinnehmen konnten, ist schwer verständlich, weil die prinzipielle Gleichartigkeit der Sklaven ja jedermann sichtbar war: Handelte es sich doch um Kriegsgefangene, um verkaufte Kinder oder einfach um gewaltsam entführte Menschen, die prinzipiell ja frei geboren waren.

2.7.2 Das Christentum und der Sklavenhandel

Die Gottebenbildlichkeit des Menschen im christlichen Diskurs führte schon ab dem Mittelalter zur Abschaffung der Sklaverei in Europa. Die Redensart „Als Adam grub und Eva spann, wo war denn da der Edelmann?" reklamierte damals bereits die prinzipielle Gleichheit der Menschen. Angenendt (2014, S. 214) hebt die positive Wirkung des Christentums hervor: „Die liebespatriarchalische Humanität des Christentums hat also Wirkung getan." Dennoch war der Sklavenhandel mit Afrikanern für die überseeischen Provinzen weiter ein grausames Massengeschäft. Die tägliche Wahrnehmung der groben körperlichen Misshandlung und der sexuellen Ausbeutung der Sklaven vertrug sich erstaunlicherweise gut mit dem – amerikanisch-puritanischen – christlichen Glauben (nach Walvin 2018, S. 86):

Der wohlhabende Tabakpflanzer William Byrd schrieb 1709 in sein Tagebuch: Ich machte einen Spaziergang über die Plantage. Eugene wurde gerade ausgepeitscht, weil sie weggelaufen war. Es wurde ihr richtig besorgt. Ich sagte meine Gebete, fühlte mich – Gott sei es gedankt – bei guter Gesundheit und voller guter Gefühle und Gedanken.

Die Sklaverei wurde dann erst durch die Aufklärung unter dem Banner der „égalité" energisch bekämpft. Voltaire (1759/1986, S. 57) lässt in „Candid oder Die Beste der Welten" einen amerikanischen Sklaven anklagen:

Zweimal im Jahr erhalten wir eine Leinenunterhose als einzige Bekleidung. Wenn wir in den Zuckersiedereien arbeiten und der Schleifstein zerquetscht uns einen Finger, wird uns die ganze Hand abgeschnitten; wenn wir fliehen wollen, wird uns ein Bein abgeschnitten; beides ist mir geschehen. Um den Preis esst ihr in Europa Zucker.

Der Roman „Onkel Toms Hütte" von Harriet Beecher Stowe öffnete 1852 die Herzen der Leser für die Leiden der Sklaven und bereitete ebenfalls den Boden für die Befreiungsbewegung vor.

In den islamischen Ländern Jemen und Saudi-Arabien gab es dagegen noch bis etwa 1960 Sklavenmärkte, die erst unter westlichem Einfluss geschlossen wurden.

Die mittelalterliche und frühe neuzeitliche Gesellschaft war zudem in „Stände" gegliedert. Das Gefühl der Zugehörigkeit zu den Klassen der Rangordnung wird über die Ehre (abwertend „Standesdünkel") geregelt. Speziell auch Frauen und Angehörige anderer Rassen galten oft als weniger wert und unterlagen anderen Gesetzen. Auf jeden Fall waren Menschen der vergangenen Epochen meist nicht davon überzeugt, dass alle Menschen „gleich" sind oder gleich sein sollten und konnten die selbst geschaffene Ungleichheit über lange Perioden akzeptieren. Erst in der jüngsten Neuzeit wird die „Gleichheit" des demokratischen Bürgers als „Gerechtigkeit" gefeiert.

> **Fazit**
> Erst durch die Erklärungen, die Menschen für die Welt und ihre Erscheinungen finden, erhalten Ereignisse und Gegenstände ihre Bedeutung, auf die man mit Gefühlen und Handlungen reagiert.

Literatur

Angenendt, A. (2014). *Toleranz und Gewalt. Das Christentum zwischen Bibel und Schwert.* Münster: Aschendorf.

Angenendt, A. (2015). *Ehe, Liebe Sexualität im Christentum.* Münster: Aschendorff.

Arafat, I. S., & Cotton, W. Jr. (1974). Masturbation Practices of Males and Females. *Journal of Sex Research*, 75, 1216–1218.

Augustinus (ca. 400 n. Chr./1955). *Bekenntnisse.* Frankfurt: Fischer 1955.

Bauer, T. (2011). *Die Kultur der Ambiguität. Eine andere Geschichte des Islams.* Berlin: Verlag der Weltreligionen.

Beutin, W. (1993). Sexualität und Liebe in der Neuzeit. In: Dinzelbacher, P. (Hrsg.). *Europäische Mentalitätsgeschichte.* Stuttgart: Krömer.

Bleibtreu-Ehrenberg, G. (1980). *Mannbarkeitsriten. Zur institutionellen Päderastie bei Papuas und Melanesiern.* Berlin: Ulstein.

Böck, M., & Rao, A. (1995). Aspekte der Gesellschaftsstruktur Indiens. In D. Rothermund (Hrsg.), *Indien, Kultur, Geschichte, Politik, Wirtschaft, Umwelt. Ein Handbuch.* München: Beck.

Boureau, A. (1996). *Das Recht der ersten Nacht.* Düsseldorf: Artemis und Winkler.

Breuer, J., & Freud, S. (1922). *Studien über Hysterie.* Leipzig–Wien: Franz Deuticke.

Brown, J. (1780). *Elementa medicinae.* Edinburgh (Neudruck: Nabu Press 2010).

Bourke, J. (2014). *Fear. A cultural History* (S. 102, 103). London: Virago.

Boumberger, F. (1927). *Brief an eine Frau.* Leipzig: Rigie, von Eschenbach, W. (1477/2008). Parzival. Köln Aconda Verlag.

Burg, B. R. (2007). *Boys at Sea: Sodomy, Indecency, and Courts Martial in Nelson's Navy.* Houndmills: Palgrave.

Burkhardt, J. (1896/2012). *Die Kultur der Renaissance in Italien.* Franfurt: Fischer.

Casanova, G. (1976). *Casanova Mdemoiren.* Klagenfurt: Kaiser.

Clark, D. P. (2010). *Gems, Genes and Civilization: how Epidemics shaped, who we are Today.* NY: FT Press.

Clark, K. (1980). *Feminine Beauty.* London: Weidenfeld & Nicolson.

DeMause, L. (2005). *Das emotionale Leben der Nationen.* Klagenfurt: Drava.

Dervin, D. (2010). The Milk-Blood Equations Historical Impact on Childcare. *The Journal of Psychohistory*, 37, 208–215.

Dinzelbacher, P. (1997). *Heilige oder Hexe.* Reinbeck bei Hamburg: Rowohlt.

Dinzelbacher, P. (1995). Die Gottesgeburt in der Seele und im Körper. Von der somatischen Konsequenz einer theologischen Metapher. In T. Kornbichler & W. Maaz, (Hrsg.), *Variationen der Liebe. Forum Psychohistorie.* Tübingen: Edition Discord

Dinzelbacher, P. (2006). *Das fremde Mittelalter.* Essen: Magnus Verlag Winkler.

Dinzelbacher, P. (2009). *Warum weint der König. Eine Kritik des mediävistischen Panritualismus.* Basenweiler: Wissenschaftlicher Verlag Bachmann.

Donadoni, S. (Hrsg.) (1997). *Der Mensch des alten Ägypten.* Frankfurt: Fischer.
Dover, K. (1978). *Greek Homosexuality.* NY: Vintage.
Duby, G., & Braunstein, P. (1990). Der Auftritt des Individuums. In: Duby (Hrsg.), *Geschichte des privaten Lebens* Bd. 2. Frankfurt a. M.: Fischer.
Duby, G., & Braunstein, P. (1990). Der Auftritt des Individuums. In: Aries, P. & Duby, G. (Hrsg.), *Geschichte des privaten Lebens,* Bd. 2 Frankfurt: Fischer.
Duby, G. (1990). Aussagen, Zeugnisse, Geständnisse. In P. Afries & G. Duby (Hrsg.), *Geschichte des privaten Lebens,* Bd. 2. Frankfurt: Fischer.
Dulmenau, J. (1878). *La Peur en Occident.* Paris: Artheme Fayard.
Elias, N. (1976). *Über den Prozess der Zivilisation* Bd. 1 und 2. Frankfurt a. M.: Suhrkamp.
Ellis, H. (1900). *Geschlechtstrieb und Schamgefühl.* Würzburg: Stuber.
Freud, S. (1927). *Die Zukunft einer Illusion.* Leipzig, Wien und Zürich: Internationaler Psychoanalytischer Verlag.
Friedell, E. (1996). *Kulturgeschichte Ägyptens und des alten Orients.* München: DTV.
Geary, P. (1994). *Living with the Dead in the Middle Ages.* NY: Ithaka.
Grof, S., & Müller, G. H. (2015). *Topografie des Unbewussten.* Frankfurt: Klett-Cotta.
Héroard, J. (1868). Journal de Jean Heroard sur lénfance et la jeunesse de Louis XIII. Paris: Firmin Didot Fr. (Nabu Press 2012).
Herodot (1971). *Historien.* Stuttgart: Kröner.
Hickson, A. (1995). *The poisoned bowl. Sex repression in the public school system.* London: Constable.
Hochschild, M. H. (1979). Emotion work, feeling rules, and social structure. *American Journal of Sociology,* 85, 551–575.
Holzer, D. (2014). Zwangsstörungen und Kultur. In: Stompe, T. & Ritter, K. M. (Hrsg.), *Krankheit und Kultur.* Berlin: MWV.
Katchadourian, H. A. (1985). *Fundamentals of Human Sexuality.* NY: Holt Rinehart & Winston.
Keller, G. (2001). *Wenn Lust und Liebe erwachen. Von Babylon bis heute.* Heidelberg: Asanger.
Kessel, M. (2000). Das Trauma der Affektkontrolle. In C. Benthien, A. Fleig & I. Kasten (Hrsg.), *Emotionalität. Zur Geschichte der Gefühle.* Köln: Böhlau.
Kinsey, A. C. (1949). *Sexual Behavior In The Human Male.* Philadelphia und London: Saunders.
Klabisch-Zuber, C. (1985). *Women, Familiy, and Ritual in Renaissance Italy.* Chicago: Chicago-University Press.
Kleinspehn, T. (1996). Fressen und Gefressenwerden. In: H. Röckelein (Hrsg.), *Kannibalismus und europäische Kultur.* Tübingen: Discord.
Krusche, R. (1965). *Schrift und Buchmalerei der Maya Indianer.* Leipzig: Insel.
Kunze, K. (2019). *Das ewig Weibliche im Wandel der Epochen.* Beltheim Schnellbach: Lindenbaum.
Levi, C. (1965). *Christus kam nur bis Eboli.* Leipzig: Reclam.

Levy, H. S. (1978). *Chinese footbinding. The history of a curious erotic custom.* London: Neville Sperman.

Lévy-Bruhl. (1910). Les fonctions mentales dans les sociétés inférieures. Paris: Les Presses universitaires de France, 1re éd.: 1910. 9e éd.: 1951

Licht, H. (1969). *Sexual life in ancient Greece.* London: Panther.

Lorenz, M. (1996). „…als ob ihr ein Stein aus dem Leibe kollerte …" Schwangerschaftswahrnehmungen und Geburtserfahrungen von Frauen im 18. Jahrhundert. In: Van Dülmen, R. (Hrsg.), *Körper-Geschichten.* Frankfurt: Fischer.

Miller-Beard, G. (1869). Neurasthenia, or nervous exhaustion. *Boston Medical and Surgical Journal, 80,* 217–221.

Morris, D. (1993). *Körpersignale. Vom Dekolleté zum Zeh.* München: Heyne.

Mosher, C. D. (1980). *The Mosher survey: Sexual attitudes of 45 Victorian women.* USA: Arno Press.

Mösgen, P. (1999). *Selbstmord oder Freitod Das Phänomen des Suicids aus christlich philosophischer Sicht.* Eichstädt: dritto

Persinger, M. A. (1987). *Neuropsychological Bases of God Beliefs.* New York: Praeger.

Phillips, K. M., & Reay, B. (2011). *Sex before Sexuality.* Cambridge: Polity Press.

Plamper, J. (2012). *An Introduction to the History of Emotions.* Oxford University Press: Oxford.

Radkau, J. (1995). Die Männer als schwaches Geschlecht. In: T. Kornbichler & W. Maaz (Hrsg.), *Variationen der Liebe.* Berlin: Edition Discord.

Rieger, J. (2015). *Aristoteles und sein Frauenbild: Ein Damoklesschwert…* Books on Demand, Norderstedt.

Rocke, M. (1998). *Forbidden Friendships.* Oxford: Oxford University Press.

Röckelein, H. (1996). Hexenessen im Frühmittelalter. In: H. Röckelein (Hrsg.), *Kannibalismus und europäische Kultur.* Tübingen: Discord.

Ross, C. (2016). Sexual Trauma at the Salpetriere. *The Journal of Psychohistory, 43,* 277–287.

Rouche, M. (1995). Abendländisches Mittelalter. In: P. Ariés & G. Duby, (Hrsg.), *Geschichte des privaten Lebens,* Bd 1. Frankfurt a. M.: Fischer.

Rousselle, A. (1989). *Der Ursprung der Keuschheit.* Stuttgart: Kreuz.

Scheer, T. S. (2011). Griechische Geschlechtergeschichte. Bd. 11. In Walter, U. (Hrsg.), *Enzyklopädie der griechisch römischen Antike.* München: Ge Gruyter.

Schnitzler, N. (1996). „Vnformliche Zeichen" und „freche Vngeberden" Zur Ikonographie der Schande in spätmittelalterlichen Passionsdarstellungen. In R. van Dülmen (Hrsg.), *Körper-Geschichten.* Frankfurt: Fischer.

Stearns, P. N. (2009). *Sexuality in World History.* New York: Routledge.

Stompe, T. (2014). Angststörungen und Kultur. In T. Stompe & K. Ritter (Hrsg.), *Krankheit und Kultur.* Berlin: MWV.

Persinger, M. A., Sarotka, K. T., Stanley, A. K., Pierre, L. S. (2010). The electromagnetic induction of mystical and altered states within the laboratory. *Journal of consciousness exploration research, 1,* 808–830.

Tannahill, R. (1980). *Sex in history.* NY: Stein and Day.

Tauer, F.G. (1891). *Die evangelischen Geistlichen an der S. Martinikirche zu Ahlsdorf.* Mansfelder Blätter.
Taylor, G. R. (1970). *Sex in history.* NY: Harper & Row.
Thomasset, C. (1997). Von der Natur der Frau. In. Duby, G & Perrot, M. (Hrsg.), *Geschichte der Frauen Bb. 2 Mittelalter.* Frankfurt: Fischer.
Tissot, S.A. (1958). Die Onanie, oder Abhandlung über die Krankheiten die von der Selbstbefleckung herrühren. Gallica Faksimile einer Übersetzung aus dem Französischen aus dem Jahre 1774.
Todorov, T. (1985). *Die Eroberung Amerikas. Das Problem des anderen.* Frankfurt a. M: Suhrkamp.
Trube-Becker, E. (2002). *Mißbrauchte Kinder. Sexuelle Gewalt und wirtschaftliche Ausbeutung.* Heidelberg: Kriminalistik Verlag.
Trumble, A. (2004). *A brief history of the smile.* New York: Basic Books.
Turner, V. W. (1989). *Das Ritual. Struktur und Anti-Struktur.* Frankfurt: Campus.
Ungaretti, J. R. (1978). Pederasty, Heroism and the familiy in classical greece. *Journal of homosexuality, 3,* 292.
von Boehn, V. (1976). *Die Mode, Bd1 und 2.* München: Bruckmann.
Van den Berghe, P. L., & Frost, P. (1986). Skin color preference, sexual dimorphism, and sexual selection: A case of gene-culture co-evolution? *Ethnic and Racial Studies, 9,* 87–113.
Verdon, J. (2011). *Irdische Lust. Liebe, Sex und Sinnlichkeit im Mittelalter.* Darmstadt: Wissenschaftliche Buchgesellschaft.
Vogt-Lüerssen, M. (2006). *Der Alltag im Mittelalter.* Books on Demand GmbH,
Walvin, J. (2018). *Slavery. The history and legacy of one of the world's most brutal institutions.* Malta: Connell Publishing.
Weeber, K.-W. (Hrsg.). (2006). *Humor in der Antike.* Stuttgart: Reclam.
Wiersing, E. (1993). Überlegungen zum Problem mittealterlicher Personalität. In H. Röckelein (Hrsg.), *Biographie als Geschichte.* Tübingen: Edition Discord.
Zilboorg, G., & Henry, G. W. (1941). *A history of medical Psychology.* NY: Norton.

3

Die Religionen

Die Religionen sind die zentralen Mythologien in den Jahrtausenden der Menschheitsgeschichte. Aus ihren Erklärungsversuchen versteht man viele Überzeugungen und Verhaltensweisen der damaligen und heutigen Menschen. Daher wird der dem Entstehung und Vergehen der Religionen hier ein längeres Kapitel gewidmet.

Alle bekannten Gemeinschaften kommen irgendwann in der einen oder anderen Form zu Götterwelten. Innere und äußere Erfahrungen stoßen dies an. Der historische Ursprung der Religionen liegt in prähistorischer Dunkelheit. Indische, persische, chinesische und orientalische, ägyptische sowie griechische Erzählungen beeinflussen sich und kristallisieren sich schon im 7. Jahrhundert vor Christus zu schriftlichen Überlieferungen („Achsenzeit", Jaspers 1949).

3.1 Vorgeburtliche und Kindheitserfahrungen und das Entstehen der Götter

Vielleicht ist der erste und ursprüngliche Gott die Plazenta-Nabelschnur-Einheit, die den Fötus gewährend versorgt oder aber auch den nötigen Sauerstoff strafend knapp werden lässt. Die Plazenta wurde im alten Ägypten verehrt, und die Plazenta des Pharao wurde vor Umzügen hergetragen.

> Dass Götter und Könige Plazentas sein sollen, scheint natürlich noch bizarrer zu sein, als dass sie Eltern sein sollten, wie es zunächst schien. Wenn man jedoch Merkmale von Charisma leidenschaftslos untersucht, wird man feststellen, dass Göttlichkeit weitaus mehr plazentale als elterliche Eigenschaften aufweist: selbstgenügsam, willkürlich, verborgen, geheimnisvoll, allmächtig, unnahbar, unverkennbar, geschlechtslos – das sind alles nicht die Eigenschaften irgendwelcher lebender Eltern als vielmehr eines lebenden, zu allem fähigen „Dings", von dem man völlig abhängig ist, dessen willkürliche Handlungen man jedoch nicht beeinflussen kann und mit dem man einen fortwährenden Austausch pflegt. (deMause 2000, hier S. 353; weitere Informationen in Galler 2018)

Der Säugling ist noch lange auf die elterliche Fürsorge angewiesen. Gottgleich können die Eltern sie gewähren oder auch versagen. Ein gütiger Gott könnte auch eine kindliche Wunschfantasie sein, die das geschützte Leben im Mutterleib wieder herstellen will. Die Geborgenheit der fetalen Welt wird projektiv in einen Himmel verlegt (Janus 2016). Später haben die sorgenden Eltern Liebe zu geben und erfahren Gegenliebe.

3.2 Naturerfahrungen und das Entstehen der Götter

Das Wirken der Naturgewalten scheint offensichtlich von Mächten über dem Menschen gesteuert. Das Wetter, das Klima, die Tiere und Pflanzen sind von außermenschlichen Kräften angetrieben – und daher die natürlichen ersten Götter. Schon die Anlage ‚Stonehenge' scheint auf eine sorgfältige Beobachtung und Verehrung von Mond und Sonne hinzuweisen. Der ägyptische Sonnengott war vielleicht der Urvater aller unserer Götter. Die Natur gibt dem Menschen, was er braucht, und so haben die Menschen Anlass, an einen gütigen, versorgenden Gott zu glauben, dem sie z. B. mit Erntefesten Dankbarkeit zeigen. Die Natur bietet aber auch Anlass zur Sorge.

Das Verschwinden der Sonne am Abend kann eine beunruhigende Erfahrung sein. Sonnenfinsternisse ereignen sich. Wie ist das zu erklären? Ist die Sonne erschöpft und braucht vielleicht neue Nahrung? Macht sie eine gefährliche Reise durch die Unterwelt? Viele antike Kulturen gelangten zu der Ansicht, man müsse sie mit – heißem – Blut oder Feuer ernähren. Nicht nur die Azteken opferten zu diesem Zweck Tausende Menschen, sogar im 18. Jahrhundert gab es in Schottland noch Menschenopfer für die Sonne (Frazer 1989, S. 944 ff.). Die Indianer ernährten sie mit ihrem Tabakrauch.

Manchmal gibt es eine Dürre oder Schädlinge, die die Ernte auffressen. Bedrohliche Naturphänomene selbst können zum Gott werden. Die Germanen kannten einen Donnergott. Wenn die tobenden Naturgewalten sichtbar werden, wie es bei Vulkanen der Fall ist, können auch sie zu Göttern werden (z. B. in Griechenland und in Guatemala).

Allerdings mischen sich auch Katastrophen in die Konstruktion der Götterwelten ein. Immer wieder gibt es große Hungersnöte, Vulkanausbrüche verwüsten den Lebensraum, Tsunamis töten Tausende, Seuchen gefährden den Bestand der Menschheit.

3.3 Schwere Katastrophen und das antike Interesse am Lauf der Gestirne

In der Zeit menschlicher – allerdings vorgeschichtlicher – Erinnerung ereigneten sich wahrscheinlich Impakte (Einschläge von großen Meteoriten), die fast alle Menschen ausrotteten. Ursprungsgeschichten vieler Kulturen der Welt wissen von solchen Ereignissen zu berichten, wie etwa die Geschichte von der Sintflut in der Bibel. Der Komet wird im asiatischen Raum als Drache dargestellt, der fauchend vom Himmel niederstößt.

Um einen sicheren Kalender zu etablieren, kann man Sternenkunde betreiben. Aber erst als Folge eines Impakts versteht man das erstaunlich intensive Interesse der prähistorischen Gesellschaften an der Sternenkunde und der Vorhersage des Verlaufs der Gestirne.

> **Beispiel**
>
> Sind verschiedene Sekten mit ihren Weltuntergangsvorhersagen also Irrlichter alten astronomischen Wissens? Sich in Bunkern und Höhlen zu verschanzen, ist dann wohl sehr sinnvoll! Da es sich bei den katastrophalen Impaktszenarien um Kometeneinschläge handelt, ist ja im Prinzip eine Vorhersagbarkeit solcher Ereignisse gegeben. Andere Katastrophen wie Erdbeben oder Vulkanausbrüche haben kein derartiges Vorhersageaufkommen wie der gesamte kosmische Weltuntergang durch Himmelskörper. Schon das antike Babylon glaubte, das menschliche Schicksal aus dem Stand der Sterne erkennen zu können.

In Stonehenge verknüpfen markante Punkte und Linien die Bahnen von Mond und Sonne. Das antike Mexiko, so hat man erst jüngst erkannt, hatte eigene Sternobservatorien. Natürlich, die – möglichen – Vorhersagen des Laufs der Gestirne und von Sonnen- und Mondfinsternissen sind insofern Herrschaftswissen, als sie einen Pakt des Himmels mit den Regierenden suggerieren. Es mag auch eine große Faszination davon ausgehen, im Chaos der täglichen Welt Bereiche von exakter Vorherberechenbarkeit zu finden. Die heutige Kometenangst verweist aber darauf, dass der Menschheit ein tiefes Wissen von dem Unheil eingeprägt ist, das von den Kometen ausgehen kann.

Nach Tollmann und Tollmann (1993) verstehen wir von dort aus betrachtet auch die frühen Rinderkulte: Das Rind, der Wettergott oder der Gott des Sternenhimmels müssen nach der Sintflut intensiv besänftigt werden! Bei den Babyloniern ist der Stier das Symbol des Wettergottes, der den Donner und den Sturm des Weltunterganges erzeugt (z. B. im Gilgamesch-Epos), daher bekam der Stier in der minoischen Kultur Kretas der Sage nach Menschenopfer.

Beim Erscheinen von Kometen haben viele heutige Menschen Weltuntergangsfurcht. Überlieferungen einer Sintflut sind also im kollektiven Gedächtnis, obwohl uns Kometen heute gar nicht mehr so negativ erscheinen (z. B. der Komet bei Christi Geburt). Antike und Mittelalter sahen Kometen als schlechtes Zeichen, das womöglich den Weltuntergang ankündigt.

So entstehen viele Götter, Ortsgötter und Wirkgötter. Je schlimmer die Katastrophen, umso mächtiger und strenger müssen die Götter sein. Mit der Zeit „hebt sich der Himmel" (Obrist 2006), die Schöpfungsgötter werden abstrakter und menschenferner.

3.4 Das Vergehen der Götter

Zunächst wendet man sich bei Seuchen an die Götter. In Rom wurde bei Ausbrüchen der Malaria im 4. Jahrhundert eine Göttin des Fiebers ins Leben gerufen („dea fibris"). Nach Seuchen in den Jahren 150 und 500 n. Chr. waren die griechisch-römischen Götter nicht mehr glaubwürdig. Das Christentum hatte danach freie Bahn. Ungünstige Kriegsereignisse, hervorgerufen durch Krankheit der Verteidiger sowie der Invasions- und Belagerungsarmeen, führten manchmal zur Enttäuschung an der Wirkmacht der eigenen Götter: Trafen Armeen aus sehr unterschiedlichen Regionen z. B. bei Belagerungen aufeinander, konnte eine Seuche kriegsentscheidend sein. Eine Stadtbevölkerung hatte sich vielleicht an bestimmte Krankheitserreger gewöhnt und war einigermaßen immun, aber in der Belagerungsarmee gab es keine Abwehrkräfte dagegen, und so kam es zu einem hohen Todeszoll. Die so Betroffenen glaubten nun, der eigene Gott habe sich von ihnen abgewandt und bevorzuge den Feind.

Die Indianer Amerikas fielen massenweise (bis zu 98 % der Bevölkerung) den Infektionskrankheiten der Kolonisatoren zum Opfer, während diese selbst ja gesund blieben. Was lag näher, als deren Gott zu übernehmen, der ja anscheinend mächtiger war. Clark (2010) wiederum glaubt, dass die hohen Infektionsraten an Tuberkulose die englischen Arbeiter der frühen Industrialisierung von der christlichen Religion entfremdeten.

Wenn die Welt zu einem Zeitpunkt geschaffen wurde, erscheint es logisch, dass sie genauso bestimmt zu einem künftigen Zeitpunkt beendet wird. Zusammen mit dem Glauben an ein Weiterleben nach dem Tode kann die Erinnerung an große menschenvernichtende Katastrophen die Erwartung eines Weltenendes begünstigen. Besonders in Zeiten von Kriegen und Umbrüchen entsteht so ein Glaube (Rath 2012). So wird eine Umdeutung der schweren Situation in eine Heilsgeschichte möglich. Es entsteht dann eine Enttäuschung an Gott, wenn der erwartete Untergang nicht stattfindet. Als sich die „Parusie-Erwartung", das Gottesreich komme im Jahr 1000 n. Chr., nicht erfüllte, entstand die Sekte der Kathaer (12.–14. Jahrhundert; = Ketzer, später zu „Kätzer", falsch wie eine Katze, umgedeutet). Generell ist ja das Weltenende zentraler Bestandteil des christlichen Glaubens: Luther erwartete das Ende der Welt zu seiner Lebenszeit (z. B. für 1532, 1538 und 1542).

Je weiter weg die schweren Katastrophen in der Erinnerung einer Epoche der Menschheit rücken, umso eher kann sich der Gott zu einem ‚lieben Gott' wandeln. Man sollte aber im Auge behalten, dass weder die griechischen Götter noch die des Hinduismus (Wachsen und Vernichten stehen sich gegenüber) noch die der germanischen Welt in unserem heutigen Sinn ‚lieb' waren.

3.5 Der eine, allmächtige Schöpfergott

Das Christentum verehrt (wie andere Religionen) einen einzigen Schöpfergott, was zu einigen Erklärungsproblemen führt: Warum schafft dieser Gott einen sündigen Menschen, über den er sich dann aufregen muss? Der Mensch soll sich „frei" entscheiden und wird dann gerichtet, lautet eine Lösung.

Warum lässt der Schöpfergott seine Menschen so leiden? Das Leiden als Lebenssinn ist eine christliche Lösung für die Leiden des menschlichen Lebens *(Theodizee)*.

Der Weg zum Monotheismus kann hin- und zurückschwingen: Eine Gruppe setzt sich z. B. mit ihrem bevorzugten Gott durch und ernennt ihn dann zum Hauptgott, wie etwa den Gott Amun in Ägypten. Andere Gruppen gewinnen wieder die Oberhand und setzen dann ihre Götter ein. Mit dem Volk Israel hat ein lokaler Stammesgott Jahwe, der zunächst noch neben anderen Göttern wirkte und sogar eine Gefährtin hatte, eine monotheistische Religion begründet.

> **Fazit**
>
> Wir sind stolz auf eine monotheistische Religion – obwohl ja die katholische Kirche Vater, Sohn und Heiligen Geist kennt, den Teufel und den Tod und daneben noch eine Vielzahl von Heiligen. Alle sind „unsterblich" (nehmen wir diese Eigenschaft einmal als Kriterium der „Göttlichkeit"). Mehr Götter hatte das griechische Pantheon auch nicht. Auch gab es dort einen Gottvater: Zeus als oberster aller Götter. Dass man einen Gott kaum allmächtig nennen kann, dem man einen störenden Teufel zur Seite gestellt hat, kommt selbst heutigen Denkern nicht in den Sinn.
>
> Die Frage, ob wir wirklich einen Monotheismus haben und ob dieser als Gipfel der religiösen Entwicklung angesehen werden soll, wird auch noch heute durchaus als ketzerisch angesehen.

Nun haben polytheistische Religionen nicht zuletzt wegen einer höheren Widerspruchsfreiheit Vorteile für das Seelenleben der Gläubigen: Katastrophen verursacht dabei ein Gegenspieler des gütigen Gottes. Im Pantheismus der Hindus ist es Brahman, der erschafft, Vishnu, der erhält, und Shiva und Kali, die vernichten (Dualismus von guten und bösen Mächten). Das ist eben jeweils ihr Geschäft; also müssen die Menschen keine Erklärungen dafür suchen, warum etwa ein guter Gott Leid verursacht oder zumindest zulässt.

In monotheistischen Religionen ist der prinzipiell wohlgesonnene Gott bei Seuchen und im Katastrophenfall aber offensichtlich über seine Menschen verstimmt: Sie haben gegen seine Gebote verstoßen oder Sünden begangen. Auf jeden Fall müssen sie sich im Unglücksfall fragen, was der Gott von ihnen will. Da sind verschiedene Auswege möglich. Nach Schaik und Michel (2016) kann man die Thora mit ihren vielen Geboten als eine Art empirischer Forschung nach den menschlichen Verfehlungen verstehen, die den Gott erzürnen. Die lassen sich dann präventiv vermeiden, um die schweren Kollektivstrafen des zürnenden Gottes des Alten Testaments zu verhindern. Dabei kommen durchaus auch Maßnahmen zustande, die etwa die Gottesstrafe „Krankheit" effektiv vermeiden: z. B. die strengen Hygienevorschriften der jüdischen Religion oder ihre Vorsicht gegenüber Körperflüssigkeiten. Die Thora gibt Empfehlungen, wie lange man Erkrankte in Quarantäne halten soll. Bei Krankheiten sind böse Geister allerdings eine realistischere Hypothese, die der wahren Ursache „Bakterien" oder „Viren" ja durchaus nahekommt (Clark 2010).

Die Postulierung der Erbsünde hilft zu verstehen, warum es keiner besonderen Sünde bedarf, um Opfer der schweren (Kollektiv-)Strafen des einen Gottes zu werden. Von der Erbsünde ist es kein weiter Weg zur Prädeterminationslehre von Calvin: Danach ist der Weg in die Seligkeit bereits bei der Geburt vorgeprägt. Am Erfolg im Leben könne der Einzelne ein Zeichen dafür finden, ob er für die Seligkeit vorgesehen sei. Dieser dramatische Wechsel in der Einstellung zu Reichtum und Armut bereitete den Frühkapitalismus mit zwölf Stunden täglicher Arbeit vor.

In der christlichen Religion ist der Teufel so eine Art Gegengott, der das Weltgeschehen mit einem gütigen Gott vereinbar erscheinen lässt und der für das Leiden in der Welt verantwortlich ist. Er kommt im Mittelalter auf, ihm werden von Gott die Todespfeile übergeben. Eine Blütezeit entwickelte die Einbeziehung des Teufels in den christlichen Glauben erst in den Zeiten schwerer Krisen ab dem 11. Jahrhundert. Zudem konnte der Teufel das Gewissen der Gläubigen entlasten, weil er auch als Ursache für sündige Gedanken infrage kam.

Die Pest raffte Fromme und Sünder gleichermaßen dahin. Der „Tod" als eigenständige Figur in einer Parallelexistenz zum liebenden Gott machte das Verständnis dafür leichter.

Kann der eine und allmächtige Gott in seiner Höhe die Gebete der Menschen überhaupt noch hören und den Rauch ihrer Opfergaben noch riechen? Etwa 3000 v. Chr. fand man in Ägypten eine Lösung für diese Frage, die auch das Christentum übernahm: Der Gott Ptah, „der sehr Große, der alles Begreifen übersteigt", habe einen wesensgleichen Sohn, das Sonnenwesen, der den Menschen näher steht.

Angenendt (2014) weist darauf hin, dass der Monotheismus prinzipiell ein friedliches Zusammenleben der Völker begünstigt. Verschiedene Stammesgötter heizen dagegen den Kampf der Stämme gegeneinander an („Wir haben den einzigen und richtigen Gott").

3.6 Was will Gott?

Die Menschheit wird immer wieder von Katastrophen getroffen, die einen hohen Blutzoll fordern. Könnte es möglich sein, dass der Gott nach Menschenleben dürstet? Dann wäre es ja recht sinnvoll, ihm Leben zu opfern, weil er dann nicht selbst „zuschlagen" muss. Angesichts der Größe der erlebten Katastrophen müssten es wohl am besten auch viele Menschen sein, die geopfert werden. Die mosaischen Religionen kannten das Menschenopfer. Die Maya und Inka opferten Zehntausende Sklaven. Die Konquistadoren fanden vor Ort Pyramiden von 130 000 Schädeln. Auch die Kelten kannten Menschenopfer; sie sind eben einfach „logisch".

Spezialisieren wir den Wunsch des Gottes aber auf Blut, dann können natürlich auch Tiere geopfert werden. Die biblische Geschichte berichtet, dass Abraham seinen Sohn, der geopfert werden sollte, durch ein Lamm ersetzte. Salomo soll zur Einweihung seines Tempels 22 000 Rinder und 120 000 Schafe getötet haben (Nolte 1998). So konnte die Ritualpraxis etwas menschlicher werden. Unser christliches Abendmahl enthält Reste dieser Praxis.

3.6.1 Will Gott die Menschen bestrafen?

Viele Fragen tun sich den Menschen auf: Ist es allein der Wunsch nach Leben und Blut, der den Gott oder die Götter antreibt? Oder ist die Katastrophe ein Zeichen für die Unzufriedenheit des Gottes mit dem Benehmen seiner Menschen? Unsere Religion sieht das Naturereignis in vielen Texten als Folge der Versündigung. Mit der Strafe kommt aber kein Zettel, auf dem geschrieben steht, warum sie verhängt wurde. Der Gott erzürnt sich (er ist überraschend jähzornig!) und schickt ohne große Warnung eine Strafe. Was haben die Menschen aber falsch gemacht?

Die Regeln der Gemeinschaft (Achtung des Eigentums, Achtung des Lebens) eignen sich als Gebote, die auch der Gott eingehalten sehen will. Sexualität in „Eigentumsgrenzen" (Ehe) gehört dazu; eine wilde und freie Sexualität würde die bäuerliche Gemeinschaft sprengen (in der Urwaldgemeinschaft, in der mehr oder weniger alle die Aufzucht der Kinder betreiben, ist sie vielleicht möglich). Die Stoa rät von der Sexualität ab, weil sie eine ungute Aufregung/Erregung ist. So oder auch vielleicht noch auf anderen Wegen wird der Sex sündig (vgl. Kap. 2).

Der Mord stört die Gemeinschaft – nicht aber die Tötung des Feindes, die ja auch als erstaunlich wenig sündig gilt. „Gott mit uns" stand noch auf dem Koppelschloss der deutschen Wehrmacht.

3.6.2 Alle Götter mögen Kollektivstrafen

Sodom und Gomorrha waren sündige Städte, die vom Bannstrahl des Gottes vernichtet wurden. Wir erfahren dabei von einer historischen Kollektivstrafe: Wenn zu viele Bewohner sündig sind, erwischt es alle. Im Alten Testament verhandelt Abraham mit Gott über eine Mindestzahl von Gerechten, die es geben müsse, damit Sodom verschont bleibe. Bei einer Mindestzahl von zehn endet die Verhandlung. So muss es das dringende Interesse der Regierenden sein, Sünder und wenig gottgefällige Gruppen zu vertreiben oder zu eliminieren. Seuchen bestrafen die Menschen eben bis ins dritte Glied, in einem Haushalt sind alle betroffen.

Nun verschiebt sich die mögliche Abwehrstrategie: Man muss nicht nur selbst gottgefällig leben, sondern – weil es ja offensichtlich zu Kollektivstrafen kommen kann – in der Gemeinschaft alle ausrotten, die nicht gottgefällig leben (so wie seinerzeit in der Ansicht der christlichen Mehrheiten die Juden, die ja den Heiland gekreuzigt haben). Die Stadt Venedig ging um 1500 wegen der gefürchteten Strafe Gottes gegen den homosexuellen Analverkehr vor. Nach 500 Prozessen wegen derartiger Samenvergeudung kam es zu 70 Enthauptungen (Hergemöller 1998).

3.7 Präventive Selbstbestrafung

Man kann die Strafe auch präventiv selbst ausüben. In dem Sinn haben Beichte und auferlegte Buße den sehr klaren Sinn, die Anhäufung von ungebüßten Sünden zu vermeiden. Die Flagellanten-Züge der Pestzeiten geißelten sich, nahmen also – auch für das Kollektiv – die Bestrafung vorweg, um von der Pest verschont zu bleiben.

3.7.1 Die Strafanlässe: 1. das Böse

Wo kommt aber das Böse her, also z. B. Krieg, Mord und Totschlag unter den Menschen? Die nahe liegende Antwort: Ursache ist immer der Streit um begrenzte Güter wie Land, Frauen, Geld oder Gold. Wie wäre ein solcher Streit leicht zu vermeiden? Indem man den überstarken Wunsch nach den begehrten Gütern vermeidet, also nicht geld-, besitz- oder sexgierig ist. Das Begehren ist die Ursache für Fehlverhalten; nichts zu begehren, wie der Eremit und der Bettelmönch, garantiert also einen sündenfreien Lebenslauf. Der Mönch vermeidet die Quellen der Gier (hier der Benediktiner und dort der buddhistische Mönch), er besitzt nichts, auch keine Frauen, so kann er kaum Böses tun.

> **Beispiel**
>
> In der Bankenkrise 2015 wurde als eine der Ursachen die „Gier" der Anleger ausgemacht. Obwohl ja Gier in dem Sinn für den Kapitalismus konstitutiv ist, klang diese Ursache doch vielen Menschen plausibel, weil sie eine jahrtausendealte Denkfigur ist.

Die antiken Philosophen waren (vgl. Kap. 2) grundlegend für die späteren Religionen. Besonders die Stoa hatte einen großen Einfluss auf die Religionsstifter. „Gottgefällige" Asketen und Eremiten aller Glaubensrichtungen entsagten dem Besitz, der Sexualität und jeder Bequemlichkeit.

Ein Nebenzweig der Stoa (die Kyniker) wollte die erstrebenswerte Bedürfnislosigkeit nicht durch passiven Verzicht, sondern durch aktive Bedürfnisbefriedigung erreichen, sodass keine drängenden Triebe entstehen. So propagierten die Kyniker einen hemmungslosen (öffentlichen) Geschlechtsverkehr. Das provozierende Verhalten der Anhänger sollte eine Umwertung der traditionellen Werte demonstrieren (sie wollten sich benehmen wie ein kläffender Hund). Manche islamischen Derwisch-Brüderschaften erinnern in ihrer zum Teil ausschweifenden Lebensweise an diese Philosophie (z. B. die Malamati und die Qualandar, Frembergen 1993).

Mehr noch als das Christentum scheint der Buddhismus mit seinen zölibatären Bettelmönchen auf der Stoa zu fußen. Buddha lehrte: „Hänge Dein Herz an nichts, denn du wirst es verlieren." So hütet sich der Adept also vor dem Leiden. Gleichmütig soll er die Wechselfälle des Schicksals hinnehmen können, indem er sich ihnen so wenig wie möglich aussetzt. Im Buddhismus bleibt die stoische Gesinnung eher eine „Philosophie" und Lebensgrundeinstellung; im Christentum und im Islam (Sufismus) hat sich das Asketentum zu einer besonderen Gottgefälligkeit entwickelt.

3.7.2 Strafanlässe: 2. Es gibt zu viele oder fehlerhafte Menschen

Eine andere Erklärung für den Vernichtungswillen des Gottes war schon in vorgeschichtlicher Zeit, dass es zu viele Menschen gebe; der Gott also einfach die Zahl der Menschen verringern wolle. Den Gott des Gilgamesch-Epos, Enlil, störte das Geschrei der Menschen durch ihre anwachsende Zahl, weil er deshalb nicht mehr schlafen konnte (in den Fragmenten des Atarchasis-Epos niedergelegt, Nolte 1998).

> **Beispiel**
>
> Die Ausbreitung solcher Mythen in die Kulturen der Welt belegt ein Märchen aus Sri Lanka, das ich dort einmal hörte: Die Elefanten lebten im Paradies und hatten alles, was sie brauchten, aber weil sie zu laut trompeteten und damit die Götter bei der Meditation störten, wurden sie aus dem Paradies vertrieben und müssen seither den Menschen dienen.

In dem Epos will Enlil nach der Sintflut von den Menschen unter anderem unter der Bedingung ablassen, dass es unberührbare und zudem unfruchtbare Frauen geben werde, was die Vermehrung der Menschen begrenze. Die jungfräulichen Vestalinnen scheinen ein spätes Echo dieser Forderung zu sein. Enthaltsame Mönche und Eremiten würden ebenfalls zu dieser Maßnahme passen. Auch die Sadus des Buddhismus leben bedürfnislos und ohne Fortpflanzung. Es scheint so, als sei eine verlorengegangene Idee im neuen Gewand in die hinduistischen Religionen gewandert.

Unter dieser Annahme gab es ja nun eine Hauptsünde: die Vermehrung. Also musste man von der Sexualität Abstand nehmen. Vielleicht ist dies die früheste und erste Ursache der Sexualfeindlichkeit vieler Religionen.

In der Gnosis (s. u.) scheint die Ablehnung der Vermehrung dann wieder auf: Die Gnosis in der späten Antike bzw. im frühen Christentum hat jedoch noch eine andere Erklärung für die Vernichtungsgier des Gottes. Der Demiurg hatte eine fehlerhafte Schöpfung vollbracht, die sozusagen zurückgerufen werden musste, um den göttlichen Funken, der in ihr ist, wieder einzusammeln. Daher ist auch Sexualität zu verdammen: Eine Vermehrung der fehlerhaften Schöpfung ist zu vermeiden. Interessanterweise kündigte sich dieser Gedanke auch schon früher an. In der Samkhya-Schule des Buddhismus wird angenommen, eine Welt wie diese könne nur von einem Schurken, einem bösen Gott, geschaffen sein.

3.8 Andere Erklärungen der Katastrophen

Die vernichtende Gewalt kann auch als Folge von Konflikten unter den Göttern oder die Tat böser Götter gelten.

Andere Urvölker – wie auch die frühen Griechen – erklärten sich die katastrophalen Erschütterungen mit einem Wüten der Götter untereinander, mit Titanenkriegen, bei denen die Fetzen fliegen. Tatsächlich lebten die Griechen in der Antike in einer liberaleren Welt (z. B. sexuell), als es die heutige ist. Das Etikett „Sünde" hatte dort nicht wirken können.

3.8.1 Natürliche Erklärungen von Katastrophen

Erklärt man die Erschütterungen der Natur allerdings wissenschaftlich, ist der Gott außer Funktion gesetzt. Auch dann können sich die nun säkularen Gesellschaften langsam der Sünde entledigen (Onanie, Selbstmord, Homosexualität werden nun geduldet). Die Evolutionslehre gibt neue Erklärungen für Konflikte zwischen den Menschen (Vermehrung des eigenen Gensatzes), die anstelle der bisherigen Begründungen des Bösen, nämlich „Gier" und „Sünde", treten.

3.9 Andere Theorien zur Entstehung der Religion

DeMause (z. B. 2005) stellte eine psychoanalytisch begründete Theorie der Religionsbildung vor, die plausibel sein kann. Das Kind in den Urgesellschaften erlebte die Tötung der Geschwister, Missbrauch und mutwillige Verletzungen, sodass es übermächtige Wut und Verzweiflung aufbaute. Diese Gefühle wurden in einer eigenen Persönlichkeit abgespalten, weil sie ansonsten das Überleben gefährden würden. Diese abgespaltene Persönlichkeit konnte in dissoziativen Zuständen im späteren Leben die Oberhand gewinnen, und dann forderte diese rasende Wut Mord und Totschlag, Grausamkeit und Verletzung. In einer Art Wiederaufführung der erlittenen Traumata richtete sich die Wut in Trance besonders häufig gegen Kinder, die dann z. B. auf einem Altar geopfert wurden. Diese wütende Teilperson wird dann zu einem vernichtenden Gott, wie der Gott des Alten Testaments oder Kali oder die Aztekengötter, denen Tausende (Kinder-)Opfer gebracht werden mussten. Wie gegenüber den misshandelnden Eltern fühlte man sich dem Gott gegenüber schuldig.

Wir folgen weiter einer Interpretation deMauses vom gekreuzigten Christus. Dieser ist am Kreuz fixiert wie das (mittelalterliche) Kind am Wickelbrett. Sein Kopf ist von der Dornenkrone umschlossen, wie der Kopf des Kindes von korrigierenden Bandagen. Am Kreuz leidet er Durst (und wird von einem Söldner mit einem Essigtrunk verspottet; er bekommt also nicht die benötigte Muttermilch). In seine Seite wird eine Lanze gestochen, so wie der Penis des Missbrauchers gewaltsam in das Kind eingeführt wird.

Visionäre Erfahrungen bilden die Grundlage der Religion
Obrist (2006) glaubt, die Religion entstehe aus den visionären Erfahrungen und Entrückungserlebnissen der Religionsführer. Auch früher gab es Derivate halluzinogener Drogen (vgl. die Tanzwut und die Vergiftung durch Mutterkorn, Abschn. 2.3.1). Die Menschen halten ihre Visionen für eine objektive Weltsicht, verwechseln also die „Innenschau" mit einer „Weltschau".

Aber auch die Visionen folgen kulturellen Mustern. Der Ritter sieht nach einem sündigen Leben eben die „christliche Hölle" und beginnt ein nun neues moralisches Leben. Der entwurzelte islamische Gläubige setzt im schizophrenen Wahn ziemlich exakt eine Koransure ins Bild (Floru 1975). Der Stoff der Kultur, der seit der Kindheit aufgenommen wurde, wird in solchen Visionen vom Unbewussten natürlich bearbeitet und gibt – allerdings nicht exakt – den Glaubenskonsens wieder. Die Visionen der Brigitta von Schweden von der Geburt Christi setzten sich in der bildenden Kunst um, und so sehen wir Maria barfuß und mit offenem, wallendem Haar eher in Richtung auf den Archetypus der „Anima" überformt (z. B. Niccolò di Tommaso mit dem Ölgemälde „St. Brigitta", ca. 1375).

So ist es auch ein schmaler Grat, ob die visionäre Nonne Hexe oder Heilige wird (Dinzelbacher 1993). Wenn also Visionen Religionen stiften, so bestehen sie aus den Versatzstücken der alten Religionen oder Kosmologien. Aus dem wieder und wieder „psychisch bearbeiteten" Stoff der Narrative in den Visionen schälen sich dann psychisch relevante Grundmuster (man könnte sie auch „Archetypen" nennen) heraus.

3.10 Der Glaube an ein Weiterleben

Ein Weiterleben nach dem Tod haben in fast allen weniger differenzierten Kulturen zunächst die Ahnen, die wohlwollend und beratend, möglicherweise auch zürnend auf die Lebenden blicken. Nicht nur in Griechenland, auch in Süd- und Nordamerika glaubte man sie in den Sternen wiederzusehen, die am Firmament ihre Bahnen ziehen.

Nach dem Tod von Verwandten und engen Bezugspersonen ist deren Position im Rollenverbund ja nicht „gelöscht", sie werden weiter als existent, nur eben nicht anwesend erlebt. Dies mag auch in der Erfahrung begründet liegen, die fast alle Menschen machen: Sie hören die Stimme von Toten oder sehen sie noch einmal. Dies gibt es übrigens auch nach Partnerschaftstrennungen, ist also sicher – zumindest auch – der starken Wahrnehmungsgewohnheit geschuldet. Die Verstorbenen treten in Träumen auf. Jeder kann also erwarten, nach dem Diesseits „Ahn" zu werden. Die Sitte, den Toten etwas mitzugeben, ist älter als jede schriftliche Überlieferung. Schon in vorgeschichtlicher Zeit gab es also die Idee eines Weiterlebens. Nahtod-Erlebnisse, etwa das „Abgeholtwerden von Verwandten" im Todesmoment, gehören zur anthropologischen Grundausstattung und werden in das Wissen der Lebenden aufgenommen.

Es gibt aber auch eine „logische" Notwendigkeit für eine Existenz nach dem Tod. Will man an einen gerechten Gott glauben, dann muss es ja einen Ausgleich für die Ungerechtigkeiten des Lebens geben, in dem den Menschen das Glück ohne Ansehen der guten oder schlechten Taten zufällt. Der Ausgleich, die Erlösung kann ja dann nur in einer Zeit nach dem Tod erfolgen. Die ägyptischen Götter wiegen die Seele des Verstorbenen und richten sie danach. Dort liegt der Ursprung unseres Erlösungsglaubens (Assman 2006). In der Bibel taucht die Idee einer Wiederauferstehung erst im Buch Daniel auf. Eine Verlagerung von Strafen in die Zeit nach dem Tod (wie auch schon im antiken Ägypten) macht das Handeln des Gottes unberechenbarer, führt zu einer Summation von Sünden (die ja nicht sofort geahndet werden) und bedingt Frömmigkeit, Bußübungen und Ablasssammlungen. Durch das Lesenlassen von Messen konnten reiche Personen im Mittelalter (dokumentierte) 2 000 000 Jahre Ablass sammeln.

Das Christentum geht so weit, die ewige Höllenstrafe anzudrohen. Für die mittelalterlichen Menschen war dies eine schreckliche Vorstellung, und sie waren bereit, fast alles zu tun, um diese finale Strafe abzuwenden. Im Islam etwa gibt es die ewige Höllenstrafe nicht, so fehlt ihm im Vergleich ein wichtiges Machtinstrument gegenüber den Gläubigen (Bauer 2011).

3.11 Furcht vor den Totengeistern

Die Totengeister können auch Schaden anrichten. Daher spricht man nicht schlecht über sie. Die Franken des 5. und 6. Jahrhunderts bepflanzten die Gräber mit dornigen Sträuchern, damit die Toten dort festgehalten werden (Rouche 1995, S. 425). Tibetische Stämme tragen die Toten noch heute auf winkligen Wegen aus dem Dorf, damit sie nicht zurückfinden und Unheil stiften. Ein gewisser Neid des Verstorbenen auf die noch Lebenden wäre ja nur menschlich. Im germanischen Rechtswesen wurde der getötete Verbrecher zerstückelt, damit er sich nicht als Wiedergänger zeigen kann (Dinzelbacher 1995, S. 516). In der Neuzeit ist die Totenwache als Schutz vor den Seelen der Toten gedacht. Die Spiegel werden mit Tüchern verhängt, damit die Seelen sich nicht verfangen.

Ohne im Geringsten einer Wiedergeburtslehre anzuhängen, konnten Christen etwa im Mittelalter glauben, dass sich übel gesinnte Tote als Wiedergänger oder Besetzer von fremden Körpern (auch gegenüber den Kirchenvätern) zeigen.

Der speziell geformte Glaube an Ahnenseelen auf dem Balkan hat einige Auswirkungen auf Grausamkeiten im Krieg (etwa in den Balkankriege, Käser 1996). man, dass die Ahnenseelen des getöteten Feindes der eigenen Gruppe Schaden zufügen. Das könnten sie aber, wenn der Körper nach dem Tod intakt bleibt. Wenn er nun verspeist oder zerstückelt wird, verliert die Ahnenseele ihre Kraft. So kommt es zum Abschlagen des Kopfes mit einem eigens dafür entwickelten Krummdolch, zur Zerstückelung der Leichen oder – reduzierter – zum Abschneiden der Nase. Solche Überzeugungen wirken in der Region und auch an anderen Orten lange in den nun muslimischen oder christlichen Gemeinschaften nach. Noch bei einem zeitgenössischen Terroranschlag am Hatschepsut-Tempel (1997) schnitten die Terroristen den sterbenden Touristen Mund und Nase ab! Auch die Indianer waren der Überzeugung, dass ein Verstorbener ohne Skalp nicht in die ewigen Jagdgründe eingehen kann, also seines Weiterlebens nach dem Tode beraubt ist. Wenn man zudem an den Aufwand der antiken Ägypter denkt, den Körper nach dem Tode zu konservieren, scheint die Abhängigkeit der Seele vom intakten Körper eine wirklich alte Idee zu sein. Tatsächlich taucht sie schon im Gilgamesch-Epos auf:

(11. Tafel) „Dessen Leichnam man in die Steppe warf, sahst du den?" — „Ja, ich sah: Sein Geist ist ruhelos auf der Erde." —

Die christlichen Heiligen, die man ja im Himmel vermutet, entfalten ihre Wundertätigkeit ebenfalls nur über den verbliebenen Körper. Es sind nämlich die Reliquien, die diese Kraft haben und die im Mittelalter zu hohen Preisen verkauft wurden. Dinzelbacher (2006) spricht von der Realpräsenz des Heiligen in seinem Reliquiar.

Die Ausgestaltung dieses Weiterlebens ist zunächst nicht sehr elaboriert. Die Ahnen führen ein Weiterleben in Holzmasken und ähnlichem. Aber ihre Weiterexistenz mündet notwendig in die Frage, wie und wo sie eigentlich leben. Einzelne herausragende Ahnen werden zu Stammesgöttern, die sich im größeren Verbund der Stämme weiter abstrahieren und zu einem Pandämonium der Götter werden. Sie leben an herausragendem Ort, während der einzelne Sterbliche es nicht unbedingt so gut antrifft. Das antike Ägypten verlagerte die Toten dagegen zum Sonnengott. Im antiken Griechenland ist der Hades ein dunkler und trauriger Ort, an dem die Toten leben. Dort gab es zeitgleich allerdings drei verschiedene Todesvorstellungen: den trostlosen Hades, ein seliges Weiterleben (also auch eine Art Paradiesvorstellung) oder das Nichts. Die große Überzeugungskraft des Christentums ging aber von der Heilsbotschaft eines Paradieslebens aus, dessen Erlangung dann zum wesentlichen Lebensziel des hiesigen Lebens werden sollte.

3.12 Wiedergeburt und pränataler Himmel

Die Überzeugung eines Weiterlebens nach dem Tod wird noch aus einer anderen Quelle gespeist. Wir alle haben ja schon einen dramatischen Übergang hinter uns, nämlich die Geburt. Die Überzeugung, dass so etwas noch einmal passieren könnte, liegt daher in uns. Auch führt das Geburtserlebnis den Fötus vielfach in Todesnähe. Das Geburtserlebnis wird in vielen religiösen Ritualen und in Ritualen der Wandlung aktiviert (z. B. im Schamanismus: Eine Reise durch einen Tunnel führt in eine Jenseitswelt, Janus 2016). Einige Stämme in Indonesien bahren ihre Toten in einer hockenden Geburtshaltung auf. Im Hinduismus und Buddhismus ist das Weiterleben nach dem Tod explizit eine „Wiedergeburt". Himmel und Hölle lassen sich als Phasen der vorgeburtlichen Erfahrung interpretieren. Der Himmel ist die ozeanische Einheit des Schwebens im Fruchtwasser, und die Hölle ist die nachfolgende Enge und Qual im Geburtskanal. Unsere Vergangenheit wird in die paradiesische Zukunft verlegt. Auch daher bleiben Paradiesvorstellungen inhaltlich oft so unbestimmt.

3 Die Religionen

Im indischen Rigveda (das heilige Wissen in Versen; ca. 3000 v. Chr.), einer der ältesten Religionen dieser Welt, werden frühkindliche Bewusstseinszustände im Ritual aktiviert. Die Schranke der kindlichen Amnesie wird dabei gelockert, und es kommt zu einem therapeutischen Kontakt zu frühen Bewusstseinsschichten. Der zahnlose Gott Agni steht für das Neugeborene. Der Tod Agnis lässt den 3–5 Monate alten Soma entstehen, der dann von dem einjährigen Gott Indra (mit seinem ‚fetten Bäuchlein') abgelöst wird (Strohm 2015, Abb. 3.1). Das „Pucken", das kokonartige Windeln des Kleinkindes, wird daher als eine liebevolle Versorgung

Abb. 3.1 Der Gott als Kleinkind. Krishna als Butterdieb, indische Volkskunst (Rechte beim Autor, eigenes Bild)

gesehen, die den Säugling an die sorgenlose Existenz im Mutterleib erinnert (es sollte – in der antiken Welt – im 5.–6. Lebensmonat beendet werden).

Auch die Yoga-Tradition lässt sich als Wiederherstellung eines „bedürfnislosen" pränatalen Zustandes verstehen (Crisam 2015). Der Yoga-Meister kann die Thermoregulation des Neugeborenen aktivieren und Hitze ohne Bewegung und Muskelzucken erzeugen. Die Erleuchtung ist ein Aufleuchten des vorgeburtlichen Bewusstseins. Der Guru lebt in einem sozialen Uterus seiner Jünger, die ihn mit Nahrung und Wohnung versorgen. (Das ist ein Geborgen-Sein, das heute vom Sozialamt geliefert wird.) Kleine Schreine oder Höhlen gewähren eine uterusartige Umschlossenheit.

Im Gegensatz zum Guru steht der König für die Phase des Geburtskampfes (afrikanische Königsrituale sehen ein Einreiben des Königs mit Kot und Blut vor).

3.13 Religion und Verhalten

Menschen sind zu schlimmen Grausamkeiten fähig. Das können auch die Religionen nicht verhindern. Dennoch wirken sie – über ihren Jahrtausende währenden Einfluss – mäßigend auf die menschliche Neigung zu schlimmen Taten. Das „liebesthematische" Neue Testament der Bibel entfaltet karitative Handlungen an Nächsten, Feinden, Schwachen und Kranken, die so im schicksalsgläubigen Hinduismus nicht vorkommen.

Die Hindus vermeiden nach Möglichkeit die Tötung von Tieren, mit denen man über die mögliche Wiedergeburt eine vertiefte Einheit empfindet. Das kann punktuell sein und auch voller Widersprüche: So kann im heutigen Indien sehr wohl Kühen der Schwanz gebrochen werden, um sie so – schmerzhaftest gepeitscht – durchs Land zu treiben.

Wieweit religiöse Gebote und Verhalten auseinanderfallen können, illustriert die Geschichte der Nächstenliebe. Sie ist Gesetz des Alten und Neuen Testaments und der Thora. Auch der Islam kennt eine Nächstenliebe. Sie wird als Barmherzigkeit gegenüber Kranken, Armen und Randgruppen aufgefasst und ins Werk gesetzt. Christliche und islamische Religion kennen die Armenspeisungen. Im 12. Jahrhundert gab die Abtei Cluny jährlich 17 000 Armenspeisungen aus (Angenendt 2014). Schon früh betrieben die Klöster Hospitäler für Kranke. Mit den Stadtgründungen des Mittelalters ab ca. 1000 n. Chr. entstanden die „Heilig-Geist-Krankenhäuser". Die Passionsfrömmigkeit mit ihrer Konzentration auf das Leiden Christi ermöglichte auch den Blick auf das Leid des anderen und schafft nach und nach bis zum heutigen Tage eine ansteigende Empathie.

> Die (spätere heiliggesprochene) Fabiola errichtete 400 n. Chr. ein erstes christliches Hospital in Ostia (Clark 2010).

Daneben aber war man völlig mitleidslos gegenüber den Opfern der Justiz und des Krieges. Gegenüber Kindern versagte die Nächstenliebe völlig, sie wurden über die Jahrhunderte umgebracht, ausgesetzt, geprügelt und missbraucht. So hat sich die Forderung nach der Nächstenliebe (oder der Tierliebe, s. o.) nicht verallgemeinert, sondern sich nur in begrenzten Traditionslinien verwirklicht.

Die religiösen Prinzipien werden auch keineswegs einheitlich umgesetzt: Auch die Prostitution bereitet sexuelle Lust, müsste also von der christlichen Religion abgelehnt werden. In der Antike, im Mittelalter und auch im sittenstrengen viktorianischen England gab es aber immer eine blühende Prostitution. Seit der Antike wurde mit der Opportunität argumentiert: Das Bordell bewahre die verheirateten ehrbaren Frauen vor Nachstellungen und perversen Sexualpraktiken.

Immer wieder gab es wohl (mehr oder weniger erfolglose) Versuche, die Prostitution einzudämmen – so im Zuge eines neuen Moralismus nach der Reformation Mitte des 16. Jahrhunderts (Roper 1995) oder auch im 18. Jahrhundert.

Aber erst heute, in der Neuzeit, gibt es zunehmend Vorbehalte, weil viele Frauen in Notlagen ausgebeutet oder zur Prostitution gezwungen werden. In Schweden geht man heute so weit, die Freier zu bestrafen. Dies ist Folge der Emanzipation und der Frauenrechte, nicht der religiösen Vorbehalte. Während die Vergangenheiten eine Ausbeutung der Frauen (und Menschen im Allgemeinen) ohne viel Bedenken hinnahmen, wird sie erst heute unerträglich.

3.14 Was glauben die Menschen wirklich?

Die großen Religionen sind Buchreligionen (auch Schriftreligionen genannt), sie berufen sich auf eine schriftliche Offenbarung des Gottes. In den Schriften sind Glaubensinhalte genau ausgeführt. Was die Menschen aber wirklich glauben, ist weitgehend unerforscht. Halten sie am Grab

Rücksprache mit Ahnen und verstorbenen Verwandten? Haben sie kleine Schutzgötter daheim, die neben dem „einzigen" Gott um Hilfe angerufen werden? Selbst in der heutigen aufgeklärten Zeit müssten wir diese Fragen für eine Mehrheit der Menschen bejahen. Ein einfaches Austauschprinzip mit dem Göttlichen, nämlich günstige göttliche Eingriffe gegen das Versprechen einer Gegengabe, ist auch den heutigen Menschen höchst plausibel. Insgesamt leben wir aber in dem Maß in weniger religiösen Zeiten, wie wir die großen individuellen und menschheitsübergreifenden Katastrophen eher naturwissenschaftlich erklären können.

> **Fazit**
>
> Sucht man die Ursachen für das segensreiche und auch vernichtende Wirken der Natur, kommt man auf „Götter". Es scheint, als wollten die mit ihren erbarmungslosen Kollektivstrafen menschliches Fehlverhalten ahnden. So kommt es zu Regeln und auch harten diesseitigen Strafen für Verstöße gegen diese Regeln, um dem Zorn der Götter (des Gottes) vorzubeugen. Ein monotheistischer Gott wird erst im Jenseits Gerechtigkeit walten lassen, wenn er es im Diesseits anscheinend nicht tut. Ein guter Grund für Himmel und Hölle.

Literatur

Angenendt, A. (2014). *Toleranz und Gewalt. Das Christentum zwischen Bibel und Schwert*. Münster: Aschendorf.

Assman, J. (2006). *Erinnertes Ägypten*. Berlin: Kulturverlag Kadmos.

Bauer, T. (2011). *Die Kultur der Ambiguität. Eine andere Geschichte des Islams*. Frankfurt: Verlag der Weltreligionen.

Crisam, H. (2015). Die intrauterine Beziehungsmatrix: Das indische Paradigma unbewusster Organisationsschematagesellschaftlicher Strukturen. In: Janus, L., Kurth, W., Reiß, H. & Egloff, G. (Hrsg.), *Verantwortung für unsereGefühle. Jahrbuch für Psychohistorische Forschung*, Bd. 16. Heidelberg: Mattes.

Clark, D. P. (2010). *Germs, Genes, and Civilization: How Epidemics Shaped, Who We Are Today*. NY: FT Press.

DeMause, L. (2000). *Was ist Psychohistorie? Eine Grundlegung*. Gießen: Psychosozial.

DeMause, L. (2005). *Das emotionale Leben der Nationen*. Klagenfurt: Drava.

Dinzelbacher, P. (1993). (Hrsg.). *Europäische Mentalitätsgeschichte*. Stuttgart: Krömer.

Dinzelbacher, P. (1995). Die Gottesgeburt in der Seele und im Körper. Von der somatischen Konsequenz einer theologischen Metapher. In T. Kornbichler & W. Maaz (Hrsg.), *Variationen der Liebe. Forum Psychohistorie.* Tübingen: Edition Discord.

Dinzelbacher, P. (2006). *Das fremde Mitteaalter Gottesurteil und Tierprozess.* Essen: Magnus Verlag.

Floru, L. (1975). Transkulturelle Aspekte der klinisch psychiatrischen Bilder ausländischer Arbeitnehmer (Gastarbeiter) und deren Bedeutung. *Confinia Psychiatrica, 20,* 61–78.

Frazer, J. G. (1989). *Der goldene Zweig. Eine Studie über Magie und Religion.* Reinbeck: Rowohlt (Erstveröffentlichung 1890).

Frembergen, J. (1993). *Derwische, gelebter Sufismus.* Köln: DuMont.

Galler, F. (2018) Der politische Prozess als fötales Drama in der Geschichtstheorie von Lloyd de Mause. In l. Janus, W. Kurth, H. Reiß, & G. Egloff (Hrsg.), *Jahrbuch für Psychohistorische Forschung 18.* Heidelberg: Mattes Verlag.

Hergemöller, B.-U. (1998). Die Konstruktion des Sodomita in den venezianischen Quellen zur spätmittelalterlichen Homosexuellenverfolgung. In M. Dinges (Hrsg.), *Hausväter, Priester, Kastraten. Zur Konstruktion von Männlichkeit in Spätmittelalter und früher Neuzeit.* Göttingen: Vandenhoeck & Ruprecht.

Janus, L. (2016). Transformations in emotional structures througout history. *The Journal of Psychohistory, 43,* 187–198.

Jaspers, K. (1949). *Vom Ursprung und Ziel der Geschichte.* Zürich: Artemis.

Käser, K. (1996). Ahnen und Kannibalen. Zum Problem von Formen und Symbolik verblassender kannibalischerPraktiken auf dem Balkan. In: Röckelein, H. (Hrsg.) *Kannibalismus und europäische Kultur.* Tübingen: EditionDiskord.

Nolte, E. (1998). *Historische Existenz.* München: Piper.

Obrist, W. (2006). *Die Mutation des europäischen Bewusstseins. Von der mythischen zur heutigen Weltsicht.* Stuttgart: Opus Magnum.

Rath, N. (2012). Untergang als Übergang. Strukturmuster endzeitlich-religiösen Bewusstseins. In G. Jüttemann, G. (Hrsg.), *Die Entwicklung der Psyche in der Geschichte der Menschheit.* Pabst: Lengerich.

Roper, L. (1995). *Ödipus und der Teufel.* Frankfurt: Fischer.

Rouche, M. (1995). Abendländisches Mittelalter. In P. Ariés, & G. Duby (Hrsg.), *Geschichte des privaten Lebens* (Bd. 1). Frankfurt a. M.: Fischer.

Strohm, H. (2015). Religion und frühe Kindheit. In: Janus, L., Kurth, W., Reiß, H. & Egloff, G. (Hrsg.), *Verantwortungfür unsere Gefühle. Jahrbuch für Psychohistorische Forschung,* Bd. 16. Heidelberg: Mattes.

Tollmann, A., & Tollmann, E. (1993). *Und die Sintflut gab es doch. Vom Mythos zur historischen Wahrheit.* München: Droemer Knaur.

van Schaik, C., & Michel, K. (2016). *Das Tagebuch der Menschheit.* Reinbeck: Rowohlt.

4

Konstanz und Veränderung der Welterklärungen

Die Religionen, die Mythen, aber auch die frühen philosophischen Gedanken werden überliefert und bleiben über Jahrtausende Teil der Kulturen. Spätere kulturelle Schöpfungen sind in vielen Teilbereichen oft nur Kopien älterer Gedankensysteme. Speziell Mythen und religiöse Überzeugungen müssen sich ja keiner „empirischen" Überprüfung stellen, die sie falsifizieren könnte. Aber sogar die Lehren der Wissenschaft können bis heute ungeprüfte antike Wissenselemente enthalten (vgl. unten die gesundheitsfördernde Wirkung des Saunierens).

4.1 Übertragung von Überzeugungen durch Bilder

In die Wahrnehmung von Bildern mischt sich unbemerkt das Wissen von der Welt. Die menschliche Wahrnehmung setzt sich aus Gesehenem und Gewusstem zusammen (Analyse durch Synthese: Neisser 1979). Feste Erwartungen können so die wirkliche Szene überdecken. Ein Beispiel:

> **Beispiel**
>
> Nach Galens Anatomie (2. Jahrhundert v. Chr.) laufen im Penis zwei Röhren, eine für den Samen und eine für das Pneuma. Leonardo da Vinci zeichnete entsprechend den Penis in seinen anatomischen Studien mit zwei Röhren (Eissler 1992, dort Abb. 43). In den frühen mittelalterlichen Anatomievorlesungen (um 1500) wurde bei der Sezierung einer Leiche die Anatomie Galens vom

Anatomieprofessor vorgelesen. Ein Demonstrator zeigte dabei jeweils auf die relevanten Stellen der präparierten Leiche. Die Studenten lernten damals die Worte des Textes und bemerkten nicht die Abweichungen der wirklichen Anatomie, nämlich dass dort nur eine Röhre zu finden ist. (Die spätmittelalterliche Lehrstunde ist z. B. in Böhme 2012 abgebildet.)

4.1.1 Bilder und Szenen können sich am Bewusstsein vorbeischleusen

Bildinformationen werden nur wenig bewusst verarbeitet. Über sie gelangt Information in das Gehirn, über deren Vorhandensein man gar nichts weiß.

> **Beispiel**
>
> Die antike Verstirnung der Seele ist tatsächlich noch in der christlichen Bildwelt erhalten (Platon „Timaios": „Der Demiurg sonderte eine der der Sterne gleichkommende Anzahl von Seelen aus, teilte jedem eine zu..."). Die Seelen sieht man in mittelalterlichen christlichen Stelen zu den Sternen reisen. Man sieht dort auch die Seele in Vogelgestalt, wie sie in der ägyptischen Antike dargestellt wurde (de Chapeaurouge 1995). Der Widerspruch zu der christlichen Lehre von Hölle und Paradies fiel nicht auf.
>
> Auch zeitgenössische populäre Texte wissen von der Verstirnung: Das Lied „Ein Stern, der deinen Namen trägt" rührte die Jubilarin in meiner Gegenwart tatsächlich zu Tränen. Todesanzeige führen ohne Quellenverweis die Textzeile an: „Das Universum hielt für einen Augenblick den Atem an, denn ein neuer Stern wurde geboren."

Oder noch ein Beispiel aus heutiger Beobachtung:

> Eine ältere Dame interessiert sich – naturgemäß – dafür, ob es eine Seele gibt und was mit der Seele nach dem Tod passiert. Der Sohn machte sie auf das aktuelle Buch des Schweizer Geistersehers Sam Hess (2010) aufmerksam. Sie las es, lehnte die Schilderung des Geistersehers aber vehement ab. Der sah nämlich bekleidete (!) Totenseelen. So könne das nicht sein, zeigte sie sich überzeugt, denn die Seelen der Verstorbenen seien doch nackt! Die „nackte Seele" jedoch ist gar nicht so sehr Topos der heutigen Glaubensvermittlung, aber sie kommt in den Kirchen- und Andachtsbildern seit dem späten Mittelalter immer wieder vor! In Gustave Dorés (1832–1883) Illustrationen von „Dantes Inferno" sieht man die Hitzequalen der nackten Seelen, die irgendwie schwülstig-erotisch gezeichnet sind.

So können Bildwerke unkontrolliert uralte Überzeugungen weitertransportieren und sie am Leben erhalten.

Ein Beispiel für eine bildhafte Metapher, die über die Jahrtausende tradiert wird und dabei sogar ihre Bedeutung wandelt, ist der unsichtbare göttliche Pfeil. Der Gott Apoll (später Asklepios) schießt ihn als Pestpfeil ab. Der (christliche) Tod schießt ihn auf die Totgeweihten. Daneben ist es auch Amor, der Liebespfeile abschießt. Ein krankes Tier sei vom „elf-shot" getroffen worden, sagt man in England.

4.1.2 Sprachbilder

Antike Heilungspraktiken können in der Sprachmetapher die Grundlage einer „Übertragung" auf die „Heilung" der Nation sein: Der Blutzoll des Krieges kann mit einem „Aderlass" der Nation verglichen werden, der die Nation von allem Schädlichen reinigt (vgl. deMause 2005, S. 49). Die Gleichsetzung des Kapitals mit einem Vampir, der das Blut der Arbeiter aussaugt, trug zum Erfolg der kommunistischen Bewegung bei.

4.1.3 Die Wirklichkeitssuggestion von Bildern

Das Bild scheint wirklicher als das gesprochene Wort. Man konnte einst Heiligenbilder bestrafen, wenn eine Bitte nicht erhört wurde: indem man sie auf Nägel stellte oder sie schlug. Eine Bildtafel von Bicci di Lorenzo aus dem Jahr 1400 zeigt, wie ein Kaufmann ein Bild des Heiligen Nikolaus verprügelt. Oder den Bildern kam die Aufgabe zu, das Vermögen zu bewachen. Im Mittelalter war es möglich, das Bild des abwesenden Angeklagten (in effigie) zu verurteilen. Das soll bei den damaligen betroffenen Kaisern und Königen sehr gefürchtet gewesen sein (Freedberg 1989).

4.1.4 Beispiele

In zwei Beispielen wird nun der Geschichte von Bildmotiven nachgegangen. Es geht zum einen um den Heiligenschein (Nimbus), zum anderen um die Justitia.

Der Heiligenschein (Nimbus)

Der Heiligenschein gibt uns die seltene Gelegenheit zu sehen, wie sich Bilder in Überlieferungen erhalten und in Traditionslinien bestehen bleiben, selbst wenn ihr Sinn vergessen ist und sie in den neuen Kontext gar nicht mehr zu passen scheinen. Der Heiligenschein ist nämlich alles andere als „verständlich". Eine derartige Lichterscheinung wissen die Texte der Bibel nicht zu vermelden. Am Kreuz und in seinem Leben wurde in Bezug auf Christus von keinem besonderen Schein berichtet – genauso wenig von den Aposteln. Die Heiligenlegenden sind in der Hinsicht ebenfalls zurückhaltend. Der goldene Schein führt anscheinend nur ein Dasein in Bildern. In den Ikonen der orthodoxen Kirche ganz besonders, aber auch in der mittelalterlichen Malerei und sogar in den Darstellungen Buddhas finden sich die Aureole. Ich vermute, der Heiligenschein geht auf die Darstellungen des ägyptischen Sonnengottes Atun (auch Ra) zurück. Der Gott trägt die Sonnenscheibe zwischen Hörnern auf dem Kopf. (Die Hörner ihrerseits entstammen den noch älteren, vorzeitlichen Stierkulten.) Von Ägypten aus ist der Heiligenschein in das griechische und römische Pantheon ausgewandert. Den Lichtkranz sieht man bereits beim antiken Sonnengott Apoll. Dort gleicht er in römischer Zeit schon ganz genau dem christlichen Heiligenschein. Und er macht ja zu der Zeit auch Sinn: Der Sonnengott mit der Sonne! Auch andere griechische und römische Götter, wie z. B. der Sonnengott Mithras, und auch die gottgleichen Kaiser hatten einen „Nimbus". So ist er speziell über die christlich-koptische Gemeinde Ägyptens in die griechischen Ikonendarstellungen gelangt.

Sein Ursprung, das goldene Licht der Sonne, ist für die Farbe des Scheins verantwortlich. Wie die Sonnenscheibe bleibt der Schein rund, auch wenn der Heilige sein Profil zeigt. In unserer christlichen Bildtradition sind wir also dem vorzeitlichen Sonnengott treu geblieben! Manche Christusdarstellungen zeigen den Kopf auch direkt vor der strahlenden Sonne. In diesem Bilde gesprochen, sind Christus und Sonne an der gleichen Stelle, also gleich („Du bist das Licht …").

Wie die Goldscheibe hinter der Götterfigur sind auch die christlichen Heiligenscheine nicht transparent, sondern ein massiver Goldauftrag, der nun den Wert des Metalls zur Metapher für den Wert des Heiligen werden lässt. So ewig während wie der Glanz des Goldes sei auch der Glanz der heiligen Person. Ein wünschenswerter Nebeneffekt ist, dass der Kopf des Heiligen im Bild freigestellt ist und somit keine störenden Hintergrundelemente die Bildwahrnehmung stören.

Die Zeitgenossen versuchen, sich unverstandene Bilddetails zu erklären. Sie sehen in dem Schein eine Aureole, ein inneres Strahlen, das von der Person ausgeht. In esoterischen Kreisen glaubt man, eine Aura zu erkennen, die etwas über den Charakter bzw. den Energiekörper der umgebenen Person aussagt.

Der Aspirant asiatischer Meditationstechniken strebt den Zustand der Erleuchtung an. Dort findet er eine tiefere Erkenntnis der Welt. Das Wort „Erleuchtung" mag hier vermittelnd wirken; was also läge näher, als dass der Erleuchtete auch ein inneres Leuchten ausstrahlt?

Der Heiligenschein setzte seinen Zug über Zeiten und Religionen ungehindert fort. Die französische Aufklärung stattete ihre Werte wiederum mit der Aureole des Heiligenscheins aus. Die Freiheitsstatue, ein französisches Geschenk an Amerika, trägt auch wieder den strahlenden Sonnenkranz (Abb. 4.1). Dies wird möglich, weil die Bildwahrnehmung oft nur wenig bewusst ist und deshalb kaum kritische Fragen auslöst (s. o.).

Schauverbote

Ob Schauverbote (wie auf die Wandlung hinter der Ikonostase) letztlich vor den blendenden Strahlen des Sonnengottes schützen sollen, wissen wir nicht. Plausibel ist es. Der Tempel für den Sonnengott Amun war nach oben offen, sodass die Sonnenstrahlen hineinscheinen konnten. Ein Verbot, in die helle Sonne zu schauen, war also dringend geboten. Auch hinter den verbotenen Türen der Märchens, die niemand öffnen darf, verbirgt sich das Höchste, das Allerheiligste, der Gott selbst.

Die Justitia

Die Symbolfigur des Rechts, die Justitia, ist ebenfalls keineswegs leicht zu verstehen. Sie kommt aus der Bildgeschichte zu uns. Sie ist nicht Ergebnis bewusst konstruierter Bildkommunikation. In ihr brechen sich die Einflüsse der Jahrhunderte, die vielleicht nur schwer zu rekonstruieren sind und die möglicherweise heute kaum noch verstanden werden (Abb. 4.2).

Bei der Betrachtung stellen sich einige Fragen: (1.) Was macht sie mit der Waage? Was ist das für eine merkwürdige Waage? (2.) Was macht sie mit dem Schwert? (3.) Warum sind ihre Augen manchmal verbunden? (4.) Warum tritt sie in unseren kalten Breiten manchmal mit nacktem Busen auf? (5.) Warum ist die Gerechtigkeit überhaupt personalisiert?

Die Waage

Die Waage hält Justitia demonstrativ vor sich. Sie macht nichts damit. In keiner einzigen der vielen Darstellungen, die ich gesehen habe, wiegt sie

Abb. 4.1 Die Freiheitsstatue in New York mit Heiligenschein (© Catharina Lux/ mauritius images, www.mauritius-images.com)

etwas! Mit dieser Art Waage wäre es auch gar nicht leicht, etwas zu wiegen. Man kann mit ihr nur einen Gleichstand feststellen. Aber was könnte auf den Waagschalen liegen und gewogen werden? Tat gegen Strafe? Der Gleichstand verweist uns in die Zeit des Hammurabi, als Auge gegen Auge, Zahn gegen Zahn zu zahlen war – das würde auf der Waage gleich schwer sein. Die Waage des ägyptischen Totengottes Osiris – die genauso aussieht – ist wenigstens fest auf dem Boden montiert. Die Waage der Justitia jedoch schwebt ‚fuchtelig' in der Luft. Korrektes Wiegen wäre Zufall.

Abb. 4.2 Justitia-Figur am alten Rathaus, Hindeloopen, Ijsselmeer, Niederlande (© Jochen Tack/imageBROKER/mauritius images, www.mauritius-images.com)

Wahrscheinlich aber hat die Waage gar nichts mit dem Wiegen zu tun. Die Justitia wurde im Römischen Reich erst spät eingeführt. Etwa 13 n. Chr. sieht man sie auf einer Münze neben der Aequitas. Aequitas repräsentiert den Teil der ausgleichenden Gerechtigkeit, die dafür sorgt, dass jeder das Gleiche bekommt. Da passt eine Waage, die das Gleichgewicht feststellen kann, auch inhaltlich genauso wie das zweite Attribut der Aequtias, das Füllhorn für die Verteilungsgerechtigkeit.

Wahrscheinlich trägt Justitia ihr Attribut auch eher als Sternzeichen! Die Göttin Astrea (= Dike, griechische Göttin der Gerechtigkeit) ist dem Sternbild Jungfrau (Virgo) zugeordnet. Am Himmelszelt benachbart liegt das Sternbild Waage. Was liegt also näher, als die neue Göttin der Gerechtigkeit durch ihr Symbol „Waage" in die Nähe der alten Göttin zu rücken und dem Volke so verständlich zu machen? Die Form der Waage der Justitia ähnelt der Konstellation der Sterne des Sternbildes Waage. Man muss die Macht der Tradition bewundern, die diese Art Waage in den Tausenden von Bildern und Statuen über die Jahrhunderte transportiert.

Auch die ägyptische Seelenwaage – so sieht man in den Totenbüchern – hat diese Form, und eine Seelenwaage auf den Stelen im Basement des kambodschanischen Angkor Wat hat ebenfalls diese typische Form.

Das Schwert

Das Schwert ist ein Richtschwert. Auf manchen Abbildungen finden wir es auch in der Hand des Weltenrichters am Jüngsten Tag. Das weltliche Gericht wurde im Mittelalter als Vorgriff auf das Jüngste Gericht aufgefasst: Auch daher kamen die grausamen Strafen, die bereits die spätere Buße vorwegnehmen sollten. Nach den vorgezogenen Höllenqualen konnte der Sünder auf die Gnade des Herrn hoffen. Genauso wie die Waage bezieht sich das Schwert auf längst vergangene Rechtsgebräuche. Freiheitsentzug oder Geldstrafen werden durch das Schwert kaum visualisiert. Man kann dagegen vermuten, dass das Schwert die Grausamkeiten der Justiz der vergangenen Jahrhunderte lebendig hält und unterschwellig im Betrachter Angst erzeugt. Man weiß heute, dass Angst auch durch „symbolische Konditionierungen" gelernt werden kann. Stärker nämlich als das Wort kann das Bild die Emotionen aufrufen.

Die Augenbinde

Der Ursprung der Augenbinde liegt im Dunklen. Man weiß auch nicht, warum die Künstler sie applizierten. Sie tritt ab ca. 1500 auf und wird dann häufiger, ohne aber je zu einem sicheren Merkmal der Justitia zu werden.

Der erste Anlass und die späteren Ursachen können ganz unterschiedlich sein. Vielleicht wollte der erste Künstler eine Justizkritik anbringen, und spätere Künstler fanden es womöglich aus anderen Gründen plausibel, sie mit abgedecktem Blick darzustellen, z. B. um so ihre Unparteilichkeit zu visualisieren. Irgendwie, aber ohne es sich in Worten klarzumachen, müssen die Künstler oder die Auftraggeber der Bildwerke die Augenbinde aber sinnvoll gefunden haben. Sie hätten die Wahl gehabt, sie wegzulassen.

Im Rechtswesen ist der Blick der Justitia nicht der einzige, der abgedeckt wird. Blicke können drohen und als gefährlich erlebt werden („der böse Blick"). Blicke können aber auch betteln und demütig sein. Beides mag gelegentlich unwillkommen sein. Dem zum Tode Verurteilten wird der Blick verdeckt. So kann man ihn leichter erschießen, ohne eine Tötungshemmung überwinden zu müssen, die der flehende Blick vielleicht ausgelöst hätte. Der Delinquent wird durch die Verdeckung des Blicks entmenschlicht bzw. seiner menschlichen Kommunikationsmöglichkeiten beraubt.

Von den Verurteilten geht aber auch „der böse Blick" aus, den man mit einer Binde abdecken kann. Man kann sich auch selber durch Verbinden der

Augen vor diesem Blick schützen (vgl. das historische Handwörterbuch des deutschen Aberglaubens). Der Jäger fürchtete gar den Blick des sterbenden Wildes (König 1975).

Auch der Henker hat einen gefürchteten Blick. Die Henker sollten deshalb außerhalb der Stadt wohnen. Der Blick des Henkers ist im Amtsvollzug durch ein Tuch abgedeckt. Ob er sich vor dem bösen Blick des Verurteilten schützen will oder ob die Zuschauer vor seinem Blick geschützt werden sollen, ist nicht völlig klar.

Von dort aus ist der gedankliche Bogen zur Justitia leichter, als es zunächst den Anschein hatte. Sie hat ein Richtschwert in der Hand. Mit seiner Überlänge ist es nicht das Schwert für den Kampf um die Gerechtigkeit, es ist das Schwert, das – beidhändig geschwungen – mit seiner Masse genug Wucht entfaltet, um einen Kopf mit einem Hieb vom Rumpf zu trennen. Was liegt näher, als dass sie, wie der Scharfrichter, ihren Blick verdeckt? Eine der frühesten Darstellungen der Justitia mit Binde befindet sich eingraviert auf einem Richtschwert (Kissel 1997)!

Es kommt vor, dass Hinrichtungen misslingen, der Gehenkte von mitleidigen Menschen vom Galgen genommen wird, bevor er erstickt wäre. Bei der Erschießung wird ein Verurteilter vielleicht nicht richtig getroffen, oder der Gefangene flieht vor seiner Hinrichtung oder wird gar von einer höheren Instanz begnadigt. In allen diesen Fällen müssen Richter und Scharfrichter die Rache des Verurteilten fürchten (ungerechte Urteile gab und gibt es). So kommt es den Prozessbeteiligten sehr gelegen, wenn sie nicht erkannt werden, wenn sie also ihr Rechtshandwerk inkognito ausüben. Zumindest der Scharfrichter genießt dieses Privileg. Die mit einem Talar verbundene Perücke im englischen Rechtswesen bietet einen ähnlichen Schutz. Der berühmte Kunsthistoriker und Psychologe Sir Ernst Gombrich hat einmal staunend kommentiert, dass die porträtierten Mitglieder eines englischen Adelshauses unter der gleichen Perücke alle sehr gleich aussehen (Gombrich 1984).

Jeder versteht es, ohne es in Worte fassen zu können, dass die Justitia ihr Richtschwert leichter führen kann, wenn sie nicht von einem flehenden Blick gehemmt wird. In dieser Hinsicht kommen drei sich ergänzende und gleichzeitig bestehende Begründungen der Augenbinde in Betracht: 1. Justitia will dem flehenden Blick nicht nachgeben. 2. Sie will sich vor dem bösen (drohenden) Blick des Verurteilten schützen. 3. Wir alle mögen dem drohenden Blick einer Richterin nicht ins Auge sehen.

Der nackte Busen

Die vierte Frage beantwortet sich anscheinend in ihrer Fragestellung von selbst. Die Justitia stammt ja ikonografisch aus den warmen Ländern der Antike: Griechenland und Italien. Vielleicht ist eine Mode im Bild stehen geblieben, wie auch die Trachten der Ordensbrüder und -schwestern eine stehen gebliebene Mode der Vergangenheit sind (Boehn 1976). Aus Kreta kennen wir eine antike Figurine mit nacktem Busen, die allerdings eine Schlange in der Hand hält. Vielleicht konnte man in einer Zeit der Antike einmal so auftreten. Allerdings sind gar keine antiken Abbilder einer Justitia mit nacktem Busen überliefert. Er scheint eine spätere Errungenschaft zu sein.

Der nackte Busen hat gleichwohl eine etwas innigere Beziehung zum Rechtssystem. Die Phryne, so sagt die antike Sage, entblößte vor Gericht ihren Busen. Der war so schön (so unschuldig?), dass sie freigesprochen wurde (s. u.). Ein berühmtes Bild von Gerome („Das Tribunal") illustriert die Sage romantisch (s. u.). Wie kann es zu solch einem Freispruch kommen? Nehmen wir einen anderen berühmten Busen zur Erklärungshilfe: Jeanne d'Arc steigt im wiederum weltbekannten Bild von Delacroix nacktbusig auf die Barrikaden. Das wird ja wohl kaum in erotischer Absicht geschehen! Der nackte Busen muss im Konfliktfall, im Kampf, eine Bedeutung haben. Die Untersuchungen der vergleichenden Verhaltensforschung geben Hinweise (Eibl-Eibesfeldt1997). Bei Buschmann-Gesellschaften ist das Brustweisen eine angriffshemmende Geste. Die Frau fasst sich an den Busen und drückt gegebenenfalls etwas Milch hervor. So zeigt sie dem Angreifer ihre reproduktive Potenz, die dieser vielleicht besser als durch Mord nutzen könnte. Die Verhaltensweise gehört ganz offensichtlich zum angeborenen Verhaltensrepertoire der menschlichen Art und wurde auch in anderen Kontexten und in anderen Kulturen und Epochen nachgewiesen. Der nackte Busen immunisiert die Justitia also gegen einen Angriff, sie wird vom Angreifer sozusagen als „unschuldig" empfunden. Ansonsten könnte ja gerade die Waffe in ihrer Hand – das Schwert – einen Angriff provozieren. Auch das Kindchenschema hemmt in der gleichen Art einen Angriff.

Sicher, die Abbildung von Nacktheit ist für den Künstler immer verführerisch. Das Publikum mag so etwas, wenn es denn nur eine Rechtfertigung dafür gibt. Die Künstler sind ja geradezu Experten im Darstellen nackter menschlicher Haut (z. B. Rubens). Tieroberflächen können sie oft weit weniger gut ausführen. Sie nutzen die Gelegenheit, an einer unschuldigen Stelle einen schönen Busen zu platzieren, der nicht die Abwehr des Gewissens (des Über-Ich) hervorruft.

Die Personalisierung

Möglicherweise tragen die Überlegungen zu Frage fünf noch etwas zur Erklärung des nackten Busens bei. Die Justitia ist eine römische Göttin und in dieser Rolle personifiziert. Allerdings haben sich andere Figuren des Rechtsgeschehens der antiken Götterwelt nicht als Person in unserer Ikonografie gehalten: etwa die Erinyen, die als gerechte Rachegöttinnen heute keinen Justizpalast schmücken. Es muss noch etwas hinzukommen, dass sich eine antike Göttin im christlichen Abendland hat halten können.

Die Gerechtigkeit war eine der sieben christlichen Kardinaltugenden, und als solche bedurfte sie der „Verbildlichung". Die Glaubenssysteme und die Tugenden mussten nämlich stets berücksichtigt werden. Der Prediger sollte sie kennen. Wir würden heute sagen, er sollte sie im Kopf haben. Zu solchen Zwecken bediente sich das Mittelalter einer antiken Gedächtniskunst, nämlich der Loci-Technik (vgl. Metzig und Schuster 2017). Die zu speichernden Inhalte wurden als Bildvorstellung in ein Ortssystem gesetzt; im Mittelalter und der frühen Renaissance konnten das ganze Gedächtnispaläste sein. In einem Trakt des imaginierten Palastes, der sieben Zimmer hat, ist jeweils ein Bild der Kardinaltugenden einmontiert. Betritt man bei einem Rundgang „im Kopf" das Zimmer, sieht man – in der Vorstellung – das Bild der dort abgelegten Tugenden.

Also war Bedarf für ein möglichst eindeutiges Bild der Gerechtigkeit! Was lag näher, als das Bild der römischen Göttin Justitia mit Schwert und Waage zu verwenden? An ihren Attributen ist sie eindeutig zu erkennen. Sie hält diese Attribute dem Adepten der Gedächtniskunst geradezu entgegen.

Der heutige Betrachter macht sich einen Reim darauf

Die Justitia hat sich – aufgebaut vor Justizgebäuden – tatsächlich immer mehr zum Symbol der Rechtsprechung entwickelt. Der heutige Betrachter, ohne Kenntnis der verschlungenen Wege der Ikonografie, ist auf sich selbst gestellt, dem Symbol der Gerechtigkeit, der Justitia, eine Bedeutung zu geben.

Die Kenntnis über die Bedeutung ihrer Attribute ist marginal. Der Betrachter kann nur versuchen, sich selbst einen Reim darauf zu machen, und dabei kommt ein weiteres wichtiges Merkmal bildhafter Kommunikation ins Spiel: Die Kommunikation durch Bilder ist in hohem Maße empfängergesteuert und daher mehrdeutig.

Allein bei der Bedeutung der Augenbinde stimmten immer einige von 40 befragten Studenten den folgenden Aussagen zu:

Man kann ihr kein Blendwerk vormachen, keinen Sand ins Auge streuen.
Sie ist kontemplativ nach innen gewandt, um sich nicht ablenken zu lassen.
Sie urteilt ohne Ansehen der Partei.
Sie ist blind und manchmal ungerecht.
Sie muss genau abwägen.
Sie muss zu viel Leid sehen und wendet sich ab.
Sie muss zu viel Ungerechtigkeit sehen und wendet sich ab.

Weitere Aussagen wie „Sie will sich ganz auf das Wort, auf das Hören konzentrieren" sind denkbar. Je nach den Verhältnissen der Zeit wird der Betrachter ein vertrauensvolleres oder ein skeptischeres Verhältnis zur Symbolfigur der Rechtsprechung haben. Die Attribute haben also in dem Sinne keine konstante Bedeutung. Diese wird vom Betrachter zugewiesen.

Die Waage wird von dem heutigen Menschen als Zeichen des gerechten Auswiegens von Tat und Strafe gedeutet. Das Buch des Gesetzes wäre da vielleicht angemessener (viele Justitia-Darstellungen zeigen auch ein Buch als Attribut). Die Waage passt mehr zu einem „Auge um Auge"-Gesetz (s. o.) als zu einem komplizierten Rechtssystem mit definierten und veränderlichen Rechtsnormen. Was gestern schwer wog, kann heute leichter sein, nehmen wir nur den früheren Straftatbestand der Homosexualität.

Auch das Schwert macht es dem Betrachter nicht leicht, die heutige Gerechtigkeit zu verstehen. Die Todesstrafe haben wir abgeschafft. So verweist das Schwert die ganze Darstellung in den Bereich des Historischen. Die Bildkommunikation der Justitia sagt daher mehr aus über die Kontinuität und Kraft unserer abendländischen Bildwelten als über den Sachverhalt der Gerechtigkeit. Es ist ihre historische Ehrwürdigkeit, die am Ende als kleinster Nenner gemeinsamer Bildkommunikation übrig bleibt.

> **Fazit**
> Die Bildkommunikation wird kaum bewusst. Daher kann in den Bildern unbemerkt historisches Material über Jahrtausende erhalten bleiben.

4.2 Das Traditionsschwungrad Sprache

Das Gilgamesch-Epos ist eine antike Dichtung, die uns auf Tontafeln überliefert wurde. Seine Ursprünge reichen bis in die Zeit von 2500 Jahren v. Chr. (siehe die Einleitung des Übersetzers, Schott 1982). In der 11. Tafel des Epos (S. 93 ff.) wird eine Sintflut-Geschichte erzählt, die fast wortgleich mit unserer biblischen Sintflut-Erzählung ist:

Gilgamesch wird von den Göttern beauftragt, ein Schiff zu bauen, in das er seine Familie und „allerlei beseelte Samen" sowie „Wild des Feldes und Getier des Feldes" aufnehmen soll. Nun kommt eine siebentägige Sintflut, die das Menschengeschlecht auslöscht. Am siebten Tag danach lässt Gilgamesch eine Taube fliegen, die aber umkehrt, weil sie kein Land entdeckt. ... An einem Berg findet das Schiff schließlich Halt. ...

Die Formulierung des Gilgamesch-Epos „das Land, das weite, zerbrach wie ein Topf" findet sich wörtlich in der Bibel wieder. Was sollen wir davon halten? Ist es gar nicht unser biblischer Gott, der all dies geschehen ließ? Ist unser biblischer Gott aus älteren Göttern zusammengesetzt, die wir gar nicht mehr kennen? Im Gilgamesch-Epos wird die ungezähmte Wildheit des Gilgamesch durch ein wildes Alter Ego, durch ein Gleichgewicht der Kräfte, gezähmt (zivilisiert). Der von dem damaligen Gott aus dem Staub geschaffene Gefährte wird vom biblischen Gott durch die Frau ersetzt, auch sie zähmt den Mann – allerdings nicht durch das gleiche, sondern durch das passende Komplementäre.

Auch die Geschichte von Adam und Eva findet sich in einer Keilschrift aus 1300 v. Chr. (Korpel und deMoor 2014). Dort geht es um die Unsterblichkeit, also wiederum um das Hauptthema des Gilgamesch-Epos (aus der Baumfrucht der Unsterblichkeit, der Feige, könnte sich in einer späteren Deutung der Baum der Erkenntnis entwickelt haben).

Die Weihnachtsgeschichte ist in großen Stücken identisch mit Teilen der ägyptischen Mythologie: Thot zeugt ein Kind mit einer menschlichen Frau; die Geburt wird ihr verkündet. Das Kind empfängt nach der Geburt die Segensgaben der Götter. Assman (2006, S. 45, 15): „…das Ägyptische lebt unerkannt und unbewusst im Christentum fort." Wie das passiert, ist nicht nachgezeichnet. Vielleicht sind es die ersten koptischen Christen, die diese Mythologeme aus der ihnen vertrauten ägyptischen Götterwelt in das Neue Testament weitertragen. Die Einführung des Mythologems „Gottessohn" könnte zu verschiedenen Zeiten aber auch jewils genuin entstanden sein, um eben die Göttlichkeit einer historischen Figur zu untermauern.

Auch Christus und das Neue Testament finden ganz überraschende Vorläufer: Es gibt die unbefleckte Empfängnis der Diana von Ephesus (am Körper trägt sie Rinderhoden); „unsere" Maria (die auch aus Ephesus stammt und eine Jungfrauengeburt erlebt) wird also aus dem Diana-Kult übernommen. Erst aus ihrer früheren Göttlichkeit verstehen wir den hohen Stellenwert der Marienverehrung in der katholischen Kirche.

Davor kennt man diese Geschichte schon von Isis und Horus: Sie bekommt ihn auf wundersame Weise in einer Höhle; ein Engel hatte Horus angekündigt. Die Sage wirkt wie eine Blaupause zur Maria/Christus-Beziehung. In der damaligen Zeit waren übrigens Doppelt- und Umbenennungen von Gottheiten durchaus üblich, sodass Maria dann eben nur ein neuer Name für Diana/Artemis war.

Der Sonnenverehrer Konstantin hat die christliche Lehre mit der Verehrung des Sonnengottes (Mithras) verschmolzen und so z. B. damals den Sonntag („dies solis") zum heiligen Tag erklärt. Unser Weihnachtsfest liegt auf dem Geburtstag des Sonnengottes am 25. Dezember („natalis solis invicti"), und der Sonnengott Mithras ist gewaltsam umgekommen, im Felsengrab bestattet, nach drei Tagen auferstanden. Vorher gab er seinen zwölf (!) Begleitern ein Abendmahl. Das konstantinische Konzil 325 n. Chr. und das Konzil von Ephesus 431 n. Chr. haben ganz absichtlich solche Einmischungen des damals konkurrierenden Mithras-Kultes in das Neue Testament vorgenommen. Der Name des Religionsführers „Papa" und die Bezeichnung seiner „Mitra" sind ebenfalls von dort übernommen.

Bei (manchmal erzwungenen) Übertritten zu einem neuen Glauben bleiben unter der Oberfläche oft die alten Glaubensinhalte erhalten. In der kubanischen Santeria z. B. sind es die alten Stammesheiligen, die Orishas, die nun in das Gewand der christlichen Heiligen schlüpften (Abb. 4.3). Auf die keltische Brigida und die heilige Brigitte wird oben verwiesen.

Wir müssen auf jeden Fall staunend erkennen, dass unsere Religion antike Elemente enthält, die mit den erklärten Werten und Zielen der Religion keineswegs übereinstimmen müssen. Luthers Lied erwähnt z. B. den Teufel „als Fürsten dieser Welt". Das ist gnostisches Gedankengut.

Heinrich Heine (1987) schrieb einen lesenswerten Aufsatz über die „Götter im Exil". Unsere Götterfiguren treten nach seinen Ausführungen direkt in die Fußstapfen älterer Götter. Der Teufel ist der Nachfahre des Hephaistos, des Gottes der unterirdischen Sphären (im Wortklang

4 Konstanz und Veränderung der Welterklärungen

Abb. 4.3 Hinter den kubanischen Heiligen stehen die alten Orishas der Santeria. (Rechte beim Autor, eigenes Bild)

Hephaistos erkennt man noch den späteren Teufel). Und unter der Erde ist es eben heiß wie in der Hölle. Mit Bockshörnern und Hufen demonstriert der Teufel die Hypersexualität (übernommen von Baphomet, dem Fruchtbarkeitsgott), und als Zeichen hat der Teufel den Dreizack des Neptuns, des Gottes der tiefen Gewässer. Auch auf jüngeren Bildern findet man als Ausrüstung des Teufels den Dreizack. Zum Quälen der Seelen ist das Gerät augenscheinlich unpraktisch. Es eignet sich eher zum Fischfang. Heute leben die antiken Götter in Produktnamen, in den Namen von Wochentagen und in Eigennamen weiter (*Nike*-Schuhe, *Hermes*-Paketdienst, *Mars*-Schokoriegel).

Ein heutiges Beispiel soll zeigen, wie Textübernahmen in einem aktuellen Kitschroman beinahe unbemerkt ältere Geschlechterrollen übermitteln.

> **Beispiel**
>
> In dem Beispiel, das ich analysiert habe (Karin Graf: „Werdet glücklich ohne mich", Bastei-Verlag, Serie Dr. Lind, Bd. 440), kommen an der Oberfläche moderne Menschen mit ihren Problemen vor, aber schnell zeigen sich Inkonsistenzen: Der Betreiber eines Waschsalons wird, als seine Frau erkrankt, von einer Studentin (!) umworben, die sehnlichst seine Frau werden möchte. Die drei Kinder des Salonbetreibers will diese dann in ein Internat schicken, was sie aus dem Einkommen des Waschsalons bestreiten will, der aber bislang noch nicht einmal eine Hilfskraft beschäftigen konnte. Das Wort „Salon" aus einer älteren Vorlage wurde offenbar völlig missverstanden. Man bemerkt an dieser, wie auch an anderen Widersprüchlichkeiten, dass dem Roman eine Vorlage aus der vorletzten Jahrhundertwende zugrunde lag, die von Adeligen und ganz anderen Salons berichtete und die die Notlage von Frauen schildert, zu einer angemessenen Lebensführung auf jeden Fall einen Mann finden zu müssen (Frauen wollten eben damals dringend geheiratet werden). Diese Überzeugungen und Wertvorstellungen werden so der (typischerweise weiblichen) Leserin vermittelt, obwohl die heutige, moderne Frau ja gerade stolz auf ihr eigenes Einkommen ist.
>
> Der geistig leicht behinderte Nachbarsohn sprach im Roman (im Erscheinungsjahr 2005) über die Frauen und warum er keine Freundin habe. „Die wollen ja nur geheiratet werden", sagte er und reproduzierte damit einen Sachverhalt des 19. Jahrhunderts.

So eingestimmt bevorzugen die Leser, wenn sie sich dann komplexerem Lesestoff zuwenden wollen, die Gesellschaftsromane von Autoren wie Pilcher und Marquez, die eine Liebesvorstellung der Spätrenaissance vortragen.

Auf jeden Fall scheint es allgemein menschlich, literarische Vorbilder (bewusst oder unbewusst) in die eigenen Dichtungen einzubringen, und so pflanzen sich die antiken und mittelalterlichen Motive eben in der Literatur fort. Müller (1995) gibt Beispiele: Der Minnediener der Dichtung Ulrich von Liechtensteins findet sich in der Oper „Feuersnot" von Strauss oder in der Neufassung des Musicals „Crazy Girl" von Ira und George Gershwin wieder. Ulrich von Liechtenstein lässt seinen Helden das Handwaschwasser der Geliebten trinken, während der moderne Liedtext vom „Trinken des Badewassers" fantasiert.

4.2.1 Redensarten

Es sind aber nicht nur die Texte, es ist die Sprache selbst, die alte Wissenselemente weiterträgt. Redensarten beziehen sich in erstaunlichem Maß auf frühere historische Umstände.

> **Beispiel**
>
> Sehr viele Redensarten bilden eine Analogie zu alten und sehr alten Sachverhalten: Heute wäre es eben nicht das größte Glück, „wenn sogar die Ochsen kalben", und die Messlatte des Schusters, der „alles über einen Leisten schlägt", kennt kaum noch ein zeitgenössischer Deutschsprachler. „Ein X für ein U vormachen", bezieht sich auf lateinischen Ziffern (X und V), also statt einer 10 nur eine 5 zu zählen. „Eine Scharte auswetzen", macht man mit dem beschädigten Schwert, dessen Einkerbung ausgeschliffen werden soll.
>
> „Zur Ader lassen" und „schröpfen" kann man einen Mitmenschen, ohne dabei an die mittelalterliche medizinische Maßnahme zu denken. Dass aber ein „zur Ader lassen" nicht unbedingt dem Wohl des Betroffenen dient, kann man aus der heutigen Verwendung der Redensart erkennen. Den heute noch sprichwörtlichen „Faden des Schicksals" spinnen ja bekannterweise die griechischen Moiren und die nordischen Nornen.

Manchmal kann man eine propagandistische Absicht erkennen: Die Schädlichkeit der Prostitution wird drastisch durch die Redensart, „seinen Körper zu verkaufen", vermittelt. Das wäre ja sehr schädlich. Es ist, als gäbe man eine Gliedmaße ab. Hier sehen wir die christliche Sexualmoral gestützt. Den Körper zu verkaufen, ist vermutlich ähnlich schlimm, wie die „Seele" (an den Teufel) zu verkaufen.

Die Gesundheit

Galens Gesundheitslehre gibt die Grundlage für einige heute gebräuchliche Redensarten ab. Das verbrauchte Blut, das auf verschiedene Weise in der Körperperipherie abgegeben wird, findet sich in manchen Sprachwendungen. Man kann von der „Reinigung" der Frau bei der Menstruation sprechen. Eine Krankheit kann man „ausschwitzen". Man kann „Blut und Wasser" schwitzen. „Frisches Blut" bringt ein Vorhaben in Schwung. Die Bezeichnungen „heißes Blut" und „heißblütig" beziehen sich direkt auf die Körpersäfte und ihre Wirkung auf den Charakter. Wenn man „Gift und Galle speit", sind wieder andere Körpersäfte vorherrschend. Uns Heutigen kann „die Galle hochkommen", wenn wir zornig sind, man spricht von „galligen Typen". Gewürze steigern nach antiker Auffassung die Hitze. Ein stark gewürztes Gericht wird im Englischen als „hot" (heiß) bezeichnet.

Der Kosmos

„Bis ans Ende der Welt" könnte man gehen. Das ginge aber nur, wenn die Welt eine Scheibe wäre. Auf einer Kugeloberfläche geht das nicht. Das „Himmelsgewölbe" spannte sich in populär-mittelalterlicher Sicht über die flache Erde, ist aber uns Heutigen noch sprachgebräuchlich.

Redensarten verstärken im Ausnahmefall auch moderne Einstellungen: „Das ist ja wie verhext", sagt man, wenn etwas nicht gelingt – und bestreitet mit dem eingefügten „wie" die Möglichkeit der Verhexung.

4.2.2 Begriffe

Auch in der Bedeutung von Begriffen werden häufig alte Ideen aufrechterhalten. Es werden durch das Wort Analogien angeboten, die eben (alte) Inhalte eines Gegenstandsbereiches auf einen anderen Sachverhalt übertragen (s. u. männlicher Same und Pflanzensamen).

Neben ihrer lexikalischen Bedeutung haben Begriffe oft einen Bedeutungshof, der sich aus ihrer Historie ergibt, so z. B. der Begriff Kunst. Lexikalisch kann „bildende Kunst", „Musik" und „Literatur" unter Kunst gefasst werden, im täglichen Gebrauch und aus seiner Geschichte heraus bezeichnet der Begriff Kunst aber hauptsächlich die bildende Kunst. Im „Kunstmuseum" würde man niemals Musikinstrumente oder Bücher vermuten! Es ging bei der Formung des Kunstbegriffs in der Renaissance nämlich um die Aufwertung des malenden Handwerkers zum Kunstmaler, der wie die „Dichter" und die musikalischen Virtuosen Platz in den Ruhmeshallen der Geschichte finden sollte.

Das Wort „Kunst" beinhaltet vom Sprachbegriff her großes „Können" und lässt daher den Kunstbetrachter vor aktuellen Werken der bildenden Kunst verzweifelt ausrufen: „Das kann ich auch." „Bildschön" oder „so schön wie gemalt" sind sie ja schon gar nicht. Wenn man z. B. nicht viel über Kunst weiß, nimmt man seine Meinung ganz unreflektiert aus den Analogien der Sprache. Dort gibt es „Reitkunst", „Redekunst" und „ärztliche Kunst" usw., also muss ja die „Kunst" auch eine besondere Fertigkeit erfordern, die eben nicht jeder beherrscht (vgl. auch Kap. 8).

Begriffe fixieren z. B. die Leistungen der Geschlechter bei der Fortpflanzung: Das Wort „Samen" für die männlichen Spermien in Analogie für einen Pflanzvorgang führt zu der falschen Schlussfolgerung, die Frau sei wie die Erde (man spricht auch von „Mutter Erde") und trage zur Art der Nachkommen nicht bei (nur der männliche Nachkomme kann eben „Stammhalter" sein). Der Begriff „Sprössling" führt die Pflanzenanalogie weiter. Wenn von „empfangen" und „Empfängnis" die Rede ist, so legt das weiter eine passive weibliche Rolle bei der „Fortpflanzung" (auch ein Wort mit Pflanzungsanalogie) nahe. Der „Kindergarten" lässt die Kinder dann wie Pflanzen wachsen und gedeihen.

Interessant ist das Wort „paradiesisch". Man verwendet es für schöne Gärten, aber nicht z. B. für schöne Busen oder Vergnügungsparks, so bleibt die christliche Paradiesvorstellung von blühenden Gärten erhalten. Dabei ist es gar nicht mal die wörtliche Bedeutung, sondern eben nur ein spezifisch eingeschränkter Gebrauch, der bedeutungsgebend ist.

> **Fazit**
>
> Texte, Redensarten und Begriffe bestehen in überraschender Weise aus älteren Versatzstücken. Darüber hinaus sind Sprache und Begriffsgebrauch große Lehrmeister außerschulischer Wissensvermittlung. In beiden Bereichen erhalten sich historische Überzeugungen. Hier sind einige Beispiele angeführt; viele weitere ließen sich leicht finden.

4.3 Traditionsübermittlung durch Handlungen

Menschen (und übrigens auch Tiere) bilden überraschend schnell Gewohnheiten. Hat man eine Aufgabe wie z. B. das Skilaufen einmal mit einer falschen Bewegung angefangen, ist es schwer, später die richtige Bewegung zu erlernen. In weniger beachteten Bereichen einer Kultur macht man es dann einfach so wie immer. So haben sich z. B. die Spielfiguren für Brettspiele seit dem antiken Rom nicht verändert (Abb. 4.4).

Ein gutes Beispiel sind die Handgesten. Wenigen ist heute bewusst, welches Alter sie haben. Beim Victory-Zeichen Churchills denkt man an den Buchstaben V, den er mit den Fingern nachformt. Tatsächlich datiert die Geste aus dem Mittelalter, als man gefangenen Bogenschützen die Finger abschnitt, mit denen sie die Sehne ziehen konnten. Die noch unverletzten Schützen zeigten dem Feind vor der Schlacht spottend ihre Finger.

Andere Gesten, wie das „Manu cornuta"-Zeichen, sieht man schon auf antiken griechischen Wandmalereien. Heute noch ist es in Italien üblich, und der unkundige Autofahrer kann es – gegen ihn gewendet – erleben (cornuta = Gehörnter = Ochse).

In Ritualen halten sich alte Handlungen, auch wenn die religiöse Einbettung und der Sinn des Rituals sich inzwischen völlig geändert haben. Die Sonnenwendfeier der Germanen suchte durch Opfergaben die Gunst der germanischen Göttin Holle oder der keltischen Frau Percht. Mit lauten Umzügen (daher „Heidenlärm") in Bärengewändern und mit Eisenschellen sollten die bösen Totengeister der wilden Jagd, die in diesen Nächten mit

Abb. 4.4 Spielfiguren. Die bronzezeitlichen Spielfiguren schauen den heutigen ganz gleich (ca. 1700 v. Chr.). (© www.BibleLandPictures.com/Alamy/mauritius images, www.mauritius-images.com)

dem heulenden Wind durch das Dorf pfiffen, vertrieben werden (da folge ich Reuther 2017). Das germanische Fest hatte eine erotische Komponente, wenn die gewünschte Fruchtbarkeit der Felder beschworen wurde. Das erotisch motivierte Schlagen der jungen Mädchen mit Ruten („pfeffern") berechtigte zum Empfang von „Heischgaben" und war ein „Heidenspaß", der allerdings immer wieder verboten wurde. Die spitzen Nadeln der Tannenzweige und des Weihnachtsbaums sollten Unheil abwehren. Wollte ein Kind durchs Schlüsselloch nach Geschenken schauen, kannte die Götterwelt der Germanen grausame Strafen. Das eigentlich ja liebe Christkind nimmt im „Augenausblasen" eher auf die Art der Göttin Percht dem unartigen Kind für mindestens ein Jahr das Augenlicht. Trotz vielfältiger Verbote der katholischen Kirche halten sich die heidnischen Bräuche oft bis heute oder zumindest nahe an die Neuzeit. Im österreichischen Krampus lebt eine Perchtgestalt bis heute (Abb. 4.5). Sogar in den einzelnen Namen der Figuren scheinen die alten Bezüge noch durch. Der strafende Knecht Ruprecht klingt wie Percht. Erst im 18. und 19. Jahrhundert wurde das Weihnachtsfest zu dem Fest der Familie und der friedlichen Innerlichkeit. Reuther (2017, S. 17) schreibt: „Man muss immer wieder staunen über die Beharrungskraft der alten Rituale und der Menschen, die sie ausführten." In vielem übernahm die Kirche aber auch die heidnischen Gebräuche und erklärte sie neu. Eine weibliche Ur-Gottheit der Fruchtbarkeit lebte im Marienkult wieder auf.

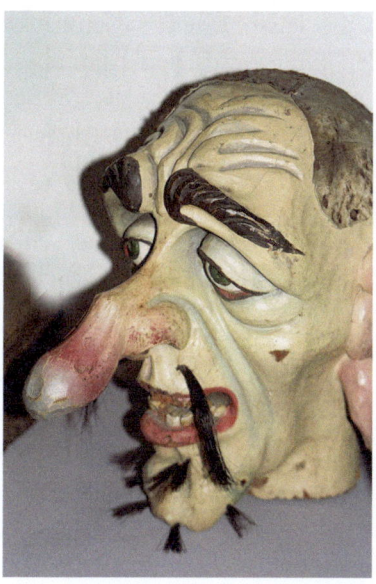

Abb. 4.5 Krampus. Hinter den Karnevalsgebräuchen liegen ältere keltische Traditionen. Der „Krampus" erschreckt die Betrachter. (Rechte beim Autor, eigenes Bild)

Institutionen bergen in ihrem Regelwerk über lange Jahrhunderte „überholte" Handlungen. In der Schule traktiert man die Kinder mit trigonometrischen Berechnungen (z. B. Sinus-/Cosinus-Rechnungen), die man selten braucht. In einer allgemeinen Zustimmung zur mathematischen Erziehung haben sich diese Lehrinhalte erhalten. Schiffsoffiziere und Kapitäne brauchten sie zur Navigation. Längst haben andere Orientierungssysteme diese Arbeit erleichtert, aber Generationen von Schülern erwerben das Wissen noch, wie sie ja auch Latein lernen, das der mittelalterliche Gelehrte sehr wohl können musste, weil die antiken Texte, die die Wissenschaft der Zeit bestimmten, und die Texte der Kirchenväter in Latein abgefasst waren. Unsere heutigen gymnasialen Lehrpläne sind also schnell verfügbare Beispiele dafür, wie weite Verhaltensbereiche historisch determiniert sind.

Man kann leicht verstehen, wie sich die alten Strukturen erhalten: Die Mächtigen haben es schon immer so gemacht und verlangen, dass es weiter so gemacht wird (andernfalls wären sie ja einem Irrtum erlegen). Wer heutzutage Latein lehrt, sucht Argumente dafür, z. B. das Lateinlernen steigere die Denkfähigkeit. Das ist ein Argument, für das es keine empirische Stütze gibt, das aber immer wieder gerne vorgebracht wird. Im Bildungssystem sind Filter eingebaut, die entsprechende Kenntnisse verlangen: So muss man bis heute an vielen philosophischen Fakultäten der Universitäten bei einer Promotion noch ein großes Latinum nachweisen. Dies stützt natürlich wiederum die Nützlichkeit des Lateinunterrichts, der so ohne wirklichen Bedarf über Generationen aufrechterhalten wird.

Ein nächstes Beispiel ist der Zweikampf zur Rechtsfindung. Die alte Tradition, sozusagen der alte Wein in neuen Schläuchen, hat eben eine so hohe Plausibilität, dass er sich bis in die Duelle der Neuzeit fortsetzen konnte: Schon im germanisch-keltischen Norden gab es das Gottesurteil. Der Sieger im Zweikampf hatte recht. Griechische und indische Gesellschaften kannten z. B. die Wasserprobe als „Zwingzauber" zur Findung der Gerechtigkeit. Dies setzte sich fort im Gottesurteil des Mittelalters (*Ordal*). Der Proband musste ein glühendes Eisen mit bloßer Hand drei Schritte weit tragen oder in einem Kessel mit kochendem Wasser einen kleinen Ring ergreifen (und es gab andere Formen des Gottesurteils). Wenn keine Wunden entstanden oder die Wunden heilten, ohne sich zu entzünden, hatte Gott einen Hinweis auf die Unschuld gegeben (vgl. Dinzelbacher 2006). Die damaligen Menschen waren sich Gottes gerechten Eingreifens so sicher, dass sie sich sogar freiwillig den schmerzhaften Prozeduren unterzogen. Schon damals (etwa ab 1000 n. Chr.) gab es Kritik an dieser Methode der Wahrheitsfindung. Konnte man nämlich Gott sozusagen „zwingen", im Moment der Rechtsentscheidung Wunder zu wirken? Dann hätte man sich den Gott ja sozusagen untertan gemacht (diese Kritik am Gottesurteil wurde von Zeitgenossen vorgetragen, vgl. ebd.). Dennoch wurde die Wasserprobe bei der Hexenverfolgung wieder vermehrt eingesetzt. Wenn das „reine Wasser" die (gefesselte) Hexe ablehnte, sie also oben schwamm, war sie überführt.

In Ägypten wurden dem Boten der schlechten Nachricht Nase und Ohren abgeschnitten (nach Herodot, 5. Jahrhundert v. Chr.). Bei einem heutigen Terroranschlag am Hatschepsut-Tempel wurden den sterbenden Touristen von den fanatischen Tätern ebenfalls Nase und Ohren abgeschnitten (s. Abschn. 3.11)! Irgendwie, „unterirdisch" vermittelt, hat sich die spezifische Form der Grausamkeit in die heutige Zeit erhalten.

> **Fazit**
> Auch über Handlungen und Handlungssysteme werden historische Verhaltensweisen tradiert.

4.4 Ja, wenn das so ist, dann muss doch auch …

Setzt sich in einem bestimmten Bereich eine Überzeugung durch, so kann sie natürlich zu weiteren Ableitungen und Schlussfolgerungen führen, die dann mit der Zeit auch zu gültigen Annahmen werden.

Die weibliche Seele und der Zölibat
Im Mittelalter wird die Seele als weibliche Braut Christi aufgefasst. In einer Brautbeziehung kann es nun keine weiteren Liebesbeziehungen geben. So wird dann im 11. Jahrhundert n. Chr. der Zölibat für Priester und Mönche gefordert (eine andere Ursache ist der Wille, das Vererben von Kirchenvermögen zu unterbinden, Fried 2009). Die Durchsetzung dieser Forderung konnte aber bis in die Neuzeit nie völlig gelingen.

Die jüdischen Ärzte
Eine ganz überraschende Nebenwirkung zeitigt die Judenverfolgung nach den Pestepidemien (nach Girard 2006). Die Gottesstrafe „Pest" sollte die Schuldigen treffen. Wer konnte da anders gemeint sein als die Juden in der Gemeinde, die nun in Pogromen verfolgt wurden. Indem die Pestepidemie dann abflaute, schienen die Juden ja wirklich in einer geheimnisvollen Art einen Einfluss auf die Pest zu haben. Auf diese Weise aber erhielten die jüdischen Ärzte später den Ruf, ganz besondere Heilkräfte zu besitzen.

Die unbefleckte Empfängnis
Leise Zweifel an der unbefleckten Empfängnis von Maria äußerten sich in der Befürchtung, die Empfängnis könne durch andere Körperöffnungen erfolgt sein. So sollten die holländischen jungen Damen zeitweilig vorsichtshalber auch die Ohren bedeckt halten.

Ableitungen können wie die Letzterwähnte eher volkstümlich sein oder aber auch dem gelehrten Denken entspringen. Die verschiedenen Traditionslinien führen zu Widersprüchen in der Kosmologie, die die Zeitgenossen dann irgendwie aufklären müssen. Indem ja die Kosmologien, Philosophien und Religionen aus einer Mischung unterschiedlichster kultureller Schichten bestehen, können sie ja kaum logisch konsistent sein. So bestehen innerhalb der Narrative – von den Zeitgenossen oft unbemerkt – vielfache Widersprüche.

Die Lustfeindlichkeit des Christentums belastete die Menschen unserer Vergangenheit. Gleichzeit tolerierte die Mehrzahl der traditionellen christlichen Gesellschaften ein blühendes Prostitutionswesen (s. o.). In der Prostitution dient die Sexualität ja ganz explizit nur der Lustbefriedigung. Erst die aufkommenden Frauenrechte machten die Ausbeutung der Prostituierten schwieriger.

Die christliche Nächstenliebe brachte man nicht in Beziehung zum Leiden auf den Schlachtfeldern (Dunant). Mitleid und Hilfe konnte erst durch ein kreatives Genie auch den sterbenden Soldaten auf den Schlachtfeldern zugutekommen (vgl. Kap. 5.4).

Widersprüche gibt es zwischen Narrativen sowie Handlungs- und Bildtraditionen. Wenn schon innerhalb der Narrativen gröbste Widersprüche toleriert werden, so sind sie zwischen Handlungs-, Bild- und Texttraditionen noch unbemerkter, noch weniger hinterfragt.

Die vielen Widersprüche entmutigen logisches Denken: Wenn man damit anfangen würde, bekäme man in vielen historischen Gesellschaften die Rolle eines Till Eulenspiegel.

> **Beispiel**
>
> St. Martin teilte seinen Mantel (gemeint ist die lateinische Toga.) Was soll man davon halten, wenn man heute als junger Mensch an einen Mantel denkt? Jede Seite eines Mantels hat nur einen Ärmel. Eine obere und untere Hälfte wären unnütz. Der Text ist für den heutigen Leser (der nicht an den römischen Umhang denkt) unverständlich – wie viele Narrative der Kultur.

Die entdeckte Anomalie
Manchmal wird ein Widerspruch bewusst und führt zu Erklärungsversuchen, die ihrerseits wieder Einfluss auf das Verhalten nehmen. Der Widerspruch zwischen einem guten, allmächtigen Schöpfergott und den schlechten Zuständen der Menschengesellschaft hat schon Augustinus zur Erfindung der Erbsünde bewegt und in der Folge immer wieder die Theologen beschäftigt. Dass der Ursprung des „Bösen" mit der Evolutionstheorie ja eine ganz neue Erklärung gewann, ist in Theologenkreisen bis heute noch nicht so recht aufgefallen.

Die Schwierigkeit, Widersprüche bewusst zu machen
Die Gemeinschaft definiert, was richtig ist. Davon abzuweichen, ist lebensgefährlich. So gibt es eine – ich glaube beinahe angeborene – Tendenz, sich Mehrheitsmeinungen anzuschließen. Die Trennung von Familie und öffentlichem Leben im monarchisch grausam regierten China und die

dortige starke Hemmung, eine persönliche Meinung zu vertreten, seien ein Beispiel für die Verhaltensdimension „Bedecktheit", die auch genetische Ursachen haben könnte.

Daher sollte man antike und mittelalterliche Philosophen auch keineswegs als geistig weniger bemittelt diffamieren. Es ist die magische Kraft der traditionellen Denkströme, der sie ausgesetzt sind und von der eben nur das kreative Genie in seiner speziellen Domäne abweichen kann.

> **Beispiel**
>
> Der Romanautor Stanislav Lem äußerte eine witzige Kritik an der Urknalltheorie: Die sei ja recht gut und erkläre einiges, nur eben nicht, was davor gewesen sei. Man staunt, warum man sich diese Frage nicht schon selbst gestellt hatte. Allerdings gewinnt die Urknalltheorie für viele Menschen eine tiefe Plausibilität dadurch, dass sie ja genau der Schöpfung der Welt durch einen allmächtigen Schöpfergott entspricht.

Hier soll ein klassisches Experiment der Sozialpsychologie von Asch (1951) in Erinnerung gerufen werden. Wenn man die relative Länge von schwarzen Balken einschätzen lässt (Frage: Welcher Balken ist der längste?), können Versuchspersonen das bei der gegebenen Aufgabe ohne Probleme leisten. Wenn vor ihnen aber vier instruierte Versuchspersonen die Längen alle gemeinsam in der gleichen Weise falsch einschätzen, weichen die „echten" Versuchspersonen nun aber von ihrem richtigen Urteil ab und übernehmen das falsche Urteil der Gruppe.

In einer Kultur nun gibt es Urteile und Meinungen, die von fast allen Mitmenschen geteilt werden. Von so einer Mehrheitsmeinung abzuweichen, ist alles andere als leicht. Auch die herausragenden Intellektuellen der jeweiligen Zeit machen eben die gleichen Denkfehler, die in der Zeit üblich sind.

Noch in der frühen Neuzeit gab es Todesstrafen wegen Gotteslästerung, Hexerei, Ehebruch, Blutschande usw. (Dülmen 1992). Das kann jeden treffen, der allzu freimütig seine Meinung sagt. Der kreative Rebell ist gefährdet. Das lernt man ja auch aus den Schicksalen der Erfinder.

Unter zeitgenössischen Physikern war es bis vor kurzem ausgemacht, dass es keine fremden Intelligenzen im Weltall geben könne, weil es in anderen Sternensystemen keine Planeten gebe. Dass man diese aber auch gar nicht mit den Teleskopen beobachten kann, weil sie ja nicht selber strahlen, hätte man auf jeden Fall wissen können!

> **Fazit**
>
> Über „scheinbar" logische Ableitungen aus dem jeweils gültigen Wissen und den gültigen Überzeugungen kann es zu Weiterentwicklungen in den Kosmologien kommen.

4.5 Das logische Denken und die Naturbeobachtung

Die dramatische Mentalitätswende der Aufklärung ist Folge einer Veränderung der Kosmologie: Das katastrophale Erdbeben des katholischen Lissabon 1755, das 60 000 Menschen den Tod brachte, war ein einschneidendes Ereignis. Auch viele Kirchen, in denen die Gläubigen Schutz suchten, wurden zerstört. Das Rotlichtviertel dagegen blieb verschont. Dies war ein früher Anlass zur Umdeutung der Geschichte von einem gottgewollten Geschehen zu einer naturkausalen Bedingtheit (z. B. durch Voltaire und Kant). Gleichzeitig erschienen aber natürlich auch noch Schriften, die das Beben als Gottes Strafe interpretierten (z. B. für die Tätigkeit der Inquisition), also an der traditionellen Deutung von Naturkatastrophen festhielten.

Die Menschen suchten nun allmählich nicht mehr nur nach der ersten Ursache, nämlich Gott; nein, sie fanden und finden immer mehr nahe liegende Ursachen für die Phänomene der Welt, was eine Anwendung logischen Denkens (beginnend schon in der Scholastik) und empirischen Forschens weiter ermutigt. Der anatomische Akt offenbart unter der Haut des Unterarms Sehnen, mit denen die Finger ganz wie in einer Maschine bewegt werden können. Rembrandts Bild von der Anatomie des Dr. Tulp (1632) zeigt, wie der Anatom mit den Sehnen die Finger bewegt. Descartes formuliert analog die Idee von der beseelten Maschine (Buschhaus 2005).

Ein erstes Wetterleuchten kritisch-logischen Denkens beschrieb Obrist (2006):

> **Beispiel**
>
> Berengar von Tours (990–1088) wagte zu behaupten, Blut und Wein verwandelten sich im Abendmahl gar nicht, weil sie danach genauso wie vorher aussähen (keine Veränderung der Substanz bei gleichbleibenden Akzidenzien). Das sei nach den logischen Regeln der Scholastik zu folgern. Unter den Bedrohungen der Kirchenoberen musste er widerrufen.

Mit Galilei und Keppler rückte die Erde aus dem Mittelpunkt des Sonnensystems heraus, und mit der Entdeckung der Gravitationskraft durch Newton wurde die Planetenbewegung zu einem mechanischen Uhrwerk. Mehr und mehr entdeckte man wirkende Kausalbeziehungen. Es war nun nicht mehr Gott, der alles Glück und Unglück, alle Gesundheit und Krankheit bewirkte, sondern eben das – blinde – Wirken der Natur. Wenn es aber nicht mehr Gott war, der wirkte, war es auch nicht mehr der Teufel und waren es auch nicht mehr die im Teufelspakt stehenden Hexen.

Als Roosevelt den Blitzableiter erfand, wurde ihm noch vorgehalten, er pfusche in das Handwerk Gottes hinein. Heute weiß man, dass vermeintliche „Himmelsstrafen", wie z. B. einschlagende Asteroiden, eine „natürliche" Ursache haben. Der Schöpfergott wurde schließlich durch Darwins Evolutionstheorie „entthront". Damit öffneten sich aber nun neue Gedanken- und Gefühlshorizonte: Wenn das Wirken der Natur waltet, könnte man es verändern, und wenn Krankheit nicht Gottes Strafe ist, sondern eine Bakterieninfektion, könnte man sie ja möglicherweise heilen. Plötzlich ist der Mensch für sein Schicksal selbst verantwortlich und kann seine „selbstverschuldete Unmündigkeit" (Kant) aufgeben. Der neue Gedankenstrom kulminierte in der „Aufklärung".

Indem die naturwissenschaftliche Betrachtung die unmittelbare emotionale Reaktion auf die Ereignisse der Natur hemmt, leitet diese nach Elias (1976, S. LX, 26) eine Periode der zunehmenden Affektkontrolle ein. Dort liegt seiner Meinung nach auch der Impuls begründet, sich im Abstand des „Denkenden von den Objekten seines Denkens" als Individuum mit einem inneren – nun kontrollierten – Kern zu begreifen.

4.5.1 Die Aufklärung und die neue Moral

Von dort aus entstand auch eine neue Moral. Die alte Moral war von Gott gegeben, die neue Moral konnte nun selbst bestimmt werden. Obrist (2006) spricht von objektiver und subjektiver Moral. Man kann mitfühlen und dem Leidenden helfen; man ist sogar aufgerufen zu helfen. Wenn der gläubige Hindu das Karma für das Schicksal verantwortlich macht, lässt er das sterbende Unfallopfer (auch heute noch kommt das vor) mit einer Reisschale am Unfallort zurück. Das gleiche Handeln wäre bei einer Gottesstrafe angemessen. Wenn ich an Zufall und Kausalität glaube, werde ich das Unfallopfer aber nach Kräften versorgen und Mitleid mit ihm haben, weil ihn das Unglück getroffen hat. Friedrich Schiller propagierte dieses Selbstwerden, und im Existenzialismus sehe ich einen philosophischen Endpunkt einer „gottlosen", aber humaneren Moral.

Andererseits birgt die „subjektive Moral" auch Risiken, etwa wenn Staaten die Förderung der nordischen Rasse oder das Arbeiterparadies auf Erden zum höchsten Ziel erklären und dabei rücksichtslos gegen die traditionellen christlichen Werte verstoßen.

Die Gegenüberstellung von zwei Lebensberichten macht anschaulich, wie sich in Europa aufgeklärtes Denken durchsetzte:

> **Beispiel**
>
> 1668 erschien Grimmelshausens „Simplicissimus" zum ersten Mal. Er berichtete davon, wie er und seine Spießgesellen sich mit der passenden Verkleidung als Teufel ausgaben, was von seinen Handlungspartnern mit tiefstem Entsetzen für wahr gehalten wurde. Mitunter musste er der Gefahr entgehen, wegen Zauberei angeklagt zu werden. (Das muss so nicht passiert sein, aber der Dichter hält es eben für plausibel.) Die ganze damalige Welt war abergläubisch und auf das Wirken übernatürlicher Mächte hin orientiert.
>
> Im Milieu der Klöster war der leibhaftige Teufel noch viel später plausibel. Noch zu Beginn der Neuzeit (1895) konnte eine Nonne im römischen St. Ambrogio ihre Mitschwestern davon überzeugen, als sie unvorsichtig einen Brief mit schlüpfrigen Inhalten weiterzeigte, der Teufel selbst sei dabei in ihrer Gestalt aufgetreten (Wolf 2013). Dabei berief sie sich auf das Vorbild der Heiligen Veronica Juliani, deren Gestalt der Teufel damals ebenfalls angenommen habe.
>
> Wie früh sich dann die Aufklärung im Denken der Menschen aber einen Platz schuf, soll ein Blick auf Casanovas Memoiren öffnen (es geht um die Zeit um 1770 (Casanova 1976). Er erlaubte sich mit kabbalistischen Berechnungen allerlei Späße und konnte damit auch überraschende Vorhersagen liefern. Dennoch schreibt er darüber (ebd., S. 493, 28): „Der Zufall hatte die Wahrheit gesprochen. …. Ich gestehe, dass diese Dinge mich in Erstaunen versetzt haben, aber sie haben mich niemals dazu gebracht, meine Vernunft aufzugeben." Mit Stolz berichtete er von einem Treffen mit Voltaire. In seinem Bericht über sein wechselvolles und abenteuerliches Leben suchte man eine Bitte an höhere Mächte vergebens.

So kann man festhalten, dass die Impulse zu mehr Empathie und Humanität nicht aus der ja eher „liebesthematischen" christlichen Religion heraus entstanden. Im Gegenteil, erste Manifeste zu den Menschenrechten (1776) wurden von Papst Pius VI. nach einer Zeit des Wartens strikt abgelehnt. Leo der XIII. sprach von „zügellosen Freiheitslehren" (nach Angenendt 2015, S. 117). Stattdessen wurde der empathische Impuls des Urchristentums und der „Gottebenbildlichkeit" aller Menschen von der Aufklärung, der französischen Revolution, der Arbeiterbewegung und der Friedens- und Frauenbewegung fortgesetzt (Bianchi 2011, S. 197). (Der Kontakt von Kulturen als Veränderungsursache von Kosmologien wurde bereits im Kap. 1 behandelt.)

> **Fazit**
>
> In diesem Kapitel wurde deutlich, wie es zu ganz überraschend alten Überzeugungen in Menschheitsepisoden übergreifenden Traditionslinien kommt, aber auch wie Veränderungen von Überzeugungen und Verhalten zustande kommen können: nämlich z. B. durch die Beobachtung einer Anomalie, einer Abweichung von für gültig gehaltenen Annahmen (die natürlich nur im günstigen Ausnahmefall vom Bewusstsein der Zeitgenossen wahrgenommen wird). Veränderungen kann es auch als Reaktion auf äußere Einwirkungen geben.

Literatur

Angenendt, A. (2015). *Toleranz und Gewalt. Das Christentum zwischen Bibel und Schwert*. Münster: Aschendorf.
Asch, S. E. (1951). Effects of group pressure upon the modification and distortion of judgment. In H. Guetzkow (Hrsg.), *Groups, leadership and men*. Pittsburgh: Carnegie Press.
Assman, J. (2006). *Erinnertes Ägypten*. Berlin: Kulturverlag Kadmos.
Bianchi, R. (2011). Die große Desorientierung. Zur konstantinischen Wende des Christentums und ihrer psychohistorischen Bedeutung. In U. Langendorf, W. Kurth, H. J.Reiß, & G. Egloff (Hrsg.), *Wurzeln und Barrieren von Bezogenheit. Jahrbuch für Psychohistorische Forschung* (Bd. 12). Heidelberg: Mattes Verlag.
Böhme, H. (2012). *Der anatomische Akt. Zur Bildgeschichte und Psychohistorie der frühneuzeitlichen Anatomie*. Gießen:1,*1Psychosozial-Verlag.
Buschhaus, M. (2005). *Über den Körper im Bilde sein*. Bielefeld: transscriopt.
Casanova, J. (1774/1976). *Casanova Memoiren*. Klagenfurt: Kaiser.
De Chapeaurouge, D.(1995). Die Darstellung der Seele in der bildenden Kunst. In G. Jüttemann, M. Sonntag, & C. Wulf (Hrsg.), *Die Seele. Ihre Geschichte im Abendland*. München: PVU.
DeMause, L. (2005). *Das emotionale Leben der Nationen*. Klagenfurt: Drava.
Eibl-Eibesfeldt, I. (1997). *Die Biologie der Kunst*. Weyarn: Seehammer Verlag.
Eissler, K. R. (1992). *Leonardo da Vinci: psychoanalytische Notizen zu einem Rätsel*. Basel: Stroemfeld.
Elias, N. (1976). *Über den Prozess der Zivilisation* (Bd. 1 und 2). Frankfurt a. M.: Suhrkamp.
Fried, J. (2009). *Das Mittelalter. Geschichte und Kultur*. München: Beck.
Freedberg, D. (1989). *Power of images*. Chicago: University of Chicago Press.

Girard, R. (2006). *Das Heilige und die Gewalt*. Ostfildern: Patmos.
Gombrich, E. H. (1984). *Bild und Auge*. Stuttgart: Klett.
Heine, H. (1987). *Gesammelte Werke. Bd. 9: Die Götter im Exil* (Erstveröffentlichung 1853).
Hess, S. (2010). *Wanderer in zwei Welten. – Begegnungen mit Totengeistern und der anderen Dimension des Lebens*. Aarau: AT Verlag.
Herodot. (1971). *Historien*. Stuttgart: Kröner.
Kissel, O. R. (1997). *Die Justitia*. München: Beck.
König, R. (1975). *Urmotiv Auge*. München: Piper.
Korpel, M. C. A., & de Moor, J. C. (2014). *Adam, Eve, and the devil: A new beginning*. Sheffield: Sheffield Phoenix Press.
Metzig, W. & Schuster, M. (2017). *Lernen zu lernen*. Heidelberg: Springer.
Müller, U. (1995) Männerphantasien eines mittelalterlichen Herren. In T. Kornbichler & W. Maaz (Hrsg.), *Variationen der Liebe*. Berlin. Edition Discord.
Neisser, U. (1979). *Kognition und Wirklichkeit*. Stuttgart: Klett.
Obrist, W. (2006). *Die Mutation des europäischen Bewusstseins. Von der mythischen zur heutigen Weltsicht*. Stuttgart: Opus Magnum.
Reuther, R. (2017). *Enthüllungen über Holle, Percht und Christkind. Eine kleine Kulturgeschichte des Weihnachtsfestes*. Leipzig: Engelsdorfer Verlag.
Schott, A. (Hrsg.) (1982). *Einleitung zum Gilgamesch Epos*. Stuttgart: Reclam.
von Boehn, M. (1976). *Die Mode* (Bd. 1 und 2). München: Bruckmann.
van Dülmen, R. (1992). *Kultur und Alltag in der frühen Neuzeit. Dorf und Stadt*. München: Beck.
Wolf, H. (2013). *Die Nonnen von St Ambrogio. Eine wahre Geschichte*. München: DTV.

5

Wir erfinden die Welt

Die „Geschichten" der Kultur tragen die gültigen Kosmologien in sich, brechen sie aber in vielerlei Schriften auf individuelles Leben und Fühlen herunter, sodass sie die Verhaltenswirksamkeit der Kosmologie wesentlich verstärken. So beruft sich z. B. ein Erziehungsratgeber von 1815 auf J.J. Rousseau und fordert die „Erziehung nach der Natur" (Rudolfi 1815). Die Geschichten der Kultur beanspruchen „wahr zu sein" und bleiben so relativ unverändert. Die fiktionale Literatur kann aber daneben auch Verhaltensinnovation anregen, z. B. indem sie Fantasiebefriedigungen und Wunschträume anbietet. So konnte sich in eine Literatur, die zur Erziehung der jungen Mädchen gedacht war und also von der Lesergruppe auch akzeptiert sein musste, heimlich die Idee vom weiblichen Wildfang einschleichen, der wie ein Junge auf die Bäume klettert: ein früher Schritt auf dem Weg zur Emanzipation.

5.1 Die Konstruktion der Gefühle

Sind Emotionen biologisch geformt oder kulturell konstruiert? Verhaltensforschung und die Forschung über Gesichtsausdrücke lassen sechs grundlegende, biologisch fundierte Emotionen vermuten. Bei Menschen verschiedener Kulturen begleitet diese Emotionen nämlich je ein bestimmter Gesichtsausdruck (Ekman 1980): Es sind Freude, Trauer, Furcht, Ekel, Wut und Überraschung. Neben Gefühlen, die sich im Gesichtsausdruck zeigen, gibt es aber noch viele andere Gefühle (z. B. Hunger und Durst). Auch die genannten Grundgefühle unterliegen aber schon der kulturellen Überformung, noch mehr aber sind feinere menschliche Gefühle, wie etwa die Liebe im weiteren Sinne, „gelernt". Sie sind Gegenstand von kulturellen Erfindungen, die durch Erziehung und Selbstkontrolle (vgl. Kap. 6), aber auch durch Interpretation (*appraisal*) der Situation eingeübt werden.

Ein Experiment von Schachter und Singer (1962) demonstriert, dass eine allgemeine Erregung durch die jeweilige Interpretation der Situation in Freude oder Ärger münden kann. Die Versuchspersonen erhielten die Instruktion, sie nähmen an einem Wahrnehmungsexperiment teil, bei dem der Einfluss einer Vitaminlösung auf die Wahrnehmung geprüft werden solle. Tatsächlich erhielten sie aber eine Spritze mit einer Adrenalinlösung, die eine unspezifische Erregung bewirkte. Eine erste Versuchsgruppe bemerkte diese Erregung und führte sie auf die Spritze zurück, ohne eine besondere Emotion zu empfinden. Die zweite und dritte Versuchsgruppe wurde bei der Aufgabe mit einem Schauspieler zusammengebracht, der Freude oder Ärger über die Wahrnehmungsaufgabe vorspielte. Unter diesem Einfluss nun wurde die allgemeine Erregung von den Versuchspersonen ebenfalls als Freude oder Ärger wahrgenommen!

Die Kultur in verschiedenen Zeiten bietet für die Interpretation einer diffusen Gefühlslage Formulierungen (Reddy 2001, *emotives*) an, die das Gefühl in bestimmte Richtungen lenken, sodass die Menschen verschiedener Kulturen und verschiedener Zeiten sich in unterschiedlichen Gefühlslagen bewegen können (Frevert 2016). Dabei werden diese Gefühlslagen eingeübt (gebahnt) oder überlernt, sodass sie leichter aufgerufen und stärker empfunden werden können. Die Interpretation von gefühlsrelevanten Kognitionen wird durch Gefühlsnarrative in der Literatur, im Theater und auch in der bildenden Kunst geformt (z. B. Frevert 2016). Gefühlsbezeichnende Sprachakte wirken wieder auf die Emotionen zurück und verfeinern und nuancieren sie. Für weniger gewünschte Gefühle gibt es vielleicht gar kein Wort in der Kultur oder der Zeit.

Auch die Werbung (s. u.), Erziehungsbücher und Anleitungen zu richtigem Benehmen regulieren nicht nur Emotion, sondern stellen sie auch her.

Nehmen wir einmal an, ich hätte gegenüber einer neuen Partnerin durchaus positive Gefühle. Nun bekennt sie, mich zu lieben. Jetzt erst überprüfe ich meine Gefühle, ob diese ebenso als „Liebe" zu bezeichnen wären. Allein die Benennung stellt dabei eine interpretative Suggestion dar. „Ja, ich liebe sie auch", bemerke ich folglich. Anders wären die vielen *gegenseitigen* Lieben, die Menschen in Paarbeziehungen heute erfahren, kaum zu erklären.

Die Erzählungen regulieren nicht nur Emotion, sondern stellen sie auch her, wie z. B. in Indien die Idee der Liebe durch die Bollywood-Filme verbreitet wird. Die Verbreitung von Information (und Erfindungen) durch die Medien kann in großen Menschengruppen Gefühlsweisen synchronisieren. So kommt es z. B. auch zu der wirklichen Liebe zu politischen Führern.

Die Anlässe für Angst können im Lauf der Geschichte ganz unterschiedlich sein und dabei jeweils von kulturellen Erfindungen befeuert werden. So beschreibt Bourke (2014) Folgendes:

> **Beispiel**
>
> Ab etwa 1850 bis zum Beginn des Ersten Weltkrieges entstand in Europa und Amerika eine Massenangst davor, lebendig begraben zu werden. Ursache dieser Angst könnten die damalige Diskussion gewesen sein, wie man den endgültigen Tod feststellen solle, und die Beobachtung, dass sich einige exhumierte Leichen im Grab offensichtlich noch bewegt hatten (2 Promille bis 1 Prozent der Fälle). Diese Angst wurde durch eine Geschichte von Edgar Allan Poe („premature buriel", 1844) ausgelöst, in der eine Notfalleinrichtung – nämlich eine überirdische Glocke, die aus dem Grab heraus betätigt werden kann – versagt. Zum Beginn des Ersten Weltkrieges 1914 war diese Angst wieder verschwunden.
> Für die Angst, „lebendig begraben zu werden", finden sich noch Zeitzeugen. Als kürzlich in abendlicher Runde einmal darüber gesprochen wurde, pflichtete eine Teilnehmerin bei: Ja, ihre Großmutter habe große Angst davor gehabt, und die habe sie an ihre Mutter weitergegeben. Die Mutter habe dann später ihren eigenen Kindern das Versprechen abgenommen, ihren Tod vor der Beerdigung von einem zweiten Arzt bestätigen zu lassen. Die Kinder erinnerten sich in der Todesstunde und hielten ihr Versprechen. Der Ehemann der Verstorbenen hatte auf die lebenslange Angst seiner Frau so reagiert: „Halb scherzhaft" äußerte er immer wieder den Wunsch, mit einer Flasche Bier in seiner Hosentasche beerdigt zu werden, um im ungünstigen Fall noch einen letzten Schluck im Sarg nehmen zu können. Seine Kinder nahmen das gleichwohl ernst und erfüllten auch diesen Wunsch. Eine Tochter trägt die gleiche Panik auch heute noch in sich. Sie wolle im Todesfall lieber verbrannt werden, um sich dem Risiko, lebendig im Grab zu liegen, nicht auszusetzen. Verschüttungen in Gruselfilmen könne sie kaum ertragen, auch Szenen in der Fernsehserie „Das Dschungelcamp", wenn die Protagonisten mit Ratten oder Schlangen in einer Art „Grabkammer" liegen müssen, könne sie nicht ansehen. Man sieht hier also eine Übertragung einer Angst des späten 19. Jahrhunderts über drei Generationen bis in die Gegenwart.

Es ist nützlich, zwischen einem Gefühl und der „Aufführung des Gefühls" zu unterscheiden. Letztere kann expressiver oder gehemmter sein und dabei natürlich auf das Gefühl zurückwirken. Den pietistischen Erweckungskirchen z. B. gelingt es im bewegten Ritual des Gottesdienstes, starke religiöse Gefühle und starkes Bedauern der Sünden aufzuschaukeln (z. B. Scheer 2012). Die expressive Trauer der Antike konnte bei den Betrachtern stärkste Gefühle hervorrufen. Wenn in Erziehungsratgebern erwünschte und weniger akzeptierte Gefühle beschrieben sind, z. B. das Gefühl von Ärger, das in Nordamerika früher verdammt wurde und dann später von 1860 bis 1940 mehr und mehr zugelassen wurde (Stearns und Stearns 1986), so geht es oft weniger um die „Empfindung" als um die „Aufführung" eines Gefühls.

Die Gefühlslagen der Menschen vergangener Epochen können sich also durch Training und Einübung, durch Kontrolle und Unterdrückung stark von den heutigen Gefühlslagen unterscheiden. Zu den „emotionalen Praktiken" (Scheer 2012) der Kultur, Gefühle aufzurufen, gehören natürlich das Ritual mit Tanz und Drogeneinnahme. Ansonsten kommen die in Kap. 6 beschriebenen Mechanismen der Selbstkontrolle zum Tragen.

5.1.1 Die Gefühlswelt der Romane wird Wirklichkeit

Kosmologien sind Grundüberzeugungen, die von den Menschen einer Epoche als wahr angesehen werden. Das sind z. B. die Überlieferungen der Religionen und des Weltwissens. Daneben gibt es kulturelle Fantasien, die sich offen als „Erfindung" darbieten, z. B. Romane und Theaterstücke, die aber gleichwohl verhaltenswirksam sind. Auch diese spiegeln die Grundüberzeugungen der Zeit wider, brechen sie aber auf die Lebenswirklichkeit herunter oder transportieren den Impetus neuer Ideen.

> **Beispiel**
>
> Cervantes „Don Quichote" (1. Band 1605) erzählt von einem Landadeligen, der sich als begieriger Leser von Ritterromanen in eine Ritterfantasie verirrt und nun als komische Figur durch die Lande reist. Der Autor hat verstanden, dass Romane sich dann im Buchmarkt durchsetzen (und Autoren und Verlegern Gewinne versprechen), wenn sie die Wunschfantasien der Leser bedienen. Aber er lässt diese Fantasien im „Don Quichote" eben auch zurück in die Wirklichkeit hineinwirken. In seiner Erzählung „Die kleine Zigeunerin" (1590/2016) z. B. kann die schöne Heldin aus eigener Initiative fast unmögliche Bedingungen für eine Heirat stellen. Ihr Verhalten könnte von uns Heutigen geradezu als „emanzipiert" beurteilt werden.

Der kapitalistische Markt und die Möglichkeiten des Buchdruckes erzeugten bald massenweise Fantasien nach den Wünschen der Leser. Diese konnten dann tatsächlich aus ihrer virtuellen Welt zwischen den Buchdeckeln ausbrechen und sich in Lebensstile, Gefühlslagen und sogar in politische Forderungen (s. u.) umsetzen. Sehr bald gehörten viele Frauen zu den Käufern und Lesern der Romane, auf deren Wunschfantasien die Autoren also eingehen mussten. Beim Lesen erlebten sie eben nicht nur Belehrung und Disziplinierung, sondern auch die stellvertretende Verwirklichung ihrer Wünsche.

Romanleser erleben durchaus auch bewusst den Einfluss des Lesens. Aus den Biografien des 18. Jahrhunderts sei hier ein Beispiel zitiert, das eine Änderung des eigenen Lebens direkt auf die Lektüre eines Romans zurückführt. Martin Hieronymus Hudtwalcker (1787–1865) schreibt über sich (1862, S. 29):

> **Beispiel**
>
> Der Sonderling gehört zu Lafontaine's besten Productionen. Die darin herrschende wiewohl doch ziemlich triviale Schwärmerei in der Liebe, der Werth, der auf Männerkeuschheit gelegt, und der große Einfluss, der ihr auf dereinstiges Glück in der Ehe beigemessen wird, machten auf Oswald einen tiefen Eindruck…

Goethes „Leiden des jungen Werther" (1774) bot den deutschen Lesern ein Vorbild für eine neue, tief empfundene Liebe. Nach seinem Erscheinen kam es zu einer Welle von Liebesselbstmorden, sodass die Stadt Leipzig den Verkauf des Romans 1776 verbot.

Der zeitgenössische Film „Easy Rider" führte zu einem Hippie-Lebensgefühl von Motorradfreiheit. Der Absatz der Motorradmarke Harley Davidson stieg – dies alles, obwohl der Film zu keinem glücklichen Ende führt.

Sicher schaffen Romane oder Filme kein völlig „neues Verhalten", sie bilden jedoch – im günstigen Fall – einen Kristallisationskern für Möglichkeiten, die bereitliegen.

5.1.2 Politische Veränderungen und Romane

Fiktionen können sogar die politischen Schicksale von Völkern beeinflussen. Die Unabhängigkeit Belgiens z. B. wurde durch die Oper „Die Stumme von

Portici" mitbewirkt. In der Aufführung im Jahr 1830 erregten bereits die Verse

> „Geheiligte Liebe zum Vaterland,
> gib uns Wagemut und Stolz zurück;
> meinem Land verdanke ich das Leben.
> Es wird mir seine Freiheit verdanken."

das Publikum. Als dann in der Oper „zu den Waffen" gerufen wurde, nahm das Publikum den Ruf auf. In der Folge kam es zu politischen Unruhen.

Die Urfassung des „Doktor Faustus" und der dort beschriebene Teufelspakt (1586) trugen zur Hexenverfolgung bei. Die Romane der Aufklärung bereiteten die Französische Revolution vor.

Es wird behauptet, der amerikanische Bürgerkrieg sei durch das Buch „Onkel Toms Hütte" (1852) von Harriet Beecher Stowe mit ausgelöst worden. Es beschreibt eindrucksvoll die Leiden der Sklaverei.

5.2 Die Liebe

Liebe kurz und knapp zu definieren, ist ein schwieriges Unterfangen, nachdem ja die Dichter der Jahrhunderte ein Füllhorn von Worten darüber ausgegossen haben. Ohne Zweifel handelt es sich um ein starkes, positives Gefühl gegenüber einem anderen. Das Gefühl führt zu einem Streben nach Nähe und Umgang mit dem anderen. Der oder die Geliebte wird idealisiert und bewundert. Wird die Liebe nicht erwidert, schmerzt das so sehr, dass – im Fall der unerfüllten Geschlechtsliebe – manchmal sogar ein Selbstmord begangen wird. In den Lehrbüchern der Psychologie sucht man das Stichwort „Liebe" vergebens. Das dort gängige Wort „Bindung" ist sehr am Verhalten orientiert und erfasst die emotionale Aufruhr der „Liebe" nicht.

Liebe gibt es gegenüber verschiedenen Objekten. Es gibt eine starke Liebe der Kinder gegenüber den Eltern und natürlich auch der Eltern gegenüber den Kindern. Später bezieht sich die Liebe auf den Geschlechtspartner. Auch gleichgeschlechtliche Liebe wird zu erwähnen sein. Es kann darüber hinaus eine Liebe gegenüber Herrschern geben (z. B. gegenüber Diktatoren wie Hitler oder Kim Jong-un), wenn die Propaganda dies einpeitscht.

Wie prägt sich die Liebe nun in früheren Zeiten und in den unterschiedlichen Kulturen aus?

5.2.1 Kinderliebe

Wenn die Menschen ihre Kinder nicht lieb hätten, könnte die Art kaum überleben. Bei unseren tierischen nächsten Verwandten spötteln wir über die „Affenliebe". Archäologen fanden in antiken Ausgrabungen eine Vielzahl von Kinderspielzeugen wie Puppen, Würfel oder Reifen, die die liebevolle Zuwendung zum Kind bezeugen.

Im antiken Roman „Kallirhoe" akzeptiert die Heldin – nun als Sklavin – einen fremden Gatten. Dies allerdings nur, um das ungeborene Kind ihres geliebten Gemahls zu retten. Im mittelalterlichen Hexenprozess wird darüber spekuliert, ob die Hexe das Kind nur deshalb tötet, um den Eltern „das Liebste" zu nehmen (Roper 1995).

Die heute als ganz natürlich und selbstverständlich empfundene Kinderliebe gab es so in vergangenen Zeiten aber nicht (Aries 1994). Zahlreichen Geburten stand eine hohe Kindersterblichkeit gegenüber, man konnte und wollte sich daher nicht so stark an die Kinder binden.

> **Beispiel**
>
> In der – durchaus gut situierten – protestantischen Pfarrersfamilie Margarete und Nikodemus Frischlin (Heirat im Jahr 1568) wurden 16 Kinder geboren. Nur fünf davon überlebten das Säuglingsalter (Röckelein 1995).

Mütter nahmen den Tod ihrer Kinder im Einzelfall sogar erfreut und erleichtert zur Kenntnis; Aussetzung und Kindsmord war über weite Phasen unserer Vergangenheit üblich (viele Beispiele gibt deMause 2000).

Das Töten von Kindern

In Stammesgesellschaften war die Kindstötung häufig. Hatte die Mutter ein Kind, das noch gestillt werden musste, war dies für das nachgeborene Kind eine Bedrohung: Oft wurde es nach der Geburt nicht versorgt oder aktiv getötet.

Die antiken Römer (auch die Christen) setzten unerwünschte Kinder aus oder töteten sie. Nach der Geburt bestimmte zunächst der Vater die Legitimität und damit das Überlebensrecht des Kindes. Speziell behinderte

Kinder wurden nach der Geburt getötet (z. B. so beschrieben von Seneca, vgl. Eyben 1986). Behinderte und kranke Kinder hatten in den antiken Gesellschaften ohnehin kein Lebensrecht. Ungewollte Kinder konnten in der Antike als Sklaven (auch Sex-Sklaven – Jungen wurden dann kastriert) verkauft werden. Die frühen christlichen Priester warnten die Männer mit der irritierenden Begründung davor, ins Bordell zu gehen, weil sie nämlich dort ihre eigenen, einst ausgesetzten Kinder antreffen könnten (Boswell 1988)!

Es war dann bis in die Renaissance üblich, Kinder auszusetzen, wenn der Kindersegen zu groß war. Aus dem 16. Jahrhundert stammen Berichte, man habe in den Latrinen der Stadt London die dort zum Sterben entsorgten Kinder wimmern hören (Milner 2000). Lorenz (1996) zeichnet die Kindstötung in Zeugenaussagen von Müttern des 18. Jahrhunderts nach. Dabei wurde das Kind sprachlich in die Nähe eines Schlachttieres gerückt: „Es quiekte wie ein Huhn", „man habe ihm die Schnauze zugehalten". Die Geschwisterkinder mussten gegebenenfalls die Tötung des Neugeborenen mit ansehen.

> **Beispiel**
>
> In dem Märchen von Hänsel und Gretel, das von den Brüdern Grimm ca. 1810 aufgezeichnet wurde, wird das Aussetzen von – bereits älteren – Kindern thematisiert: Der Vater kann als Holzfäller nicht genug Nahrung erwerben, sodass man die Kinder – ohne allzu viel Mitleid – im Wald allein zurücklässt.

Das Abgeben von Kindern

Kinder wurden auch in der frühen Christenheit bis zum späten Mittelalter nach Möglichkeit zu milchgebenden Ammen gegeben (die ihre eigenen Kinder vermutlich getötet hatten – die damalige Bezeichnung war *killing nurses*). Dort wurden die Kinder kläglich behandelt und von ihren leiblichen Eltern nicht besucht. Kamen die Kinder von der Amme zurück ins Elternhaus, wurden sie von dort schnell wieder als Magd oder Knecht in andere Haushalte abgegeben, wo sie dann zum wiederholten Mal grausam und ohne jede Zuneigung behandelt wurden.

Der frühe Tod der Mutter ohnehin, aber auch der frühe Tod des Vaters konnten für die Kinder fatal sein, so wie für Thomas Platter im Jahr 1502:

> **Beispiel**
>
> Bei der Wiederverheiratung der Mutter wurden die zwei Kinder des verstorbenen Vaters einfach weggeben. Als es ein späteres Wiedersehen eines Kindes mit der Mutter gab, rief diese aus: „Hat dich der Teufel hier hingetragen?" Eine andere Mutter berichtete von einem tiefen Glücksgefühl, als ihr Kind verstorben war. Eine besondere Sehnsucht nach ihrem Kind oder Kindesliebe hatten diese Mütter also nicht verspürt (Bumiller 1993).

Das Herzogtum Toskana gründete im Jahr 1445 ein erstes Haus für Findelkinder: Es kam dort zur massenhaften Abgabe von Kindern (zwei Drittel davon starben vor ihrem ersten Geburtstag, höchstens 20 % überlebten, weil es damals keinen geeigneten Muttermilchersatz gab). Die Eltern wussten von der hohen Sterberate. Ein Einwohner von Brescia schlug vor, über die Tür des Findelhauses Folgendes zu schreiben: „Hier werden Kinder auf staatliche Kosten getötet." Um 1640 waren 22 % aller in Florenz getauften Kinder Findelkinder. 1840 wurde das Maximum erreicht: 43 % aller Säuglinge waren Findelkinder. Die Kinder der Kinderheime hießen mit Nachnamen „Esposito" (expositus = ausgesetzt) oder „Trouve" (= gefunden) oder „Colombo" wegen der Taube auf dem Emblem des Findelhauses. Deren Nachfahren tragen bis heute diese Namen (alles nach Blaffer Hrdy 2000).

Aus Gründen der Friedenssicherung gaben Ritter ihre Kinder im Mittelalter an einen anderen Hof ab. Eine irgendwie geartete Kinderliebe trat nicht auf den Plan, um diese Praxis zu unterbinden.

Die Züchtigung der Kinder

Es galt im Mittelalter als ausgemacht, dass Kinder von Geburt an sündig und von Dämonen besetzt seien. Daher wurden sie grausam und schon als Babys geschlagen (Augustinus billigte diese Praxis ausdrücklich). Kam man selber nicht dazu, die Kinder zu schlagen, konnte man dafür sogar einen Spezialisten bestellen. Es ging darum, den Willen der Kinder zu brechen. Mädchen wie Jungen wurden vergewaltigt, die Mädchen gar Besuchern als Sexsklaven angeboten (deMause 2010). Jugendbanden vergewaltigten Mädchen und Jungen, ohne dass Erwachsene eingriffen. Kam es ausnahmsweise zu Strafprozessen, wurde nicht der Vergewaltiger, sondern das „verführerische" Kind bestraft. Kinder wurden im 13. bis hin zum 17. Jahrhundert zur Beruhigung und zum Einschlafen sexuell stimuliert.

Die Venusfiguren, die aus dem Paläolithikum überliefert sind, könnten mit ihrem phallischen und nicht weiter ausgearbeiteten Kopf sehr wohl auch Werkzeuge zur rituellen Vergewaltigung von Mädchen gewesen sein (deMause 2005). Massenweise gefundene Vulvasteine belegen die damalige Obsession mit weiblichen Geschlechtsorganen.

Von der Antike bis ins 18. Jahrhundert mussten viele, auch schon sehr kleine Kinder zu Hause und in den Schulen übermäßige und ungerechte Prügelstrafen erdulden (Hoyer 2015; Borries 1996). Die Wut auf das Kind wurde – speziell von den Vätern – ganz unkontrolliert in Prügelexzesse umgewandelt. Nicht selten waren Verletzungen, sogar körperliches Siechtum die Folge der Strafen. Nicht immer werden ja die Texte der Bibel (in diesem Fall des Alten Testaments) direkt in Verhalten umgesetzt, aber in dieser Hinsicht berief man sich auf sie (Sprüche Salomons 3, 12; 5, 11–14; 12,1; 13,1 und 24; 15,5 und 32; 19,18; 22,15 – hier zwei Beispiele: „Denn wen der Herr lieb hat, den züchtigt er wie ein Vater den Sohn, dem er wohlwill" (3,12) und „Wer die Rute spart, der hasst seinen Sohn; wer ihn liebhat, der züchtigt ihn beizeiten" (12,24)).

Später wurde eher durch Beschämung und Ehrverlust bestraft – eine Strafpraxis, die für die Kinder keineswegs weniger schmerzhaft und schädlich war:

> **Beispiel**
>
> Ein Beispiel schildert Borries (1996, S. 64): „Oder auch sie (die Mutter) band mir ein paar lange Eselsohren um den Kopf, welche ich auch während des Abendessens und Mittagessens umbehalten musste."

In der frühen Neuzeit – auch unter dem Einfluss reformpädagogischer Schriften (z. B. Kay 1902) und bei einer geringeren Kinderzahl – war die Beziehung zu den Kindern zwar immer noch durch übermäßige Strenge gekennzeichnet, es gab aber auch vereinzelte Beispiele liebevoller Zuwendung von Müttern und auch Vätern (z. B. Dülmen 1992).

Auch in der Neuzeit konnte die Beziehung zum Kind ambivalent sein. Eine Distanzierung zeigte sich allein schon in der aufkommenden Forderung, von den Kindern gesiezt zu werden. Die Mutter-Kind-Bindung wurde z. B. durch Erziehungsratgeber der Kaiserzeit und darauf aufbauend in der Nazizeit beschädigt (Haarer 1934). Darin wird beispielsweise empfohlen, das Kind direkt nach der Geburt wegzulegen und es möglichst sparsam zu besuchen (Chamberlain 2002).

In den Bildern der frühen Neuzeit sieht man erste Vorrichtungen, um die vielen – auch tödlichen – Unfälle zu vermeiden, die den von den Müttern wenig beachteten Kindern im Haushalt zustießen. Es gibt z. B. kleine Laufställe mit Rollen oder sogenannte Fallhüte (Weber-Kellermann 1997).

Das Wickeln der Kinder

Möglicherweise schon in der Vorgeschichte, aber sicher im antiken Rom und in Griechenland wurden Säuglinge mit und ohne Wickelbrett fest eingebunden. Soranus von Ephesus (ca. 100 n. Chr. in Rom tätig) liefert eine Erklärung: Die Babys seien weich wie Wachs und müssten durch das Windeln in eine Form gebracht werden. Gebrochene Rippen bei den gefundenen Knochen von Babys der britischen Römer zeigen, wie fest und missbräuchlich das Binden seit alters her war. Die Hunnen des 5. Jahrhunderts n. Chr. formten mit Bändern den Kopf der Säuglinge sogar zu einem „Turmkopf". Vom Mittelalter bis in die Neuzeit war das feste Wickeln weitverbreitete Praxis. Die gewickelten Babys wurden in dunkle Räume weggehängt und mussten Tage in ihren Exkrementen verbringen. Es könnte sein, dass die heiligen Frauen und Männer des Mittelalters (z. B. Heinrich Seuse, 1295–1366) die traumatische Fesselungspraxis in ihrer religiösen Selbstkasteiung wiederbelebten (Frenken 2011).

Kinderarbeit

Schon in der griechischen Antike arbeiteten Kinder (etwa ab sieben Jahren) z. B. in den Silberminen um Athen. Im Mittelalter mussten Kinder ganz selbstverständlich mitarbeiten und schwierige und ungesunde Arbeiten verrichten. Bei armen Bauernfamilien ersetzten sie sogar mitunter das Zugtier auf dem Feld. In der europäischen Industrialisierung im 18. und 19. Jahrhundert war Kinderarbeit in den Textilfabriken und in den Bergwerken ein Massenphänomen. So lernten sie kaum Lesen und Rechnen, und auch die Gesundheit der Kinder wurde so stark beeinträchtigt, dass man nicht mehr genug gesunde Rekruten für die Armee fand (z. B. Kastner 1904). Der Impuls zur Veränderung ging also wieder einmal nicht von den moralischen Instanzen, sondern von Machtinteressen aus (ein erstes Kinderschutzgesetz

Abb. 5.1 Grausame Bestrafung von afrikanischen Sklaven (© Pictorial Press Ltd/ Alamy/mauritius images, www.mauritius-images.com)

gab es 1836). Noch Anfang des 20. Jahrhunderts wurden sieben- bis zwölfjährige Bauernkinder aus dem armen Tessin als Kaminfeger-Sklaven nach Oberitalien verkauft (Abb. 5.1). Sie mussten – sozusagen als lebendige Bürsten – in den z. T. noch heißen Kaminen mit dem Schabeisen den Ruß entfernen. Ihr tägliches Essen mussten sie dennoch erbetteln.

Emile Zolas Werk „Germinal" (1885) brachte die unmenschlichen Verhältnisse der Bergarbeiter und der Kinderarbeit im Bergwerk ins öffentliche Bewusstsein. Auch der Held der Erzählung „David Copperfield" von Charles Dickens (1849) erleidet als Kind die bittere Fabrikarbeit.

In der Gegenwart erleben wir eine starke und sehnsüchtige Kinderliebe. Geschiedene Partner sehnen sich nach Umgang und leiden unter seiner Verwehrung. Der Tod eines Kindes gehört heute zu den schlimmsten Erfahrungen überhaupt.

Subtile Grausamkeiten gegen Kinder sind aber auch heute keineswegs selten. Hier folgt eines von vielen Fallbeispielen:

> **Beispiel**
>
> Die achtjährige Doris will etwas vom Abendessen nicht essen und sammelt die Speise deshalb in den Backentaschen. Dort bleibt das gekaute Essen manchmal bis morgen. Wenn die Mutter das entdeckt, klaubt sie ihr die halbverdaute Nahrung aus dem Mund, und Doris muss es dann doch noch essen. Das habe dann schon ganz sauer geschmeckt, erinnert sie sich angeekelt.

> **Fazit** Aus all dem müssen wir schließen, dass in unserer Vergangenheit eine starke Kinderliebe weniger vorzufinden war. Welche Charakterstruktur sich aus dieser Erziehung entwickelt, wird zu diskutieren sein. Aber auch bei einer liebevollen, eher an der Gewissensbildung orientierten Erziehung, wie sie heute für natürlich gehalten wird, muss berücksichtigt werden, dass Kinder weiterhin in der Peer-Gruppe eher ungeschützt Gewalterfahrungen machen, denen sie dann besonders hilflos gegenüberstehen.

5.2.2 Elternliebe

Aus den biografischen Dokumenten des 18. Jahrhunderts geht hervor, dass viele der übermäßig geprügelten und grausam behandelten Kinder dennoch eine große Elternliebe (manchmal Hassliebe) entwickelten.

> **Beispiel**
>
> Carl Friedrich Pockels (1757–1814) schreibt bezeichnenderweise in dem autobiografischen Fragment „Schalk Fluurs Jugendgeschichte" (1986, S. 174 f.): „Überdem war ihm sein Vater in den ersten Jahren seiner Kindheit wegen seiner strengen Erziehung gewissermaßen verhasst – so unaussprechlich er ihn auch nachher zu lieben anfing und so innig auch jetzt noch seine ganze Seele an dem Bilde des Seligen hängt."

Zwei Beobachtungen werfen ein Licht darauf, wie überhaupt und wie gerade unter solch schlimmen Bedingungen starke Bindung bzw. Liebe entstehen kann:

a) Vernachlässigte Kinder kümmern sich manchmal rührend und liebevoll um die obdachlosen Eltern, die ihnen keine Fürsorge geben konnten. In der Tierpsychologie kennt man vergliechbare Sachverhalte.

b) Unter dem Stockholm-Syndrom versteht man eine Wandlung von der Geisel zum Komplizen des Täters: Um der schweren Misshandlung oder dem eigenen Tod zu entgehen, stellt sich (wie z. B. im Fall von Patricia Hearst) eine Verliebtheit zu den Tätern ein.

Freud spricht in dem Zusammenhang von der Identifikation mit dem Aggressor. Ob die heutigen durch Nachsicht und Belohnung gekennzeichneten Erziehungsmethoden übermäßige Elternliebe erzeugen, mag man bezweifeln.

5.2.3 Partnerliebe/Geschlechtsliebe

Freud und Leid der Geschlechtsliebe finden wir in den ältesten Texten der Menschheit besungen. Die ägyptische (vgl. Friedell 1996, S. 321), griechische und römische Antike kannten die (Geschlechts-)Liebe in Wort und Bild (Griechenland: Eros mit Netz und Pfeil, Rom: Amors Pfeil, Liebesgedichte des Ovid). Für echte Liebesbeziehungen lassen sich schon Beispiele in der antiken Literatur finden (zitiert nach Angenendt 2015, S. 44):

> **Beispiel**
>
> „Ein Beispiel bietet Plinius der Jüngere (gestorben ca. 113 n. Chr.), der seiner 30 Jahre jüngeren Frau schrieb: ‚Du glaubst gar nicht, welche Sehnsucht nach Dir mich erfüllt.... Daher kommt es, dass ich einen Großteil meiner Nächte mit Deinem Bild vor Augen wachend verbringe. ...'"

Die Bibel erzählt von Jakob, der seinem zukünftigen Schwiegervater sieben Jahre diente, die ihm aber wie Tage erschienen, weil er seine Braut so liebte (Gen. 29,30).
Der griechische Liebesroman „Kallirhoe" aus dem 1. Jahrhundert n. Chr. (Chariton 2006) versetzt uns in diese Zeit:

> **Beispiel**
>
> Liebe wird von der großen Schönheit der jungen Kallirhoe ausgelöst. Sie wird von ihrem Vater an einen jungen Mann verheiratet, den sie auch liebt (der Vater hätte aber auch einen anderen Mann wählen können). Die Hochzeitsnacht wird (Chariton 2006, S. 121) als die Nacht bezeichnet, in der beide die erste sexuelle Erfahrung mit dem anderen Geschlecht machen. Viele Männer

> ihrer Umgebung entbrennen allein bei ihrem Anblick ebenfalls in heftiger Liebe zu ihr. Das ist besonders leicht, weil die Liebe „das Neue liebt". Die Protagonisten wollen wegen einer hoffnungslos scheinenden Liebe im Roman zu verschiedenen Gelegenheiten Selbstmord begehen. Liebe und – auch durch Intrigen entfachte – heftige Eifersucht kommen oft zusammen und führen im Roman zu schweren Verwicklungen. Die Eifersucht wird als zur Liebe zugehörig bezeichnet.

Vielleicht war die Liebe in der Antike ein drängenderes Gefühl als zu unseren Zeiten. Im Aeneis-Roman von Vergil (ca. 30 v. Chr.) macht der Held Aeneas einen Rundgang durch den Hades (Unterwelt). Dort trifft er auf die Seelen derer, die durch die Liebe „hingeschmachtet" seien. Also könnte Selbstmord aus Liebe damals durchaus häufig gewesen sein. Die möglicherweise zerstörerische Kraft der Liebe, in der man durch einen Pfeil Amors entbrennt, wird aufgezeigt.

Man sah die Liebe damals also nicht nur positiv. In Griechenland galt die romantische Liebe als störende Emotion, der die Vernunft beeinträchtigt. Sie sei vergleichbar mit dem Ärger (so lernen wir es jedenfalls vom Chor der „Antigone"). Ja, die Liebe wird in der griechischen Antike sogar als eine Art Krankheit betrachtet (Zilboorg und Henry 1941). Dem stolzen Römer war es zuwider, durch die Liebe zum Sklaven einer Frau zu werden (Veyne 1989).

Das antike Misstrauen gegenüber der Liebe schwingt in der Rede mit, die die 14-jährige Preciosa in Cervantes Novelle „Die kleine Zigeunerin" anlässlich einer Brautwerbung hält (1560/2016, S. 17 f.):

> … daß die Liebesglut eines frisch Verliebten wie ein toller Wirbelwind dahinzubrausen pflegt, der den Verstand aus den Angeln hebt… Sobald der heißbegehrte Gegenstand errungen ist, nimmt auch das Verlangen nach ihm ab…

Liebesschmerz wird (wie bei der Trauer) mit Körperschmerz bekämpft; die Stärke des Körperschmerzes wird sogar zum Maß der Stärke der Liebe.

> **Beispiel**
> Im „Parzival" wird der Liebesschmerz gewaltig (Eschenbach 2008, S. 248): „… Er hatte einmal sogar aus übermächtiger Liebe zu einer edlen Frau die eigene Hand mit einem Dolch durchbohrt."

Im Mittelalter, in islamisch-antiker Tradition, konnte man die Liebe ebenfalls noch als eine Art Krankheit auffassen, gegen die man gegebenenfalls Arzneien hatte (Dinzelbacher 2002).

Das frühe Mittelalter thematisierte die Liebe kaum. Damals herrschte ein tiefes Misstrauen gegen die Frau. Auch wegen ihrer angeblich unersättlichen sexuellen Begierde sollte und durfte man sie schlagen (z. B. Reddy 2012, S. 82). Früh (ab dem 15. Lebensjahr) verheiratet wurden die jungen Mädchen von den ihnen bis dahin unbekannten Ehemännern quasi vergewaltigt. So waren die Bedingungen für die Entstehung einer Liebesbeziehung kaum gegeben.

Die Liebe trat dann erst wieder im hohen Mittelalter, ab dem 12. Jahrhundert, auf die Bühne. Die Troubadoure und Minnesänger besangen und definierten sie.

> **Beispiel**
>
> Der Roman „Parzival" ist sich in der Bestimmung der Liebe eher etwas unsicher. Manchmal erscheint sie auch nur wie ein willkürlicher Treueschwur (Eschenbach 2008, S. 517): „Wir lieben uns, ohne uns je gesehen zu haben." Der Antagonismus zwischen Liebe und Vernunft wird auch dort beklagt (ebd., S. 291): „Nicht selten beraubt Herzensliebe Frauen und Männer jeder klaren Überlegung."
>
> Ulrich von Liechtenstein (1255) besang in seinem autobiografisch gefärbten Roman „Frauendienst" die Unterwerfung unter die angebetete Frau. Er prunkte mit Turniersiegen. Er trank liebestoll das Handwaschwasser der Geliebten. Als die Angebetete an einer Verletzung seines Fingers (berechtigt) zweifelte, ließ er den Finger abhacken und schickte ihr das abgetrennte Glied. Dennoch wurde seine Unterwerfung nicht belohnt. Die Minne kann ja auch nur in eine heimliche Liebe münden (wie in „Tristan und Isolde"), wenn einer der Partner schon verheiratet war.

In der Literatur wurde nun sogar der Selbstmord aus Liebe geschildert (z. B. in „Tristan und Isolde" von Gottfried von Straßburg), und er ist Thema in den Briefen der Heloise an Abaelard (Dinzelbacher 2007, S. 206).

Die westliche „romantische Liebe" entstand nach der Meinung von Reddy (2012) im 10. bis zum 12. Jahrhundert als Reaktion des Adels auf die Verdammung der sexuellen Begierde durch die Kirche (gregorianische Reform). In der besonderen Verehrung und Treue zu der „einen" angebeteten Frau durfte es in der hohen Minne unter den Adeligen auch eine ehebrecherische – natürlich heimliche – sexuelle Begegnung geben. Die geheime Liebesaffäre schätzt Reddy aber nicht als allzu häufig ein (ebd., S. 217): „Wie offene Kämpfe waren echte Liebesaffären etwas, von dem man hörte und wofür man sich bereithielt, aber was in einem Leben selten, vielleicht einmal oder zweimal vorkam."

Männer und Frauen mussten Aufgaben erledigen, die ihre Liebe beweisen sollten. Von der einfachen und zu verdammenden Triebbefriedigung wird diese höhere Liebe (*Fin'amor*) abgehoben. Sie wurde geradezu zu einer Art Schattenreligion.

> **Beispiel**
>
> Ein Mädchen unserer Bekanntschaft ist Single. Sie hat eine feste Vorstellung, wie sie den Mann ihrer Träume finden könnte. Wenn sie einmal in einer Notlage wäre und ein Mann würde sie retten, das wäre dann der Richtige. So hat sich der damals erfundene Liebestest in unsere Zeit übertragen.

In der Renaissance wurde diese Liebe durch die Oper propagiert (z. B. in „Romeo und Julia"). Im 14. und 15. Jahrhundert musste der Galan einen Liebeskummer erlebt haben und gegebenenfalls inszenieren, um für eine Partnerin attraktiv zu sein. Seit dem 17. Jahrhundert und dann als Norm im 19. und 20. Jahrhundert wird Liebe als Bedingung für die Ehe angesehen (Reddy 2012, S. 387).

Insofern macht auch die Liebe eine Wandlung durch. In Casanovas Memoiren aus dem 18. Jahrhundert erscheint das durch die Schönheit schnell entfachte Liebesbegehren noch eher körperbezogen, obwohl auch er schon betont, welche tiefgreifende Konversation er mit seinen 12–16-jährigen Geliebten pflegte. Später wurde die Liebe „seelenbezogener". 1813 konnte Madame de Stael (sinngemäß) behaupten: „In Deutschland ist die Liebe eine Religion." Der Liebhaber soll die Seele der Geliebten in ihrer Mimik, in Dialogen und in der Reaktion auf Geschenke vollkommen erfassen.

In Frankreich blühte von ca. 1700 bis 1789 eine neue Gefühlskultur auf (Reddy 2001: *sentimentalism*). Von und für Frauen geschriebene Romane und Schauspiele verfeinerten die Gefühlswelt der Leser (z. B. „Pamela" von Samuel Richardson.) Im Theater brach das Publikum bei Liebesszenen regelmäßig in Tränen aus.

Nach der Zeit der sexuellen Revolution in den 1960er Jahren erlebte die exklusive Paarbeziehung und Liebe ab 1980 wieder einen unvorhergesehenen Aufschwung – vielleicht auch deswegen, weil Zweierbeziehungen in der Zeit der Aids-Erkrankung wieder attraktiver geworden waren.

> **Beispiel**
>
> 1990 feierte der Film „Pretty Woman" große Erfolge. Die Prostituierte Vivian Ward (Julia Roberts) will nicht einfach nur Sex gegen Geld. Sie will die Liebe des reichen Edward Lewis (Richard Gere) gewinnen. Schließlich kommt er in der weißen Limousine (Kutsche), einen Regenschirm wie eine Lanze in den Himmel gereckt, um sie zu heiraten. Soweit könnte es ein Sujet des Mittelalters sein. Das Thema der einfachen oder auch gefallenen Frau, die durch die Liebe erhoben wird, wurde vorher von anderen Dichtungen und Filmen vorbereitet (z. B. Buch „Pamela", Musical „My Fair Lady", Film „Irma la Douce").

Übermäßige Ansprüche an die Opferbereitschaft der Partner in der Liebe machen eine Beziehung aber wiederum schwer, sodass auch die Scheidungsraten in die Höhe schnellen.

Liebe kann sich in weniger entwickelten Kulturen in einem für uns ganz ungewohnten Gewand zeigen: Bei den Yanomami-Indianern zeigt sich das liebende Interesse des Mannes in Schlägen und der Anzahl an Brandmalen, die er seiner Frau zufügt (Stompe 2014). Allerdings konnte auch im 16. Jahrhundert in Deutschland ein – oft recht heftiges – Zerren an den Haaren des Mädchens zum Flirtritual gehören (Roper 1995, S. 71).

Gleichgeschlechtliche Liebe

Smith Rosenberg (1975) studierte Briefe, die sich Frauen im Amerika des 19. Jahrhunderts schrieben. Da schrieben sich verheiratete Frauen und Mütter „verliebte" Briefe, ohne dass eine erotische Komponente dabei gewesen wäre. Eine Formulierung, wie „Mein Liebling, wie sehr ich mich nach Dir sehne", war durchaus möglich und üblich (ausführlicher in Kap. 2.4.8).

Geschlechtsliebe als Bedingung der Ehe

Die seitens der Eltern (oft der Väter) gestifteten Eheschließungen von sehr jungen Mädchen in Vorzeiten und der Antike wie im frühen Mittelalter schlossen eine Liebesbeziehung als Grundlage der Ehe aus.

In Rom waren zwölf Lebensjahre das gesetzliche Mindestalter für die Ehe. Die Frau war ein Besitz wie eine Handelsware. Dieser Auffassung folgend war dem Mann bei Vergewaltigungen seiner Frau eine Entschädigung zu zahlen, weil sein Besitz beschädigt worden war. Dennoch forderte schon Aristoteles eine freundschaftliche Beziehung zwischen Mann und Frau für die Ehe.

Liebe als Grund für die Ehe galt zumindest den Oberschichten im antiken Rom aber als wenig günstig. Dennoch entstand in der römischen Antike das „Konsensprinzip": Die Zustimmung beider Partner war für die Ehe erforderlich (Angenendt 2015). Mit Aufkommen der Minne im Spätmittelalter begann dann allerdings eine Blütezeit der Liebe: Im mittelalterlichen Eneas-Roman konnte die Königstochter Lavinia eine vorbestimmte Ehe durch eine andere Verliebtheit vermeiden. Eher wollte sie Selbstmord begehen, als die lang verabredete Ehe einzugehen (Liebertz-Grün 1995). Der heutige westliche Leser sollte aber bei allem Staunen über die antiken Heiratssitten nicht vergessen, dass im gegenwärtigen Indien im Wesentlichen gestiftete Ehen geschlossen werden.

Clemens Brentano schrieb an die noch mit einem anderen Mann verheiratete Sophie Mereau am 4.9.1802: „Ich sehne mich unendlich nach Liebe, nach heiliger, ruhiger, würdiger Liebe, o Sophie, führe mich ins Leben, führe mich in die Ordnung, gieb mir ein Hauß, ein Weib, ein Kind, einen Gott..." (Brentano 1991, S. 158 ff.) – und macht uns damit die Wertschätzung der „Liebe" im Kreis der Romantiker überdeutlich.

Reddy (2012, S. 388) bemerkt, dass heute sogar ein „Nachlassen der Liebe" zum Trennungsgrund werden kann.

Allerdings konnte die Forderung nach inniger Liebe in der frühen Neuzeit auch einer nüchterneren Einstellung Platz machen. Johanna Schopenhauer schrieb im 18. Jahrhundert über ihr Verlöbnis (1948/2015, S. 113): „Glühende Liebe heuchelte ich ebensowenig (vor), als er Anspruch darauf machte, aber wir fühlten beide, wie er mir mit jedem Tag werther wurde."

> **Fazit**
>
> Die Geschlechtsliebe scheint ein universales Phänomen menschlichen Erlebens zu sein. Je nach „Bewertung" in einer Zeit führt sie aber ein mehr oder weniger geschätztes Leben im Bewusstsein der Menschen. Als eher körperliches Begehren, entfacht von der Schönheit des Körpers, gründet sie sich später auch in der besonderen Passung der Seelen der Partner. Die Ausformung der Liebe in verschiedenen Zeiten wird ganz wesentlich durch Kunst und Literatur mitbestimmt.

5.2.4 Liebe gegenüber religiösen und politischen Führern

Bedingt durch Triebverzicht und meditative Einfühlung in die Passion Christi kam es bei den Mystikerinnen zu realen Verliebtheiten in den Gottessohn. „Die Visionärinnen sind in Christus verliebt", schrieb Escherich (1916, S. 155). Sie nahmen das Kreuz – wie einen Geliebten – mit ins Bett.

> **Beispiel**
>
> Das Einheitserlebnis wird von Hadewijch (13. Jahrhundert) in Worten beschrieben, die auch einen Geschlechtsverkehr bezeichnen könnten: „Danach kam er selbst zu mir und nahm mich ganz in seine Arme und zwang mich an sich, und alle Glieder, die ich hatte, fühlten die seinen in ihren Wonnen nach meines Herzen Begehren, nach meiner Menschennatur. Da ward ich von außen zur Gänze zufriedengestellt… Danach blieb ich in einem Aufgehen in meinem Geliebten, sodass ich ganz in ihm verschmolz" (nach Dinzelbacher 1993, S. 86). Bei Brigitta von Schweden und Dorothea von Montau kam es zu Scheinschwangerschaften. Wenngleich in dieser Zeit und in dieser Gruppe ein Höhepunkt der Gottesverliebtheit erreicht wurde, gibt es solche Erlebnisse in klösterlichen Gemeinschaften natürlich immer wieder und auch wohl bis heute.

Die Mystikerinnen konnten vermutlich allein durch Vorstellung einen Orgasmus herbeiführen (das können zwei Prozent der Frauen, aber nicht Männer; Dinzelbacher 2002).

Röhl beschreibt die Liebe ihrer Mutter zum Führer Adolf Hitler (2012, S. 13, 15): „Meine Mutter glaubte als 10-Jährige an Hitler wie einen Gott… , den sie mit ihren knapp 15 Jahren mehr als ihren Vater geliebt hatte." Die Liebe gegenüber politischen Führern kann hysterische Ausmaße annehmen. Nach Kim Jong-ils Tod weinten die Menschen in Nordkorea und erlebten Zusammenbrüche.

Auch die Liebe zur Nation bzw. hier speziell zur eigenen Sprache kann einen Selbstmord motivieren. In den 1950-er Jahren kam es in Südindien zu einer Welle von Selbstmorden aus Liebe zur Sprache Tamil. Mitchell (2009) analysiert diese Vorfälle. Die Metapher einer lebendigen Sprache mit Geburt, Blüte und Tod zusammen mit der Verehrung der Sprache „Tamil" als Gottheit und die zunehmende Bedeutung der Sprache in den Printmedien werden als Ursache für die Selbstmorde herausgearbeitet.

5.2.5 Besitzbindung, Besitzliebe

Man kann sich nicht nur an Menschen, sondern auch an Sachen binden. Christliche und buddhistische Mönche (Asketen) sollten durch solche Bindungen nicht von der Bindung an Gott abgelenkt werden: Sie blieben und bleiben ehe- und besitzlos. In Indien und in der griechischen Stoa ist die Askese einschließlich der Besitzlosigkeit schon seit über 2000 Jahren eine ideale Lebensform. So fällt Fromms plakative Unterscheidung von Haben- und Sein-Menschen auf den fruchtbaren Boden der antiken Überzeugung: Der gute Mensch ist eben traditionell besitzlos.

Es kann ein spezieller Besitz sein, an den eine Bindung entsteht, etwa im frühmittelalterlichen Franken das Schwert oder das Pferd des Kriegers.

> **Beispiel**
>
> Rouche (1995, S. 457) gibt eine Episode wieder: „Als im Jahre 793 ein muslimisches Heer Conques überfiel, entschied sich ein junger aquitanischer Edelmann namens Datus, sein Pferd lieber zu behalten, als es gegen seine in Gefangenschaft geratene Mutter auszutauschen. Die gegnerischen Soldaten rissen der Frau die Brüste ab und köpften sie vor den Augen des Sohnes, den das Grauen zu spät belehrte."

Besitz ist nützlich (z. B. Nahrungsmittelvorräte), muss aber auch geschützt und bewahrt werden. Daher ist eine ambivalente Haltung zum Besitz durchaus verständlich. Besitz macht natürlich neidisch, damals wie heute.

Freigebigkeit versus Sparsamkeit

In anderen Kulturen kann das Weggeben (und die Vernichtung) von Besitz zu einem Statussymbol werden. In dem sogenannten „Potlach", einem Fest der nordwestlichen amerikanischen Indianer, verschenkt man Besitz. Wer den höchsten Wert verschenkt, gewinnt das meiste Prestige. Auch die erwünschte große Freigebigkeit der Ritter bei der Verteilung der Turnierbeute wird erwähnt und z. B. im Roman „Parzival" mehrfach beschrieben (Duby 1997).

5.3 Mitgefühl, Empathie

Empathie ist die Einfühlung in Fremdseelisches. Als Fähigkeit aufgefasst ist Empathie also das Vermögen, Gefühle anderer zu verstehen und zu teilen. In vielen Szenen aus der Vergangenheit können wir über das geringe Mitgefühl der Beteiligten nur staunen.

Griechische Historiker beschreiben ohne erkennbares Mitleid den Umgang mit Kriegsgefangenen: Männer wurden getötet, oder es wurden ihnen die Arme abgehackt, damit sie keine Waffen mehr führen können. Frauen wurden versklavt (Barcelo 2019). Das Los der Sklaven in den Bergwerken war ebenfalls bemitleidenswert, ohne aber Mitleid auszulösen.

Im Mittelalter wohnten neben den belustigten Volksmassen auch Geistliche und andere Würdenträger der schweren Folterung der verdächtigen Hexen (anscheinend mitleidslos) bei. Dem Verbrecher galt kein Mitgefühl: Er saß in seinen eigenen Exkrementen am Pranger, in einem Holzblock gefangen und konnte sich mit seinen Händen nicht gegen Ungeziefer wehren. Zeitgenössische Darstellungen bebildern es schauerlich (Abb. 5.2).

Die grausamen Körperstrafen des Mittelalters (pfählen, rädern, Hand und Finger abhacken, Zunge abschneiden, Zunge spalten) sind auch der Tatsache geschuldet, dass ja keine regulären Gefängnisse zur Verfügung standen und die Strafe eben sogleich zu vollstrecken war.

5.3.1 Eine Schaulust unterbindet das Mitgefühl

In verschiedenen Epochen und unterschiedlichen Kulturen gab und gibt es eine Schaulust an der Zufügung von Gewalt. In der Antike waren die Gladiatorenkämpfe und die öffentlichen Hinrichtungen in den Arenen hochgradig grausam (Meijer 2004). Die Beliebtheit der Regenten maß sich auch an ihrer Fähigkeit, solche Aufführungen zu veranstalten. Die Details der Aufführungen würden den heutigen Leser möglicherweise belasten, sodass das Beispiel eher allgemein gehalten ist:

> **Beispiel**
>
> Löwen zerfetzten die Körper von Gefangenen, die am Kreuz fixiert waren. Der Geruch des Blutes waberte über dem Stadion. Auch vor der Verstümmelung von Behinderten schreckte man nicht zurück. Der Kaiser selbst befriedigte sich sexuell an gefesselten Gefangenen.

Abb. 5.2 Eine harmlosere Variante des Prangers in der Kölner Minoritenkirche. (Rechte beim Autor, eigenes Bild)

Augustinus schilderte, wie sein Freund Alypius, der als Christ die Grausamkeit der Spiele ablehnte, dann doch vom Geschehen in der Arena hingerissen wurde. Die Innensicht des Textes weckt den Verdacht, es könne sich um sein eigenes Erlebnis gehandelt haben (S. 155 ff.):

> **Beispiel**
>
> …er aber schloss die Augenlieder und untersagte seinem Geist, sich an dem so üblen Treiben zu beteiligen. Hätte er sich doch die Ohren zugestopft. Was war geschehen? Ein Zwischenfall beim Kampf hatte im Volk ein gewaltiges Geschrei ausgelöst, das ihn heftig durchfuhr; die Neugier überwältigte ihn, und er glaubte in der Lage zu sein, allem und was immer er auch zu Gesicht bekommen sollte, mit Verachtung und Überwindung zu begegnen. Er öffnete die Augen, da erlitt er an seiner Seele eine schwerere Verwundung als der, den zu sehen es ihn gelüstete, an seinem Körper…. Sobald er nämlich das Blut da gesehen hatte, überkam ihn auch die Sucht nach der wilden Lust, er wandte sich nicht etwa ab, sondern richtete gebannt seinen Blick auf das rasende Geschehen, genoss es in vollen Zügen… Er schaute und schrie, war leidenschaftlich ergriffen und nahm die Tollheit mit nach Hause, die ihn anstachelte wiederzukommen…

Das Mittelalter kannte grausame öffentliche Hinrichtungen, etwa das Pfählen, bei dem den Delinquenten die Knochen gebrochen wurden, dann wurden sie auf ein Wagenrad geflochten. Das Rad wurde an einem Pfahl aufgerichtet, und man wartete einen qualvollen Tod ab (eine Strafe, die auch schon einem Traditionsstrom entstammt: Die Franken kannten sie schon, und damals handelte es sich vermutlich um ein Opfer an den Sonnengott; Kaufmann 1999). Solche Grausamkeiten dienten der Unterhaltung der städtischen Bevölkerungen. Dazu wurden „Galgenbier" und „Armesünderwürstel" serviert.

Flagellanten-Züge zogen durch die mittelalterlichen Städte und faszinierten die Zuschauer. Die Teilnehmer geißelten sich selbst, bis das Blut über ihren Rücken floss. Auch dies war ein öffentliches blutiges Spektakel. Von den Paukböden der schlagenden Verbindungen im 19. Jahrhundert wird vom Geruch des Blutes aus den Wettkämpfen in den eher engen Räumen berichtet.

Die grausamen Spektakel der antiken Indiokulturen sind legendär. Dem Opfer wurde bei lebendigem Leibe das Herz herausgerissen, um es dem Sonnengott noch zuckend darzubieten. Knäuel aus Menschen wurden die Steintreppen der Maya-Pyramiden hinuntergestoßen. Das Blut floss in Strömen. Die Indianer quälten bis in die Neuzeit ihre Gefangenen zur öffentlichen Belustigung an Marterpfählen.

Auch allgegenwärtige öffentliche Opferrituale, bei denen einem Tier (früher dem Menschenopfer, in Griechenland der „Pharmakos") die Kehle durchschnitten wird und das Opferblut am Altarstein entlang fließt, sind hier zu erwähnen.

Box- und Stierkämpfe sind ein letzter Rest solcher grausamer Spektakel, die sich bis heute erhalten haben.

Vielleicht trägt noch am ehesten das Christentum einen Keim zur Überwindung dieser Schaulust in sich. Zwar wird in dessen Kunstwerken die Gewalt an Christus massenweise und durchaus lustvoll dargestellt, andererseits ist es das Nachvollziehen von Christi Leiden, das hilft, den Blick prinzipiell auf Fremdseelisches zu richten.

Später waren es Romane wie „Onkel Toms Hütte" oder „Clarissa" (Richardson 1748) und „Die neue Heloise" von Rousseau, die einen Blick in das Leiden der Mitmenschen öffneten und die Einfühlung in Fremdseelisches trainierten (Pinker 2011). Es wird berichtet, Männer hätten bei der Lektüre dieser Werke geweint. „Oliver Twist" prangert die Kindesmisshandlung der Zeit an. Melvilles Roman „Weißjacke" beschreibt das oft grausame Seemannsschicksal. In der folgenden Zeit wurden die Seeleute tatsächlich weniger ausgepeitscht.

Vielleicht helfen uns heute auch die vielen Gewalt- und Horrorfilme, unsere Schaulust an der Gewalt abzuarbeiten. Bei blutigen Unfällen finden sich allerdings immer noch Schaulustige ein.

Wenig Empathie gegenüber Mitmenschen stellen wir im heutigen Indien fest. Die Behandlung speziell von Verkehrsopfern ist häufig alles andere als einfühlsam: Es sei eben das Karma des Betroffenen, das sein Schicksal bewirke. Es gibt kaum Empathie über Kastenschranken hinweg. Die Religion trainiert dort die Empathie nicht. Die Volksmassen sind relativ ungebildet, und keine Romanlektüre übt in den Dörfern des Landes die Einfühlung ein. (Es wird berichtet, dass eine Psychoanalyse in Indien schwierig sei, weil die Menschen wenig introspektive Fähigkeiten hätten.)

Empathie gegenüber Tieren

Im Mittelalter bis hin zur Neuzeit kannte man es als Kirmesbelustigung, eine lebende Katze in ein Feuer zu senken und zu beobachten, wie sich das wehrlose Tier dabei im Todeskampf wand (Pinker 2011).

Als Descartes das Tier zur Maschine erklärte, die keine Schmerzen empfinde, wurden die Nutztiere noch grausamer behandelt als in früheren Zeiten, in denen der Esel immerhin wie der Mensch am siebten Tage ruhen durfte. Heutzutage begrenzt die Unterscheidung zwischen Haus- und Nutztier die Empathie. Ein Beispiel ist der Film „1001 Dalmatiner". Dort empört sich der Zuschauer gegen die Zucht von Hunden zum Fellverkauf. Bei anderen Tieren ist die Züchtung zum Zwecke des Tötens klaglos der Normalfall. Nicht nur in Huxleys „Farm der Tiere" wurden Tiere zu sprechenden Hauptpersonen, deren Seelenleben einfühlbar dargelegt wurde.

Wir und die anderen

Immer schon war Empathie auf eine Wir-Gruppe begrenzt. Schimpansen können innerhalb der Gruppe emphatisch sein, mit fremden Gruppen herrscht auf jeden Fall Krieg. Es lässt sich eine verstärkte Empathie gegenüber der eigenen Ethnie sogar im funktionellen Magnetresonanztomograph (fMRT) nachweisen (Chiao und Mathor 2010).

Grausamkeiten gegen Kriegsgegner sind Begleitmusik der Menschheitsgeschichte. Andersgläubige (Juden, Moslems, Christen) sind bevorzugte Verfolgungsopfer. Indianer sah man zur Zeit der Entdeckung Amerikas zunächst nicht als Menschen an, und so gingen die christlichen Seefahrer grausam mit ihnen um. Wenn die Indianer z. B. nicht eine bestimmte Menge Goldes herbeischafften, wurde ihnen die Hand abgehackt. Die Behandlung der Sklaven im neuzeitlichen Amerika ist gut dokumentiert. Da herrschte ein grausames Regime der Peitsche (Abb. 5.1). Die Besitzer konnten ihren Sklaven die Frontzähne herausbrechen, damit sie im Fall einer Flucht besser zu identifizieren waren. Nach gescheiterter Flucht wurden manchen zur Prävention die Fußgelenke gebrochen. Erlebnisberichte bezeugen aber dennoch, dass einzelne Frauen und Kinder Mitgefühl mit den Sklaven hatten. In der griechischen Antike galten Sklaven als sprechende Haustiere (Gebelein 1997).

Die Grenze zwischen der Wir-Gruppe und den anderen kann zwischen Wächtern und Gefangenen verlaufen und auch fast völlig arbiträr werden. Die Empathieschwelle ist dann dennoch drastisch erniedrigt.

Nächstenliebe, Feindesliebe und Gastfreundschaft sind Erziehungsmaßnahmen der Kultur, auch dem Fremden (z. B. dem Händler aus der Fremde) freundlich gegenüberzutreten.

Bei der Kultur und Zeit übergreifenden Breite des Phänomens sollten wir uns aber darüber bewusst sein, dass kaltherziges Zufügen von Leid sowie Freude an der Gewaltausübung jederzeit leicht aufflackern können.

> **Fazit**
>
> Die Empathie war in den meisten Epochen der Geschichte deutlich geringer, als wir Heutigen es uns vorstellen können. Das Leiden des anderen konnte in der Historie eine erhebliche Schaulust aufrufen. (Allerdings ist Empathie auch heute immer auf eine „Wir"-Gruppe begrenzt; gegen Fremde oder auch Tiere kommt sie weniger zum Tragen.) Erst die Schilderungen des Erlebens der Gefolterten und Geknechteten in Romanen führten zu gesteigerter Empathie.

5.4 Erfindungen, Entdeckungen und Verhalten

Verhalten läuft in jahrtausendealten Traditionslinien. Da kann nicht einfach etwas Neues installiert werden. Es passiert aber, dass ein mutiger Entdecker bisher getrennte Wissensbereiche oder Verhaltensweisen zusammenbringt.

So war es z. B. bei der Erfindung der Fotografie. Das Linsenabbild hatte es schon lange gegeben, auch die Erkenntnisse der Silberchemie, wie Licht auf Silberchlorid wirkt. Diese Bereiche mussten nur von einem Erfinder (nehmen wir hier der Einfachheit halber einmal Daguerre) zusammengebracht werden.

Auch im Sozialleben kann es kreative Entdeckungen geben: Nächstenliebe und Barmherzigkeit fand jahrhundertelang in den Traditionslinien der Armenspeisung und der Krankenversorgung statt, bis Dunant (ca. 1860) die Nächstenliebe auch auf die verwundeten Soldaten des Feldes übertrug, die bis dahin jämmerlich und ohne Versorgung auf dem Schlachtfeld sterben mussten. Er gründete das „Rote Kreuz", das heute weltweit aktiv ist (s. Abschnitt 3.13). Wenngleich aus napoleonischer Zeit Operationstische für Soldaten existierten, kam es dennoch nicht zu einer umfassenden Versorgung.

Das Fensterglas verdanken wir nicht dem Wunsch, die Wärme im Haus zu halten, sondern dem Bestreben, der Pest zu entgehen. Man glaubte, die Pest werde durch schlechte Gerüche übertragen (Miasmentheorie). So haben Entdeckungen und Erfindungen tiefgreifend in unser Verhalten und auch in unsere Psyche eingegriffen. Während die Kosmologien eine Jahrtausende währende Konstanz im menschlichen Erleben bewirken können, führen Erfindungen und Entdeckungen zur Veränderung der historischen Mentalität. Einige ausgewählte Erfindungen aus vielen Möglichen finden hier Erwähnung.

5.4.1 Die Anti-Baby-Pille

Die Erfindung der Anti-Baby-Pille zu Beginn der 1960er Jahre veränderte das Sexualverhalten drastisch. Indem man nun keine unerwünschten Nachkommen mehr zu befürchten hatte, wurde vor- und außerehelicher Sex viel liberaler gehandhabt. Die Pille ist die direkte Ursache der sexuellen Revolution der 1960er und 1970er Jahre. Daran sieht man sehr deutlich, dass das Sexualverhalten viel weniger festgelegt ist, als man annehmen möchte. Ändern sich die Bedingungen, kann das entsprechende Verhalten und (Scham-)Erleben sofort nachziehen. Die Befreiung der jungen Frauen von Reproduktionszwängen führte auch zu einem veränderten – gleichberechtigten – Verhältnis der Geschlechter. Die alte Sexualmoral, die das junge Mädchen vor vorzeitigen Schwangerschaften bewahren sollte, erschien den nach dem Siegeszug der Pille aufgewachsenen Generationen nun fremdartig repressiv. Sogar das Pädophilieverbot wurde im Überschwang der Studentenbewegung (Protagonist z. B. D. Cohn-Bendit) und zum Teil aus der Grünen Partei heraus im Zuge einer Befreiung der Sexualität, wie sie von Wilhelm Reich gefordert wurde, in Zweifel gezogen. Erst die neu entstandene Bedrohung durch Aids führte zu einem Rückschwung des Pendels sexueller Freiheit.

5.4.2 Fortschritte der Geburtsmedizin und Aggressivität

Möglicherweise ist die Geburt charakterbildend (vgl. Grof und Müller 2015). Der Kampf im Geburtskanal wird sozusagen zur „Mutter aller Schlachten". Wenn nun durch Fortschritte der Geburtsmedizin die Geburt im Schnitt schneller und leichter verläuft, so ist die spätere Bereitschaft geringer, spontan aggressiv zu reagieren (z. B. durch spontane Gruppenaggression, vgl. Kap. 4). Eine höhere Zahl von Kaiserschnitten in der Bevölkerung könnte, folgt man Grof, die allgemeine Fähigkeit verringern, sich (auch aggressiv) durchzusetzen. So führen Veränderungen der Geburtspraxis zu Veränderungen des Charakters der Menschen einer Zeit. Eine Verringerung traumatischer Prügelstrafen in der Erziehung (vgl. Abschn 8.4) wird in die gleiche Richtung wirken.

5.4.3 Die Fotografie

Manche Erfindungen greifen sogar in Bewusstseinsprozesse und das Denken der Menschen ein. So eine Erfindung ist die Fotografie: Aus einer immer vagen und sich verändernden Erinnerung werden – was die visuelle Wirklichkeit angeht – objektive Spuren. Fotogestützte wirkliche Erinnerungen treten an die Stelle romantischer Verklärungen der persönlichen Vergangenheit. Nessie, das Monster von Loch Ness, ist ein spätes Opfer der Entzauberung der Fabelwesen, die eine unbekannte Ferne bevölkern könnten (z. B. die Seemonster, die Wundervölker und die Fabelwesen an den Grenzen der zivilisierten Welt), weil es keinen Fotobeweis gibt.

Im Gedächtnis sind Fotoansichten gespeichert, die sich wesentlich von szenischen Ansichten der wirklichen Welt unterscheiden. Solche Szenen sind aus vielen Blicken zusammengesetzt; erst das Foto erlaubt es, z. B. den Petersdom als Gesamtarchitektur in einem Blick wahrzunehmen. Ständig in Bewegung befindliche Gesichter, auf die wir im Sozialkontakt ja nicht dauerhaft starren dürfen, geben keine gute Grundlage für eine visuelle Speicherung. Daher hat das Foto der Person eine – fast übernatürliche – soziale Realität (vgl. Schuster 2020).

> **Gesamtfazit**
>
> Die Gefühle „Liebe" und „Mitgefühl" werden stark durch kulturelle Fantasien ausgeformt, speziell durch Romane und Theaterstücke und in neuerer Zeit auch durch Spielfilme oder gar die Werbung. Erfindungen wirken auf die Psyche der Zeit zurück und verändern dann die Menschen.

Literatur

Angenendt, A. (2015). *Ehe, Liebe, Sexualität im Christentum*. Münster: Aschendorff.
Aries, P. (1994). *Geschichte der Kindheit*. München: DTV.
Augustinus, A. (1955/ca. 400) *Bekenntnisse*. Frankfurt: Fischer.
Barcelo, P. (2019). *Die alte Welt. Von Land und Meer, Herrschaft und Krieg, Mythos, Kult und Erlösung*. Darmstadt: wbg.
Blaffer Hrdy, S. (2000). *Mutter Natur. Die weibliche Seite der Evolution*. Berlin: Berlin Verlag.
Borries, B. v. (1996). *Vom „Gewaltexcess" zum „Gewissensbiss"? Autobiografische Zeugnisse zu Formen und Wandlungen elterlicher Strafpraxis im 18. Jahrhundert*. Tübingen: Edition Discord.
Boswell, J. (1988). *The kindness of strangers: The Abandonment of Children in Western Europe from late Antiquity to the Renaissance*. Chicago: University of Chicago Press.
Bourke, J. (2014). *Fear. A cultural history*. London: Virago Press.
Brentano, C. (1991). *Sämtliche Werke und Briefe*. Stuttgart: Briefe III, Kohlhammer.
Bumiller, C. (1993): Die Autobiografie von Thomas Platter (1449–1582). Ein psychoanalytischer Beitrag zur Biografik des 16. Jahrhunderts. In H. Röckelein (Hrsg.), *Biographie als Geschichte*. Tübingen: Edition Discord.
Cervantes, M. (1560/2016). Die kleine Zigeunerin. In M. Cervantes (Hrsg.), *Sämtliche Erzählungen*. Köln: Anaconda.
Chamberlain, S. (2002). Zur frühen Sozialisation in Deutschland zwischen 1934 und 1945. In W. Kurth und L. Janus (Hrsg). *Jahrbuch für Psychohistorische Forschung. Psychohistorie und Persönlichkeitsstruktur*. Heidelberg: Matte.
Chariton. (2006). *Kallirhoe*. Darmstadt: Wissenschaftliche Buchgesellschaft.
Chiao, Y. & Mathor, V.A. (2010). Intergroup empathy. How does race affect empathic neural response. *Current Biology 20*, 478–80.
De Stael, G. (1815). *Über Deutschland*. Altenmünster: Jazzbee Verlag.

DeMause, L. (2005). *Das emotionale Leben der Nationen*. Klagenfurt: Drava.
DeMause, L. (2010). Bipolar christianity: How torturing "sinful children produced holy wars". *The Journal of Psychohistory, 37,* 197–206.
DeMause, L. (2000). *Was ist Psychohistorie? Eine Grundlegung*. Gießen: Psychosozial.
Dinzelbacher, P. (1993). Sexualität/Liebe Mittelalter. In P. Dinzelbacher (Hrsg.), *Europäische Mentalitätsgeschichte*. Stuttgart: Kröner.
Dinzelbacher, P. (2002). Die Psychohistorie der Unio Mystika. In W. Kurth & L. Janus (Hrsg.), *Psychohistorie und Persönlichkeitsstruktur. Jahrbuch für Psychohistorische Forschung 2*. Heidelberg: Mattes.
Dinzelbacher, P.(2007). *Das fremde Mittelalter Gottesurteil und Tierprozess*. Paderborn: Schöningh.
Duby, G. (1997). *Guillaume de Maréchal oder der beste aller Ritter*. Frankfurt: Suhrkamp.
Ekman, P. (1980). *The face of man: Expressions of universal emotions in a New Guinean village*. NY: Garland STPM Press.
Eschenbach, v. W. (2008). *Parzival*. (Orig. ca. 1200). Köln: Anakonda.
Escherich, M. (1916). Das Visionenwesen in den mittelalterlich Frauenklöstern. *Deutsche Psychologie,* 1 (1918), 153–166.
Eyben, E. (1986). Sozialgeschichte des Kindes im römischen Altertum. In J. Martin & A. Nitschke (Hrsg.), *Sozialgeschichte der Kindheit*. München: Karl Alber.
Frenken, R. (2011). Psychology and history of swaddling. Part one: Antiquity until 15. century. *The Journal of Psychohistory, 39,* 84–114.
Frevert, U. (2016). *Vergängliche Gefühle*. Göttingen: Wallstein.
Friedell, E. (1996). *Kulturgeschichte Ägyptens und des alten Orients*. München: DTV.
Fromm, E. (2005). *Haben oder Sein Die seelischen Grundlagen einer neuen Gesellschaft*. München DTV.
Gebelein, H. (1997). Das Element Feuer in Haushalt und Familie. In T. Ehlert (Hrsg.), *Haushalt und Familie in Mittelalter und früher Neuzeit*. Wiesbaden: Albus.
Grof, S., & Müller, G. H. (2015). *Topografie des Unbewussten*. Frankfurt: Klett-Cotta.
Haarer, J. (1934). *Die deutsche Mutter und ihr erstes Kind*. Berlin: Lehmann.
Hoyer, T. (2015). *Sozialgeschichte der Erziehung*. Darmstadt: WBG.
Hudtwalcker, M. H. (1862). *Ein halbes Jahrhundert aus meiner Lebensgeschichte. Teil 1*. Hamburg: Druckerei des Rauhen Hauses.
Kastner, D. (2004). *Kinderarbeit im Rheinland*. Köln: SH Verlag.
Kaufmann, E. (1999). *Stichwort: Rädern. Handbuch der deutschen Rechtsgeschichte*. Stuttgart: UTB.
Kay, E. (1902). *Das Jahrhundert des Kindes (neu herausgegeben 2000)*. Weinheim: Beltz.
Liebertz-Grün, U. (1995). Geschlecht und Herrschaft. Multiperspektivität im Roman d´Enéas und in Veldekes Eneasroman. In Th. Kornbichler & W. Maaz (Hrsg.), *Variationen der Liebe*. Tübingen: Edition Discord.

Lorenz, M. (1996). „...als ob ihr ein Stein aus dem Leibe kollerte ...". Schwangerschaftswahrnehmungen und Geburtserfahrungen von Frauen im 18. Jahrhundert. In R. van Dülmen (Hrsg.), *Körper-Geschichten*. Frankfurt: Fischer.
Meijer, F. (2004). *Gladiatoren. Das Spiel um Leben und Tod*. Düsseldorf: Patmos.
Milner, L. S. (2000). *Hardness of heart hardness of life: The stain of human infanticide*. Lanham: University Press of America.
Mitchell, L. (2009). *Language, emotion and politics in South India. The making of mother tongue*. Bloomington: Indiana University Press.
Pinker, S. (2011). *Gewalt. Eine neue Geschichte der Menschheit*. Frankfurt a. M.: Fischer.
Pockels, C. F. (1986). *Schalk Flurs Jugendgeschichte. ein Beitrag zur Erfahrungsseelenkunde*. In: Moritz, K. Ph. Die Schriften in Dreissig Bänden, Bd. 4 Nördlingen: Franz Greno.
Reddy, W. M. (2001). *The navigation of feeling. A framework for the history of emotions*. Cambridge: Cambridge University Press.
Reddy, W. M. (2012). *The making of romantic love. Longing and sexuality in Europe, South Asia & Japan*. Cambridge: Cambridge University Press.
Richardson, S. (1748). *Clarissa. Die Geschichte eines vornehmen Frauenzimmers*. Göttingen: Vandenhoeck.
Röckelein, H. (1995). Literatur und Lebenswelt: Ehe und Liebe, Ehre und Treue bei Nikodemus und Margarethe Frischlin. In T. Kornbichler & W. Maaz (Hrsg.), *Variationen der Liebe*. Tübingen: Edition Discord.
Röhl, A. (2012). Immer noch Krieg. Eine biografische Sicht. In H. Knoch, W. Kurth, H. Reiß, & G. Egloff (Hrsg.), *Die Kinder der Kriegskinder* (Jahrbuch für Psychohistorische Forschung, Bd. 13). Heidelberg: Mattes.
Roper, L. (1995). *Ödipus und der Teufel*. Frankfurt: Fischer.
Rouche, M. (1995). Abendländisches Mittelalter. In P. Ariés & G. Duby (Hrsg.), *Geschichte des privaten Lebens*. (Bd. 1). Frankfurt a. M.: Fischer.
Rudolfi, C. (1815). *Gemälde weiblicher Erziehung*. Heidelberg: Molde und Winter.
Schachter, S., & Singer, J. S. (1962). Cognitive, social and physiological determination of emotional state. *Psychological Review, 69*, 379-99.
Scheer, U. (2012). Are emotions a kind of practice (and is that what makes them the to have a history)? A bourdieuian approach to understanding emotion. *History and Theory, 51*, 193–220.
Schopenhauer, J. (1948/2015). *Jugendleben und Wanderbilder*. Berlin: Holzinger.
Schuster, M. (2020). *Fotopsychologie. Fotos sehen, verstehen und gestalten*. Heidelberg: Springer.
Smith Rosenberg, C. (1975). The female world of love and ritual. Relations between women in Ninteenth Century America. *Signs, 1*, 1–29.
Stearns, C. Z., & Stearns, P. N. (1986). *The Struggle for Emotional Control in Americas History*. Chicago: University of Chicago Press.
Stompe, Th. Angststörungen (2014) In: Stompe, Th. & Ritter, K.M. (Hrsg.) Krankheit und Kultur. Berlin: MWV.

van Dülmen, R. (1992). *Kultur und Alltag in der frühen Neuzeit. Dorf und Stadt.* München: Beck.

van Dülmen, R. (2002). *Poesie des Lebens. Eine Kulturgeschichte der deutschen Romantik.* Köln: Böhlau.

Veyne. P. (1989). Das römische Reich. In P. Ariés & G. Duby (Hrsg.), *Geschichte des privaten Lebens.* Bd. 1. Frankfurt a. M.: Fischer.

Weber-Kellermann, I. (1997). *Die Kindheit eine Kulturgeschichte.* Frankfurt: Insel.

Zilboorg, G., & Henry, G. W. (1941). *A history of medical Psychology.* NY: Norton.

6

Beherrsche Dich

Die Aufforderung zur Selbstkontrolle von Gefühlen und Handlungsimpulsen begleitet von prähistorischen Zeiten bis heute die Zivilisationsentwicklung. Die griechische Philosophie der Stoa forderte ein „gleichmütiges Leben", und die asiatischen Gesellschaften fürchten einen Gesichtsverlust durch unkontrollierten Gefühlsausdruck. Im Rokoko und auch im Amerika des 20. Jahrhunderts sollten Emotionen in Stimme und Mimik unterdrückt werden (Stompe 2014).

Es gibt allerdings auch Zeiten, die einen (bestimmten) Gefühlsausdruck eher schätzen. Die Gefühligkeit des ausgehenden 17. Jahrhunderts in Frankreich und der deutschen Romantik sowie die expressive Aufgeregtheit des heutigen Amerika markieren die Gegenpole zur üblichen Beherrschtheit.

6.1 Methoden der Gefühls- und Impulskontrolle

Wie gelingt eine Gefühls- und Impulskontrolle? Die Überlegungen der Historiker zum Thema Emotion (1.) und psychologische Kenntnisse von menschlichen Kontrollmechanismen (2.) konvergieren und ergänzen sich.

6.1.1 Die Historie der Emotion

Bei der Einübung von Emotionen spricht Scheer (2012) von „emotionalen Praktiken": Habituelle Posen, Muskelspannungen usw. formen und hemmen

Gefühlszugänge und verändern im Laufe der Gewöhnungen auch das Gehirn. Wie lange oder wie laut man lacht oder ob man ohnmächtig werden kann aus Scham, sind in der Kultur automatisch gelernte Gefühlsweisen. Dazu können wir auch an Gesang, Tanz und Drogeneinnahme denken. Das Benennen und Kategorisieren von Emotionen selbst formt die Emotion (Reddy 2012, *emotives*).

Wie Gefühlslagen eingeübt werden, erlebt man heute z. B. bei Stewardessen, die bei der Arbeit eine freundliche Gefühlslage zeigen sollen und dabei auch dauerhaft in sich wirklich werden lassen (Gefühlsarbeit). Die Stewardessen sollen sich vorstellen, den Fluggast wie einen Gast in der eigenen Wohnung zu bewirten. Es wird auf eine Art von „emotionalem" Gedächtnis zugegriffen, um in die erforderliche Stimmung zu kommen. Insofern ist das eingeübte Gefühl keineswegs künstlich, sondern die Maske wird mit der Zeit zur Person (Hochschild 1979).

Mit einfachen Mitteln lassen sich Gedanken im Vordergrund halten: z. B. durch ständige Wiederholung. Im Gebet und in der Liturgie bestärken wir beispielsweise die Sündhaftigkeit des Menschen. Ein anderes Beispiel ist die Liebe. An die Geliebten denken wir oft. Dabei verstärkt sich das Gefühl. Es entstehen dauerhaft dominante Gedankenkomplexe (Reddy 2012, *chronically accessible*).

Häufig betrachtete Bilder, wie beispielsweise Christus am Kreuz, können weiter zur Dominanz von Gedankenkomplexen beitragen. Das kann auch im privaten Bereich stattfinden. Rufe ich mir – z. B. durch Bilder an der Wand – positive Ereignisse meines Lebens in Erinnerung, wird meine Stimmung aufgehellt.

6.1.2 Psychologie der Selbstkontrolle

In der Literatur zur Psychotherapie findet man viele Möglichkeiten, wie Menschen ihre Gedanken und Gefühle willentlich beeinflussen können. Einige – beileibe nicht alle – sind hier aufgezählt.

Die Selbstinstruktion

Eine bewährte Methode zur Kontrolle ist die Autosuggestion (z. B. „Ich bin ganz ruhig"), die überraschend wirkungsvoll ist. Die Worte können sogar eine Art Selbsthypnose bewirken. Schlachtrufe wie „Gott ist groß", „Gott mit uns" befördern die Entschlossenheit des Kämpfers.

Emotionale Erinnerungen

Erinnerungen lassen sich willkürlich aufrufen. Erinnerungen an Verluste bewirken traurige Gefühle; traurige Gefühle wiederum spielen Gedanken an weitere Verluste ins Bewusstsein. So lassen sich Gefühle manipulieren. Auf diese Weise gelingt es Schauspielern auch, das in der Aufführung geforderte Gefühl wirklich zu empfinden.

> **Beispiel**
> Eine Gefühlslage wird in der Psychotherapie absichtlich auf eine Körperempfindung konditioniert. Man nennt das in der Hypnotherapie „ankern". Man vertieft sich in eine sehr glückliche Erinnerung und zwickt sich dabei in den Arm. Nach einigen Koppelungen stellt sich das Glücksgefühl dann allein beim Zwicken in den Arm ein.

Trauerrituale oder auch nationale und religiöse Symbole können nach vielen Koppelungen von Situation und Gefühl das gewünschte Gefühl wie einen konditionierten Reflex hervorrufen. Auch so können Gefühle berechenbar aufgerufen werden. Die tiefe Entspannung des Gebetes im sonntäglichen Gottesdienst kann in einer Notlage hilfreich sein.

Weniger geübte Gefühle und Gefühlsausdrücke geraten dagegen außer Gebrauch (z. B. Levy 1984).

Schwieriger ist es, sich vorzunehmen, nicht an bestimmte Ereignisse zu denken, die weniger wünschenswerte Gefühle aufwühlen. In Momenten nachlassender Kontrolle tauchen die Erinnerungen doch wieder einmal im Bewusstsein auf. Man kann sich von unerwünschten Gedanken und Gefühlen jedoch ablenken, indem man z. B. den Liebesschmerz durch einen Körperschmerz überdeckt (vgl. Abschn. 6.5) oder eine Tätigkeit aufnimmt, die so viel Aufmerksamkeit fordert, dass der unerwünschte Gedankeneindringling von der Bühne der Aufmerksamkeit verschwindet.

Nicht auf dumme Gedanken kommen

Allzu leicht können sündige Gedanken aufkommen. So genoss Fleiß im Mittelalter ein hohes Ansehen: Wer fleißig war, kam nicht auf dumme Gedanken. „Ora et labora" („bete und arbeite") war und ist noch der Wahlspruch von Mönchen. Auch andere Ablenkungen bewahrten vor sündigen

Gedanken. Das Jagdbuch des Königs Morus (14. Jahrhundert, nach Verdon 2011, S. 124) lobt die Tugendhaftigkeit des Jägers:

> **Beispiel**
>
> … und er ruft und bläst aus ganzer Lunge ins Horn, so stark er kann. Er hat große Freude und großes Vergnügen und ich verspreche Euch, dass er an keine andere Sünde oder etwas Böses denkt.

6.1.3 Der kognitiv-emotionale Set

In bestimmten Situationen werden komplexe Voreinstellungen abgerufen, die dann die weitere Reaktion bestimmen. Sie bestehen aus Bewegungen, Gedanken und Gefühlsbereitschaften. Dies möchte ich als „kognitiv-emotionalen Set" bezeichnen.

Der kognitiv-emotionale Set am Beispiel des Kunsterlebens

Das Kunsterlebnis in unserer Kultur ruft eine Reihe von Einstellungen und Gewohnheiten auf, die wir nicht einfach als gegeben annehmen sollten. In anderen Kulturen und zu anderen Zeiten gibt und gab es andere Umgangsweisen mit der Kunst.

Wir erwarten heute im Weiteren, durch die Kunst beeindruckt, wenigstens aber unterhalten oder erfreut zu werden. Wir horchen beim Betrachten des Kunstwerkes daher in uns hinein, ob und wie sich unser Erleben nun verändert. Wir geben also dem Erleben auch die Gelegenheit, sich zu verändern. Es stellen sich dann freie Assoziationen ein, die – wie wir seit Freud wissen – vom verdrängten Komplex angezogen werden. So führt das Kunsterlebnis (heute) zu unseren persönlichsten inneren Konflikten, die es im günstigen Fall therapeutisch bearbeitet.

Wir erwarten, die künstlerische Genialität bewundern zu dürfen, die den hohen Wert des Werkes rechtfertigt. Dies alles können wir allein, aber auch in der Gemeinschaft mit anderen Menschen erleben. Wir sind bei der angebotenen Vielfalt der Werke aufgefordert zu beurteilen, ob uns das Werk gefällt – wir sind sozusagen der letzte Juror für das eigene Kunsterleben. Niemand würde also z. B. erwarten, dass uns alle Kunstwerke gefallen.

Ein Werbeprospekt ist auch Gegenstand der Betrachtung, er trifft jedoch auf gänzlich andere Vorbedingungen. Wir öffnen ihm kein irgendwie nach innen gerichtetes Horchen, im Gegenteil: Wir versuchen meist, ihn zu übersehen.

Apter (1982) hat zwischen zwei Motivationslagen unterschieden, die im jeweiligen Erleben vorherrschen, der telischen und der paratelischen. Die telische Motivation ist auf Zielerreichung gerichtet, die paratelische auf Genuss und Sinneserfahrung. Im Moment der Kunstbetrachtung herrscht meist die paratelische Motivation vor. Ereignet sie sich aber in einem Moment der Alltagshektik, ist z. B. die Bereitschaft geringer, einen Stimulus als schön zu beurteilen (Schuster und Jansen 2006).

> **Beispiel**
>
> Zwei drastische Beispiele aus meinem Alltag können den Unterschied dieser Motivationszustände weiter illustrieren.
> 1. Im Sommer am Meeresstrand empfinde ich die Kälte das Wassers beim Baden zunächst schmerzhaft intensiv; als ich aber einmal meinen Hund aus einer herbstlichen kalten Talsperre ziehen musste, habe ich – im Moment der Handlung und in der Konzentration auf das Ereignis – die Wassertemperatur gar nicht bemerkt.
> 2. Auf der Suche nach einem Museumscafé hat mein Sohn seinerzeit die Kunstwerke an der Wand der Royal Albert Hall gar nicht bemerkt.

Das Kunsterlebnis kann in anderen Kulturen anders eingebettet sein.

> **Beispiel**
>
> Der chinesische Sammler betrachtet seine Kunstschätze daheim in der Gemeinschaft von engen Freunden. Ein öffentliches Kunstmuseum dient ihm nur als Dokumentation; eine starke Empfindung könnte er dort nicht entwickeln (Malraux 1947). Anders als der westliche Betrachter wäre er aber bereit, eine Fantasiereise in der künstlichen Landschaft der Malerei zu beginnen. Manchmal bietet sogar eine kleine Brücke am unteren Bildrand den Einstieg dazu.

In unserer Historie gab es unterschiedliche Anforderungen an die Gefühlskontrolle. Der Mensch in der Romantik durfte, vom großen Kunsterlebnis übermannt, durchaus weinen. Das Gleiche würde man heute in einem Kunstmuseum für ein Zeichen einer depressiven Verstimmung halten. Unsere Begeisterung dafür äußern wir Heutigen in überschwänglichen Worten, für die die Kunstführungen Vorlagen liefern.

Nahezu unbemerkt mischen sich in das Kunsterlebnis historische Kognitionen und Kontraste. Früher besaßen die Könige und Fürsten Kunstsammlungen. Es war ein besonderes Privileg, sie besuchen zu dürfen. Da war angemessene Kleidung erforderlich. Noch heute würde man kaum im Trainingsanzug oder gar barfuß durch das Museum laufen.

Der Bezug der Kunst zur Religion ist vielfältig. Das Kunstwerk bringt die Wahrheit der religiösen Erzählungen zu uns. Das Kunstwerk selbst kann – wie die Ikonen – als heilig und sogar wundertätig gelten. Da muss uns nicht wundern, dass es seine „Heiligkeit" in die Zeit der profanen Darstellung hinübergerettet hat. Dem Romantiker wurde die Natur (Naturfrömmigkeit) und auch die Kunst (Kunstfrömmigkeit) zum Religionsersatz.

Solche teils bewussten, teils auch völlig unbewussten Annahmen und Voreinstellungen zur Kunst haben sich in Jahrhunderten an einer naturalistischen Kunst entwickelt. In historisch relativ kurzer Zeit hat sich nun aber alles, was Kunst bedeutet, drastisch verändert. Verursacht durch die Erfindung der Fotografie wurde jedes naturalistische Abbilden obsolet, das konnte man nun einfacher haben. Also mussten die Künstler neue Wege suchen. Expressionismus, Surrealismus und abstrakte Kunst haben in diesem Impuls ihre Wurzeln (ohne natürlich völlig durch ihn bestimmt zu sein).

Wenn nun der traditionelle Kunstbegriff (der sich in Begriffen ausdrückt wie „schöne Künste", „Kunst muss mir gefallen", „Kunstgenuss", „schön wie gemalt") auf eine veränderte Kunst trifft, kann das zu Reaktionen der Befremdung führen. Entsprechend lehnen viele Zeitgenossen die zeitgenössische Kunst ab.

Die neue Beliebtheit der Fotokunst liegt sicher nicht zuletzt daran, dass sie auf ganz unverdächtige Weise den Naturalismus und das Gefällige in die Kunst zurückbringt. Wir sehen wieder schöne Frauen (z. B. fotografiert von Helmut Newton) in schönen Kleidern oder erschreckend-aufregendes Kriegsgeschehen usw.

6.1.4 Redewendungen und Selbstkontrolle

Die Mechanismen der Selbstkontrolle werden gelehrt und abgeschaut, sind aber auch in Redewendungen vorgegeben. Die Sprache besteht ja aus einem riesigen Schatz von Analogiebeziehungen, die eben auch das Denken über eine Sache bedingen. Auch wie man Gefühle „in den Griff bekommt", vermittelt sich in diesem Wissensschatz. Man soll sich „auf andere Gedanken bringen", eine „Ablenkung" finden, „mal an etwas anderes denken", um bestimmte Assoziationen zu unterdrücken. Es gilt, „nach vorne zu schauen".

Für Schmerzempfindungen gibt es die Empfehlung, die „Zähne zusammenzubeißen". Angstkontrolle gelingt durch „tiefes Durchatmen". Oder man macht die „Augen zu und marschiert durch". Wut und Aufregung flauen ab, wenn man „eine Nacht darüber schläft" oder „erst einmal bis zehn zählt". Man kann „herunterkommen" oder erst „mal die Luft anhalten" und „sich mäßigen".

So kommt es dann durch die in der Kultur vorgegebenen Autosuggestionen zu einer Art Selbsthypnose. Solches Lernen aus der Sprache ist jedoch wenig erforscht. Es wäre interessant herauszufinden, wie die Menschen aus eigenen Erfahrungen, dem Sprachwissen und dem Allgemeinwissen eine konsistente Weltsicht konstruieren.

6.2 Scham- und Ehrgefühl

Scham- und Ehrgefühl beziehen sich auf die soziale Gruppe, sie sind sozusagen „Gefühle der sozialen Kontrolle", die erwünschtes oder unerwünschtes Verhalten begleiten. Man muss sich dann gegebenenfalls schämen oder darf stolz sein. Erwünschtes Verhalten führt zum Erwerb von Ehre, abgelehntes Verhalten zieht Schande nach sich. Was erwünscht oder unerwünscht ist, kann ganz unterschiedlich sein. Man denke z. B. an die balinesische Sitte der vorletzten Jahrhundertwende, sich mit unbedeckten Busen zu zeigen (nur Prostituierte bedecken ihre Brust), und vergleiche dieses Verhalten mit der „Schamhaftigkeit" der weiblichen Erscheinung in viktorianischen Zeiten, als schon der Blick auf ein nacktes Bein dem Nachtklub vorbehalten war. Ehre kann durch das Töten von Feinden, aber gleichzeitig in der christlichen Gemeinschaft durch tätige Nächstenliebe erworben werden. Was also Scham hervorruft oder Ehre gewinnen lässt, ist eine Folge der Wertewelt der Gemeinschaft und sichert sie.

Anmerkung

Eine Anmerkung zu Sprache und Psychologie: Dem Gefühl „sich schämen" steht kein Gefühl „sich ehren" gegenüber. Es wäre hier am ehesten das Gefühl, „stolz zu sein", zu nennen. Die Psychologie hat mit diesen (gegebenenfalls sehr starken) Gefühlen Schwierigkeiten: Weil beide Gefühle keinen eindeutigen Gesichtsausdruck hervorrufen, zählen sie nicht zu den primären Gefühlen (s. Abschnitt 5.1). Dennoch kann man ihnen Gesten (in der Scham die Hand vors Gesicht halten) oder Posen (mit stolzgeschwellter Brust herumlaufen) zuordnen. Eine Psychologie, die auf dem Fundament der vorgefundenen traditionellen Gefühlsnamen operiert, kann das Begriffs- und Funktionspaar von Scham und Stolz nur schwer auffassen.

6.2.1 Schamgefühl

Scham gibt und gab es in Bezug auf mehrere Verhaltensfelder. Sie betrifft die Bedeckung des Körpers und die Funktionen von Ausscheidung und Sexualität. Es gibt sie auch bei den Tischsitten.

Die Bildwelten der Vergangenheiten können belegen, was problemlos gezeigt werden konnte, also keinen Schamverdrängungen unterlag, und was zensiert war. Bei den untersuchten Bildern sollte es sich nicht um Ausnahmebilder (etwa nur im Gebrauch der Oberschichten) handeln, sondern um Bilder, die häufig und in der Öffentlichkeit zu sehen waren.

Scham und Essen

Gerade in Bezug auf das Essen sind wir uns der aktuell bestehenden Scham kaum bewusst. Die heutigen westlichen Tischsitten sind aber strikt: Man soll nicht mit offenem Mund kauen. Man soll die Nahrung nicht mit den Händen oder dem Mund zerreißen. Speziell Elias (1976) zeichnete vom Mittelalter bis zur Neuzeit ein Ansteigen der Schamschwelle an den europäischen Höfen nach. Krieger wurden allmählich zu Höflingen. Die damalige Ratgeberliteratur behandelte dann z. B. Fragen, wie am Königshof mit Nasenschleim umzugehen sei. Man wollte nun nicht mehr von einem gemeinsamen Teller oder mit den Händen essen. Das ganze tote Tier verschwand allmählich aus dem Blickfeld der Tafelgäste. Ab dem Mittelalter brachte jeder Gast sein eigenes Messer mit. Die Gabel, um das Essen vom Teller zum Mund zu führen, war eine spätere Erfindung. Der Gebrauch des – gefährlichen und symbolhaft kriegerischen – Messers beim Essen wurde immer stärker reguliert. Das zivilisiertere China hat das Messer schon seit Jahrtausenden (seit ca. 3500 v. Chr.) aus der Hand der Speisenden verbannt. Vielleicht liegt es – wie Elias vermutet – daran, dass in China nicht die Krieger, sondern eine gelehrte Beamtenkaste die Führungselite stellte. Man bot und bietet dort dem Speisenden klein zerteilte Fleischbrocken an, die gar nicht mehr daran erinnern, dass wir tote Tiere essen.

Die offene Behandlung der körperlichen Begleitphänomene des Essens (z. B. ein Erbrechen nach dem Essen), wie sie etwa 1530 Erasmus von Rotterdam (in „De civilitate morum puerilium") noch leistet, löst im heutigen Leser Gefühle der Peinlichkeit oder des Ekels aus.

Für die indigenen Bakairi in Zentralbrasilien beschreibt von den Steinen (1984) eine ungewöhnlich starke Speise-Scham: Die Stammesangehörigen zogen sich zum Essen allein zurück und verbargen den Vorgang der Nahrungsaufnahme vor allen anderen.

Genitalien/Sex

Primäre Geschlechtsteile werden auch von den meisten eingeborenen Stämmen versteckt, sodass man an eine angeborene Scham denken könnte. Andererseits gibt es im menschlichen Verhaltensrepertoire auch das Schamweisen: das spottende Zeigen der weiblichen Geschlechtsteile und ein bedrohendes phallisches Imponieren (etwa sichtbar in der Schamkapsel der Landsknechte). Missionare berichteten erstaunt über die fehlende Scheu der Indianerinnen bei einer Untersuchung ihrer Geschlechtsteile (Stearns 2009). Insgesamt gab und gibt es für die Zurschaustellung von Nacktheit primärer und sekundärer Geschlechtsmerkmale sowie für sexuelle Handlungen jeweils sehr unterschiedliche Schamgrenzen.

Präkolumbische Kulturen

Aus den präkolumbischen Kulturen (z. B. die Moche-Kultur; 200 v. Chr. bis 600 n. Chr.) kennt man Darstellungen vieler Koituspositionen und auch von analem Verkehr auf Tongefäßen. Auf ihnen finden sich auch modellierte Geschlechtsakte vor der versammelten Kinderschar (Kann und van Bussel 1996). Diese Darstellungen markieren einen historischen Extremwert der „Schamlosigkeit" in Bezug auf sexuelle Handlungen.

Indien

Im vorgeschichtlichen Indien gab es Skulpturen von Yoni (weibliche Genitalien), die einen Lingam (Penis) umschließen. Der Penis und die ihn umgebende Vagina wurden dabei als Fruchtbarkeitssymbol verehrt. Im 3. Jahrhundert n. Chr. entstand das Kamasutra, eine Liebeslehre, die neben einer gewissen buchhalterischen Aufzählung von Liebespositionen und Typen von Liebhabern auf jeden Fall auch die Liebe zwischen den Partnern behandelt und immer auch die weibliche Lust berücksichtigt. Es gab damals eine ausgefeilte erotische Kunst und Anleitungen zu tantrischer Sexualität (in den Veden). Im Tempel Khajuraho (800–1300 n. Chr., Abb. 6.1) sieht man in Halbreliefs sexuelle Aktionen, auch anale Penetration von Tieren. Zu erwähnen wäre, dass sich mitabgebildete Zuschauer (beim abgebildeten Sex

Abb. 6.1 Erotische Darstellung an den Tempeln von Kajuraho (ca. 1200 n. Chr.) (Rechte beim Autor, eigenes Bild)

mit Pferden; vor Scham?) die Augen zuhalten. Später wurden viele Statuen mit sexuellem Inhalt von den islamischen Moguln zerstört (Stearns 2009). Das heutige Indien mit seiner historisch-islamisch und dann viktorianisch geprägten Kultur ist recht prüde und kann sich den Ursprung dieser Bildwerke kaum noch erklären.

Ägypten

Der Anblick des erigierten Penis ist heute in Europa stark tabuisiert. In der ägyptischen und griechischen Antike dagegen fand man ihn häufig dargestellt. Noch heute kann man auf den Wänden der antiken Tempel die Pharaonen und auch den Gott Min mit erigiertem Penis abgebildet sehen (Abb. 6.2).Herodot berichtet, dass Statuen mit erigiertem Phallus herumgetragen wurden. Der Penis konnte z. B. in einer unterstreichenden Hülle getragen werden. Nach Friedell (1996) war unser heutiges Schamgefühl in der ägyptischen Kultur unbekannt. In der antiken ägyptischen Backstube arbeiteten barbusige Frauen neben Männern. Die weibliche Brust konnte auch in der Öffentlichkeit unbedeckt sein. Die weißen Gaze-Kleider waren ohnehin halb durchsichtig (Feucht 1997). Auf einem Papyrus sieht man Ramses in einer Art „Bordell" mit erigiertem Penis bei der Penetration dargestellt, mehrere nackte Frauen sind anwesend (Friedell 1996).

Abb. 6.2 Der Pharao mit erigiertem Penis an der Wand des Tempels von Luxor (© efesenko/stock.adobe.com, stock.adobe.com)

Das antike Griechenland

Griechische Vasenmalereien zeigen in Bildern Cunnilingus und Fellatio im Gruppensex und viele erigierte Penisse. Grabmale können mit einem erigierten Penis ausgestattet sein (die Hermen). Weibliche Geschlechtsteile finden sich in den Darstellungen dagegen kaum. Clark (1980) vermutet eine Ablehnung der sichtbaren (weiblichen) Sexualitätsmerkmale in Griechenland. Es gibt auch Abbildungen masturbierender Männer (z. B. in Katchadourian 1985, S. 264). Diogenes masturbierte – nach der Legende – offen auf dem Marktplatz und wurde dafür gelobt (aber Demosthenes dafür verdammt).

Das antike Rom

Es galt im antiken Rom als wenig schicklich, in der Öffentlichkeit Schamteile zu entblößen (Langner 2001). Überhaupt war man der Nacktheit gegenüber scheu. Die Prostituierte trägt auf dem Wandbild in Pompeji beim gezeigten Geschlechtsakt immer noch einen BH (Abb. 6.3).Der Geschlechtsakt unter Partnern sollte nach Anbruch der Dunkelheit stattfinden (Veyne 1989). Dennoch war das antike Rom in Bezug auf die Darstellung von Sexualität tolerant: Es gab römische Münzen mit Abbildungen aller Sexstellungen (die sogenannten „Spingen", orale, anale Stellungen usw.), mit denen anscheinend die verschiedenen Dienstleistungen im Bordell bezahlt wurden. (In Sexdarstellungen sieht man erigierte Penisse, und eine Statue zeigt, wie ein Faun eine Ziege penetriert.) Die Bordelle in Pompeji priesen öffentlich ihre Leistungen an. Bilder auf den Wänden zeigen z. B. einen Mann, der sich über einer nackten Frau entleert (Kot und Urin). Das Antikenmuseum von Neapel hat einen Raum mit den antiken erotischen Darstellungen (der nur für erwachsene Besucher zugänglich ist). Sexdarstellungen finden sich in den Schlafzimmern der Bürgerhäuser in Pompeji (zunächst dachten die Archäologen, es handele sich um Bordelle, und man staunte über deren große Zahl). Es wurde vermutet,

Abb. 6.3 Die sexuelle Handlung (vermutlich einer Prostituierten) erfolgte in Pompeji nicht gänzlich unbekleidet. (© Ernst Wrba/imageBROKER/mauritius images, www.mauritius-images.com)

dass reiche Männer alle möglichen Sexstellungen an ihrer Wand abgebildet hatten, um einer Frau genau ihre Wünsche zeigen zu können.

Männer haben Sex mit Knaben (anale Penetration), und man sieht einen Cunnilingus usw. (Clarke 2009). Die Anwesenheit von dritten Personen bei der Sexualität wird dargestellt. Es gibt Sklaven, die bei der Liebe bedienen.

Japan/Asien

In Japan gibt es eine umfangreiche erotische Holzschnittkunst. Die farbigen Holzschnitte (Shunga) sind seit der Edo-Zeit (ab ca. 1600) weit verbreitet. Allerdings wurden sie seit 1720 auch immer wieder verboten und zum Teil nur unter dem Ladentisch gehandelt. Indem sie aber auch als Aufklärungsmaterial verwendet wurden, kann man vermuten, dass sie dem tatsächlichen Sexualverhalten nahekamen. Erst seit 1986 sind die Shunga frei verkäuflich. Sie zeigen vielfältige sexuelle Praktiken sehr explizit. In früheren japanischen Farbholzschnitten war Nacktheit jedoch verpönt, denn der nackte Körper wurde als wenig schön empfunden. Es wurden bei bekleideten Figuren dann jeweils nur die – sorgfältig ausgearbeiteten – Genitalien gezeigt. Schöne Stoffe, die als erotisch anregend empfunden wurden, bedeckten die Körper. Die Anwesenheit von Dritten beim Sex war möglich, und mehrere Frauen konnten gemeinsam Sex mit einem Mann haben. Auch anale Kontakte sind abgebildet. Man sieht auf den Farbholzschnitten auch Oralkontakte und die Stimulierung der Klitoris z. B. mit einem Pinsel. Interessant ist ein Bild, das einen genital-analen Kontakt unter Männern (oder mit einem Knaben) zeigt, bei dem der penetrierende Mann schamhaft die Hand vor das Gesicht hält (Kitagawa Utamaro 1802, in Munro 2008). Diese Praxis traf also auch im historischen Japan auf Vorbehalte.

Das christliche Europa

Das Mittelalter empfand Scham gegenüber Nacktheit weniger stark. Menschen konnten in der Öffentlichkeit, z. B. im Badehaus, nackt sein; Männer und Frauen schliefen in gemeinsamen Räumen überwiegend nackt. Dazu konnten sich dann auch noch weitere Gäste gesellen. Bis ins 16. Jahrhundert war der Anblick von Nacktheit im öffentlichen Raum durchaus üblich (Pinker 2011, S. 121; Elias 1976). Auf den Bildern von Pieter Brueghel (ca. 1560) sieht man außerhalb der Stadt nackte Badende. Dennoch erwähnt der Roman „Der arme Heinrich" (Hartmann von der

Aue, ca. 1200), dass sich die jugendliche Heldin vor einem Arzt nackt entblößte und dabei „keine Scham" zeigte. Die hätte der Autor also auch in der dramatischen Situation der Romanhandlung für angemessen gehalten.

Erst im 17. Jahrhundert wurde ein Bild von Sodomiten (hier: Homosexuellen) aus dem Portal der Kathedrale von Reims entfernt. Das Mittelalter tolerierte die öffentliche Sexszene. Später wurde man schamhafter.

Auch die Sexualität war weniger versteckt. Ein erster Geschlechtsverkehr, der die Ehe konstituierte, wurde vor Zeugen vollzogen. So war es z. B. bei der Eheschließung von Luther mit Katharina von Bora (im Jahr 1552). Kinder und Jugendliche nahmen so und bei der gemeinsamen Nachtruhe in der Kammer den Geschlechtsverkehr wahr.

Die christliche Neuzeit erlebte Wellen der Prüderie und Sexualitätsverleugnung. Der Protzsack, der das erigierte Glied zeigen konnte, wurde aus der Männermode verbannt. Frauen sollten jetzt Unterwäsche tragen. Für den privaten Gebrauch entstand allerdings nach Erfindung des Druckwesens in der Zeit der Aufklärung eine blühende Pornografie.

Das Nacktschlafen wurde in der Neuzeit verboten und der Schlafanzug zur – religiösen – Vorschrift. Jungen und Mädchen sollten nicht mehr gemeinsam in einem Bett oder einem Raum schlafen. In Italien sollten unverheiratete Männer und Frauen nicht allein in einem Raum sein. Um 1800 war es unschicklich, Worte wie „Hose" oder „Strumpfband" zu erwähnen. Sogar das Wort „keusch" galt als unanständig, weil es an sein Gegenteil, nämlich „unkeusch", erinnerte.

Heute ist in arabischen Gesellschaften sogar die nackte männliche Brust tabuisiert, daher dürfen Fußballer in international ausgestrahlten Spielen nicht das Hemd tauschen (und sich dabei ausziehen).

Wie in vielen anderen Bereichen sind Einstellungen und Sitten gegenüber öffentlicher Nacktheit schnellen Veränderungen unterworfen. Vielleicht angestoßen von der Idee des „edlen Wilden", der sich weder eingeengt noch verdorben durch eine Zivilisation einfach nackt zeigt, kam es um 1900 zu einer Freikörperkultur. In Deutschland erlebte diese – ganz gegen den Willen der Staatsmacht – eine Blüte in den 1950er Jahren. Die Strände der DDR, etwa in Prora auf Rügen, waren überwiegend Nacktbadestrände. Die DDR-Bürger drückten so ihren Freiheitswillen aus. Heute gibt es auf dem Gebiet der ehemaligen DDR weiterhin viele Nacktbadestrände, aber sie sind nun reguliert und begrenzt – auch deshalb, weil sich Touristen aus dem katholischen Polen in ihrem sittlichen Empfinden gestört fühlten.

Fäkale Scham

Im antiken Rom gab es öffentliche Gruppenlatrinen (Abb. 6.4). Daraus können wir schließen, dass die Scham gegenüber den Ausscheidungsvorgängen damals deutlich geringer war als heute. Der Kot verunzierte öffentliche Straßen und die Plätze hinter Grabmalen und Statuen. Ebenso hatten die mittelalterlichen Klöster vielsitzige Aborte (vgl. einen Grundriss des Klosters von St. Gallen). Im 16. Jahrhundert fand man nichts dabei, sein Geschäft öffentlich zu erledigen. Ludwig XIV. gab Audienzen auf dem sogenannten „Kacktopf". Aus den Briefen der Liselotte von der Pfalz lernen wir, dass man damals große Bankette auf „Kackstühlen" einnahm und Diener die Hinterlassenschaft während des Essens diskret entfernten. Pieter Brueghel (ca. 1560) zeigt uns – auch in der Stadt – eine Vielzahl von entblößten Gesäßen, die ihr Geschäft verrichten.

Heute sind die Japaner in dieser Hinsicht besonders schamhaft. Damit Beistehende keine Geräusche hören, erzeugt die Toilette ein Gegengeräusch.

Abb. 6.4 Gruppenlatrine. In der Antike waren Gruppenlatrinen üblich. (Rechte beim Autor, eigenes Bild)

> **Fazit**
>
> Rund um Nahrungsaufnahme, Nacktheit, Geschlechtsverkehr und Ausscheidungen gibt es Schamgebote, die von absoluter Liberalität bis zu strikter Prohibition wechseln können.

6.2.2 Ekel, Hygiene

Hygiene

Herodot lobte die große Reinlichkeit der Ägypter: Der Bronzetrinkbecher wurde einmal am Tag ausgewaschen; beim Urinieren im Haus sollten die Männer sitzen, die Frauen stehen; nach dem Beischlaf sollte man sich waschen; wer ein Schwein berührt hatte, musste sich ebenfalls waschen. Nach dem Essen wurde (zumindest am Hof des Pharao) der Mund mit Natronwasser ausgewaschen (Shaw 2012). Auch die jüdische und islamische Religion sehen für viele Gelegenheiten Waschungen vor. So schützte die Religion vor Ansteckungen. Die hygienischen Bedingungen der Römerzeit wurden in Mitteleuropa erst im 18. Jahrhundert wieder erreicht. Man führte damals sauberes Wasser über Aquädukte aus dem Umland in die Stadt, und der Fluss, z. B. der Tiber, diente nur als Kloake. Der Bevölkerung standen öffentliche Aborte und Badehäuser zur Verfügung. So haben die antiken Großstadtgesellschaften, schon allein um die häufigen Epidemien einzudämmen, ein Reinlichkeitsbedürfnis kultiviert.

Die Entwicklung der Hygiene reicht bis in unsere Zeit hinein. Den Nasenschleim auf die Straße zu spucken, war in Europa (z. B. im 16. Jahrhundert) üblich. Heute ist es nahezu überall verpönt. Bevor es das Schnupftüchlein gab, wischte man den Nasenschleim mit dem Ärmel ab. Um dies den Soldaten abzugewöhnen, brachte man am Ärmel der Uniform Knöpfe an. In Asien dagegen ist diese (Un-)Sitte noch in vielen Regionen alltäglich.

Ekel vor Speisen

Wenn das ägyptische Totenbuch (Champdor 1997, S. 156) schreibt, „Die Toten müssen nicht fürchten, eines Tages ihre eigenen Exkremente zu essen, denn bei den Göttern herrscht Überfluss." (sinngemäß), so muss man davon ausgehen, dass dies den Lebenden im Ausnahmefall blühte. In Hungersnöten werden die normalen Ekel- und Hygienegrenzen aber außer Kraft gesetzt: Im 30-jährigen Krieg und in Pestzeiten aßen die Menschen Leichenfleisch, Leder, Ratten, Hunde und Katzen. Der Islam verbietet das Essen von Neugeborenen (!) und verweist so auf eine anscheinend mögliche Verhaltensweise.

Spezielle Ekelgefühle gegenüber Speisen können in anderen Kulturen ganz andere Formen annehmen. Während Chinesen traditionell faule Eier mögen, finden sie zu Käse vergorene Milch ungenießbar. In Bezug auf Nahrungsmittel mussten die frühen Weltreisenden vielfältige Ekelgefühle überwinden, etwa wenn sie in der arabischen Welt Tieraugen essen sollten oder der Urin des verehrten Priesters in Tibet als Getränk gereicht wurde. (In den 1980er Jahren bis heute wurden die Selbstheilungskräfte des Eigenurins propagiert, und es gab in begrenzten Untergruppen einen entsprechenden Konsum.)

Ekel und Gerüche

Bei Fäkalgerüchen war man im Mittelalter notgedrungen toleranter, als man es heute wäre; die Abwässer und Fäkalien wurden aus den Häusern auf die Straße geschüttet, sodass man dort oft knietief darin watete. Eine gewisse Verschmutzung wurde sogar für gesund gehalten. Bis zum 18. Jahrhundert beließ man die (gewickelten) Babys daher lange in ihren Ausscheidungen. In rückständigen Gegenden – etwa den katholischen irischen Erziehungsheimen – mussten die Kinder bis vor wenigen Jahrzehnten bis zum fünften Lebensjahr in äußerst selten gewechselten Windeln leben.

Die Nähe von Ausscheidungsfunktionen und Sexualfunktion könnte für Gesundheitssorgen, aber auch für Ekelgefühle verantwortlich sein (vgl. die Reinheit des Mundes im antiken Rom).

6.2.3 Ehre und Schande

Die Ehre ist ein Teil des Selbstwertgefühls. Schopenhauer (1917, S. 68) versteht in seinen „Aphorismen" unter Ehre „objektiv, die Meinung anderer von unserem Wert, und subjektiv, unsere Furcht vor dieser Meinung". Viele Wörter wie Leumund, Ruf, Respekt, Reputation, Würde und Ansehen bezeichnen den gleichen oder eng benachbarten Sachverhalt. In Psychologiebüchern wird die Ehre nicht behandelt, obwohl sie eine starke Triebfeder ist. Auch unter dem Begriff „Selbstwertgefühl" sucht man Ausführungen zum Ansehen und zur Ehre vergeblich.

Ehre und Schande sind aber Hauptmotive antiken Handelns.

> **Beispiel**
>
> Hier sei nur auf ein historisches Beispiel verwiesen.
> Eingangs der „Ilias" kommt es zu einer Kränkung des tapferen Achill. König Agamemnon beansprucht eine eroberte Frau (nun also eine Sklavin), die sich schon im Zelt des Achill befand, für sich. Als Heerführer stand ihm das auch zu. Nun aber weigerte sich der gekränkte Achill zunächst, weiter mitzukämpfen.

Gibt es kein Gewaltmonopol des Staates ist es Ehrensache, ein Verbrechen selbst zu rächen. Nur so gibt es eine wirksame Abschreckung vor Verbrechen. Es ist eben (etwa in Frankreich vom 6. bis 9. Jahrhundert) eine Frage der Ehre, einen Verwandtenmord durch einen Gegenmord zu rächen. Auch Beleidigungen konnten die Ehre verletzen und führten im frühmittelalterlichen Frankreich zu Gerichtsprozessen und Mordtaten. Die beleidigenden Worte, die vor Gericht behandelt wurden, werfen ein gewisses Licht auf den umgekehrt ehrbaren Lebenswandel: „feile Dirne", „Knabenschänder" sowie „bekackt" und „mit Kot besudelt" (gegen Homosexuelle gerichtet). Der Vorwurf der Falschheit war beleidigend: „Fuchs" oder „Verleumder", aber auch „Angsthase" (Rouche 1995).

Der germanische Krieger durfte seinen Schild nicht verlieren (etwa auf der Flucht?). Kam es doch dazu, war gleichzeitig seine Ehre verloren (Tacitus, s. u.).

Wie wichtig Ehre und Ehrverlust in der Vergangenheit waren, können wir daran ermessen, dass es im Mittelalter sogenannte „Leumundsverfahren" gab, die ein Urteil nur aufgrund des guten oder schlechten Rufs eines Angeklagten fällten. Bis in die frühe Neuzeit blieb die Ehre so ein kostbares Gut, um das es z. B. nach Beleidigungen Raufhändel und Gerichtsverfahren gab. Der Ehrlose war aus der dörflichen und städtischen Gesellschaft ausgeschlossen. Ein Verlust der Ehre stand daher oft über dem Verlust des Lebens. So kommt es, dass noch heute eine höhere Selbstmordrate in Ländern mit starkem Ehrkonzept registriert wird (Ritter 2014).

In der islamischen Welt ist die Ehre bis heute Regulativ gesellschaftlicher Sanktionen. Im Gegensatz zum „bußfertigen" Christentum ist daher Kritik schnell ehrverletzend. Die heutigen terroristischen Attentate radikalislamischer Mitbürger z. B. werden so von den Islamverbänden mitunter nur sehr zurückhaltend verurteilt.

Drohende Ehrlosigkeit wird in islamischen Ländern sogar heute noch als so unerträglich angesehen, dass sie zu Mordtaten (Ehrenmorde) führen kann, etwa wenn durch ein moralisch beanstandetes Verhalten der Töchter ein Ehrverlust der Familie zu entstehen droht. In der Shell-Jugendstudie 13

(Fritsche 2000) vergleicht sich ein junger Türke mit den Deutschen: Die Türken haben viel Ehre, meint er, die entsprechend verteidigt werden müsse. Der türkische Sportsieg ist noch heute ein Zugewinn an nationaler Ehre. Die Schwere der Ehrminderung durch eine Niederlage motiviert Gruppenaggressionen z. B. gegen die siegreiche gegnerische Fußballmannschaft.

In der Neuzeit legte die Familie Ehre mit dem Begräbnis ein. Auch einfache Familien sparten für ein luxuriöses Begräbnis. Noch heute gibt es für diesen Zweck sogenannte Toten- oder Sterbekassen.

In der heutigen Zeit einer umfassenden staatlichen Rechtsdurchsetzung hat das „Ehrgefühl" einen Bedeutungsverlust erlitten.

Das Gefühl des Stolzes und der Würde mag ein später Ableger des Ehrgefühls sein. Seit der Französischen Revolution sind „alle Bürger gleich". Der stolze, demokratische Mensch muss sich nicht unterordnen; die ehemaligen Paläste der Fürsten stehen ihm sogar als Museum offen. In Romanhandlungen wie etwa „Wilhelm Tell" von Schiller wird solcher Stolz grundgelegt. Militärischer Tapferkeit steht die „Zivilcourage" an der Seite.

6.2.4 Die Ehre der Frauen

Als besonders gefährdet galt im Mittelalter die Ehre der jungen Frauen. Der gute Ruf und die Jungfräulichkeit des Mädchens mussten gewahrt bleiben (heute versteht man die damaligen Einschränkungen für das heranwachsende Mädchen kaum noch).

Gaben Frauen aufgrund eines Eheversprechens dem männlichen Drängen nach und wurden dann mit einem Kind sitzengelassen, wurden sie als ehrlos angesehen und aus ihrem Dorf vertrieben. Heute ist dies zwar unter anderem wegen der Verhütungsmethoden nicht mehr aktuell, aber z. B. Türkinnen sollten heute noch bei der Eheschließung Jungfrau sein. In Deutschland aufgewachsene junge Türkinnen werden generell als nicht ehrenhaft verdächtigt.

Im 19. Jahrhundert hat die ehrbare Frau „schamhaft" zu sein (Frevert 2016, S. 20 f. nach den Worten eines Erziehungsratgebers von 1798):

> Nicht nur „Geschlechtliches" war absolut tabu, auch andere Verstöße gegen weibliche Tugenden – neben Ordnungsliebe und Sparsamkeit vor allen Frömmigkeit, Bescheidenheit, Herzensgüte, Geduld, Sanftmut, Biegsamkeit und Selbstverleugnung – gaben Anlass für Scham und Beschämung. „Backfischchen" und „Herzblättchen" liefen immerzu blutrot an, wenn sie sich gegen „Anstand und feine Bildung" versahen.

> **Beispiel**
>
> Ältere Frauen unserer Zeit habe ich empfehlen hören, man solle immer eine frische Unterhose tragen, weil es ja sehr peinlich wäre, wenn der Arzt bei einem Unfall einen Fleck in der Unterhose sehen müsse.

6.2.5 Ehrverteidigung durch Duelle

Das Duell hat eine historische Verankerung in älteren ritterlichen Ehrkodizes. Der ritterliche Zweikampf wurde als Gottesurteil (Ordal) angesehen und war vor Gericht Beweismittel. Schon in vorchristlicher germanisch-keltischer Zeit war der Zweikampf eine Methode der Rechtsfindung. Das Ordal wurde dann vom 4. Lateran-Konzil (1215) verboten (Angenendt 2014).

In den Oberschichten war (mit einem Höhepunkt im Frankreich des 16. bis 17. Jahrhunderts) das Duell zur Wahrung der Ehre üblich. Nicht wenige Adlige und Offiziere verloren dabei ihr Leben. Auch im 18. und 19. Jahrhundert kam es zu vielen Duellen, bei denen oft die Treue der Frau im Zentrum stand. Indem der Beleidigte den ersten Schuss abgeben durfte, war dieser klar im Vorteil. (Speziell wenn er ein guter Schütze war, konnte es passieren, dass er im Lauf der Zeit bis zu 20 Opfer verzeichnete.)

Ein Ausschlagen des Duells führte zum Verlust der Ehre und der sozialen Identität. Es ging um soldatische Tugenden, der Mann musste Mut und Tapferkeit beweisen. Säbelduelle unter Studenten waren ein wildes Draufschlagen, bei dem es nur Angriff und keine Verteidigung gab. Auf den Mut, in der Mensur dem Angriff nicht auszuweichen, war man stolz.

„Satisfaktionsfähigkeit" war ein Merkmal der Distinktion der Eliten (Adlige, Studenten, Soldaten, hohe Beamte) gegen den einfachen Bürger. So waren die Duell- und Ehrvorschriften für Soldaten besonders streng. Nahm man eine Duellforderung nicht an, konnte das zum Ausschluss aus der Armee und Vernichtung der sozialen Existenz führen. Obwohl seit langem verboten, gab es Duelle bis ins 20. Jahrhundert. Noch 1937 wurde der Hauptsturmführer Roland Strunk, Kriegsberichterstatter des „Völkischen Beobachters", im Duell durch einen Pistolenschuss getötet. Hitler verlangte wegen dieses Verlustes danach, jedes Duell eigens zu genehmigen. Nach der Niederlage im Zweiten Weltkrieg war die militärische Ehre dann weniger glaubwürdig (vgl. Frevert 1991).

6.2.6 Unehrliche Berufe

Es gab im Mittelalter sogenannte „unehrliche Berufe". Oft waren das Herumziehende (die eben nicht unter der Kontrolle der örtlichen Gemeinschaft standen) wie Schauspieler, Gaukler, Gassenkehrer, Bachfeger, Gerber, Schäfer, Müller (der am Galgenbau beteiligt ist), Fuhrleute, Bader, Barbiere, Leinweber, Töpfer, Köhler, Türmer, Dirnen (Juden und Dirnen wurden durch die gelbe Farbe gekennzeichnet), Scharfrichter und Abdecker. Sogar Nähe und Berührung des Gerätes solcher Ehrloser oder eine Trinkgemeinschaft mit ihnen machten „unehrlich", wirkten also quasi ansteckend. Die Ehrlosen durften vor Gericht nicht als Zeuge auftreten. Auch war ihnen nicht erlaubt, Angehörige „ehrlicher Stände" zu ehelichen oder einer Zunft beizutreten.

6.2.7 Beschämung: Ehrverletzung als Strafe

Strafen konnten auf drastische Weise die Ehre des Bestraften kränken. Schnitzler (1996) berichtet einen Fall, der nicht ausdrücklich verbürgt ist, aber doch die mittelalterliche Fantasie in Bezug auf Ehrenstrafen erkennen lässt:

> **Beispiel**
>
> Im Jahr 1162 verjagte die Stadt Mailand die Gemahlin Friedrich Barbarossas aus der Stadt. Sie musste dabei rittlings auf einem Esel sitzen. Um der Todesstrafe dafür zu entgehen, mussten alle Mailänder Bürger, unangesehen ihres Standes und Geschlechtes, eine Feige, die einer Eselin in die Scheide gesteckt wurde, allein unter zu Hilfenahme ihrer Zähne hinausziehen und verschlingen.
> 1127 in Ypern entblößte man die Scham des zum Tode Verurteilten und steckte dem Gehängten eine Hundeschnauze in den Mund. So verbildlichte man seine „hündischen" Taten (Dinzelbacher 2006 S. 124).

Um 1800 herum kannte man noch den Pranger, an dem z. B. der und die Unzüchtige mit Strohkranz eine Zeit lang (z. B. eine Stunde) (vgl. Abb. 5.2) zum Spotte der Passanten ausgestellt wurde. Sogar so einfache Vergehen wie Felddiebstahl wurden derart bestraft. Oder die Täter wurden in einem Korb am Rathaus hochgezogen und mussten einige Zeit dort verweilen (nach Erinnerungen eines Schwaben 1874, in Borries 1996). Weitere Ehrenstrafen waren: Scheren der Haare (dies gab es noch im Nachkriegsfrankreich mit Kollaborateurinnen), Brandmarken der Hand, Schlitzen der Ohren oder der Nase (Sprichwort: „Schlitzohr"), Abschlagen der Finger, der Hand oder der Ohren, das Schandhemd (das abgeschnittene Hemd stand für die abgeschnittene Ehre).

Die uralten Wurzeln modernen Verhaltens

Auch Ehrstrafen können in Art und Ausführung aus tiefster Vergangenheit stammen. Der ehebrecherischen Frau schnitten die germanischen Stämme die Haare ab, wie die Franzosen es mit den Gefährtinnen von deutschen Soldaten nach dem 2. Weltkrieg taten (s. Tacitus: Germania ca. 1. Jahrhundert n. Chr.).

In der Neuzeit in Italien konnte eine öffentliche Kritik durch eine vor dem Haus des Betroffenen aufgeführte Katzenmusik (Charivari) geäußert werden. Bestrafungen von Kindern durch Ehrkränkungen sind heute weniger üblich. Ihre Reste haben sich im Schulunterricht erhalten, in dem meine Generation noch im Straffall „in der Ecke stehen" musste. So wurden die massenhaften Prügelstrafen der Kinder im 18. Jahrhundert allmählich auch durch „ehrverletzende" Strafen ersetzt.

6.2.8 Besondere Ehrbezeugungen

Wie grundlegend und wichtig das Konzept der Ehre für das Zusammenspiel der menschlichen Gemeinschaft ist, können wir an der Verbreitung von Ehrenzeichen (Lorbeerkranz, Orden, Pokale, Schmisse) in allen betrachteten Zeiten und auch bei weniger differenzierten Stämmen (Tierkrallen, Skalps usw.) erkennen.

Es konnte zu einem Hochtürmen der Ehrwürdigkeit der Mitmenschen kommen, z. B. in der sogenannten „Komplimentierkunst", die es ab dem 18. Jahrhundert gab. In Briefen schrieb man z. B. „Hochzuehrender Herr Vater". Bücher, die dem Fürsten gewidmet waren, enthalten seitenlange Komplimente. Im „Wiener Schmäh" klingt die Komplimentierkunst dann aus.

Ehrverlust ist seit der Antike bis heute ein Grund für Melancholie und Selbstmord. Wir können umgekehrt vermuten, dass Ehrbarkeit Glück und Zufriedenheit bewirkt.

> **Fazit**
> Die Ehre als Teil des Selbstwertgefühls ist gerade zu Zeiten eines fehlenden staatlichen Gewaltmonopols eine starke Triebfeder menschlichen Verhaltens. Daher ist die Rolle des Ehrgefühls heute geringer geworden.

6.3 Aggressionskontrolle und Aggression

Aggressionskontrolle fördert das reibungslose Funktionieren der menschlichen Gesellschaften und wird historisch früh zum Erziehungsziel.

In die beschriebene Kampfeslust, eine Lust am Töten und Quälen des Feindes wie in den Zeiten der Völkerwanderung oder im Mittelalter kann sich der heutige Mensch kaum noch hineinversetzen. Der Minnesänger Bertran de Born (ca. 1200 n. Chr.) besingt die Lust, Gefangene zu quälen und zu verstümmeln. Im 15. Jahrhundert noch spricht ein Ritter von „süßer Freude" am Kampf (nach Elias 1976, S. 267, 270).

In den mittelalterlichen Städten Europas ist daneben immer auch eine gewaltbereite Selbstjustiz aller Stände präsent. Ein friedensstiftendes „Gewaltmonopol" des Staates oder der Stadt beginnt erst zu existieren. Gewaltdelikte machen so im 16. Jahrhundert ein Drittel aller bestraften Delikte aus (Angenendt 2014).

Im privaten Bereich sind Prügelorgien gegenüber Bediensteten und Kindern in Haus und Schule zu erwähnen, die sich bis ins 18. Jahrhundert hinein abspielten (Augustinus erwähnt in seinen „Bekenntnissen" sowohl die Qualen der Schüler als auch die Schläge, die die Ehefrauen in der antiken Welt zu ertragen hatten, s. Abschnitt 5.2.1).

6.3.1 Spontane Gewaltexzesse

Bei Schimpansen kann man, werden sie sozial in die Enge getrieben, Wutanfälle beobachten. Bei den Wikingern gab es „Gewaltanfälle" bei Einzelnen, den sogenannten „Berserkerlauf". Der Krieger wähnte sich als Tier (Berserker heißt wahrscheinlich „der in der Bärenhaut Gekleidete").

In historischen Zeiten gab es immer wieder spontan ausbrechende Gruppengewalt etwa in der Art der Wirtshausschlägerei im „Wilden Westen" (die es ja wirklich gab): Eine Aggression bricht aus, und alle Anwesenden mischen mit, ohne dass noch zwischen Freund oder Feind unterschieden würde. Dies muss es auch auf den mittelalterlichen Straßen gegeben haben. Manchmal wissen die Chroniken auch von vielen Toten bei solchen Gelegenheiten zu berichten: 1580 im Karneval griffen Patrizier in Südfrankreich spontan die Handwerker an und töteten viele von ihnen (Gurjewitsch 1999). Auch nach den Gladiatorenspielen im antiken Rom gab es (in einem überlieferten Fall in Pompeji) Ausschreitungen mit vielen Toten. Dies ist mit den Krawallen nach heutigen Fußballspielen absolut zu vergleichen. Ein Keim von Aggression entfesselt eine mehr oder weniger spontane Gruppengewalttätigkeit.

Wieder steht auch das Mittelalter für spontane Zornausbrüche (Gruppenaggressivität). Ein Beispiel aus Dinzelbacher (2009, S. 191):

> **Beispiel**
> „1153 stürzten sich die Mailänder Konsuln, also die Regenten der Stadt aus den ersten Familien, nachdem sie das Pergament zerrissen und zertrampelt hatten, auf den Boten, der ihnen einen Brief Kaiser Friedrich Barbarossas überbracht hatte ...". Die Patrizier handelten „ira et furore commoti", von Zorn und Wut bewegt, heißt es in der Quelle.

6.3.2 Aggression gegen einen Sündenbock

Ein ganz grundsätzliches Phänomen ist die Gruppenaggression gegen einen Sündenbock. In der griechischen Antike konnte das ein Fremder sein, der zum „Pharmakos" gewählt wurde. Er wurde dann ein Jahr lang gut behandelt, aber gleichzeitig zu kleineren Vergehen angestachelt und schließlich hingerichtet. Später übernahm ein Tier diese Rolle, der sprichwörtliche „Sündenbock". Das Überbringen einer schlechten Nachricht war in der Antike riskant, es konnte zu einer Hinrichtung führen. Der Bote wurde so zum Sündenbock.

In manchen Zeiten entlädt sich Frustration und Gruppenwut besonders heftig gegen eine Gruppe, die zum Sündenbock gewählt wurde. Im antiken Rom waren es die Christen. Im Mittelalter konnten das die Juden sein, die sich Verfolgungen ausgesetzt sahen, wenn ein Unglück die Gemeinschaft traf. Das Unglück – so erklärte man es sich – war von Gott gesandt, weil in der Gemeinschaft Juden lebten, die ja Christus ans Kreuz gebracht hatten. Auch sahen sich die Juden dem Vorwurf ausgesetzt, Kinder (Christenkinder) zu töten, um aus ihnen Zauberessenzen zu gewinnen oder eine Hostienschändung zu begehen. Die Hostie sah man ja als den realen Leib Jesu

Christi an. In der Nazizeit wurde die Funktion der Juden als Sündenbock wiederbelebt, und es zeigte sich, dass auch die aufgeklärte Neuzeit zu unvorstellbarer Grausamkeit und Massenmord fähig ist.

Prozesse gegen Tiere kamen im Mittelalter in einer Zeit auf, in der die Lebensbedingungen der Menschen schlechter wurden und ein gesteigerter Bedarf nach Sündenböcken entstand (Dinzelbacher 2006, s. o.).

Eine Zeit lang richtete sich die Gruppenaggression auch gegen Frauen, die als Hexen für Unglücke verantwortlich gemacht wurden. Während im frühmittelalterlichen germanischen Sachsen die Hexe *(striga)*, die die Eingeweide von Menschen verspeiste, „nur" mit einer Geldstrafe bedroht wurde (in der „Capitulatio" ca. 780; allerdings sollte man nicht zu voreilig daraus schließen, dass solches auch tatsächlich vorgefallen ist), kommt es dann später und bis zur frühen Neuzeit zu einer Lohe von Scheiterhaufen, auf denen die Beschuldigten, die in der schweren Folter natürlich jedwede Untat gestanden hatten, verbrannt wurden.

Martin Luther zum Beispiel beschwerte sich in einer Tischrede, dass seine Mutter schwer unter Hexenwerk zu leiden gehabt habe. Daher habe sie die vermeintliche Hexe „aufs aller freundlichste und herrlichste… halten müssen" (Haustein 1990 S. 130). Er lobte auch eine Teufelsaustreibung in seiner Nachbarschaft. Selbst Paracelsus schrieb noch über die Behandlung von angehexten Krankheiten.

Wieder mag die Initialzündung bei einem religiösen Text gelegen sein. Röckelein (1996) sieht am Ursprung der Hexenverfolgung einen Text von Thomas von Aquin, der das Essen von Menschen (Hexenwerk) und den Verbleib der Seele erörtert. Auch der Roman „Doktor Faustus" sei hier erwähnt. Schließlich war es die Schrift „Der Hexenhammer", die ein konkretes Verfolgungsprogramm entfaltete. Während die katholische Kirche der Hexenverfolgung eher ablehnend gegenüberstand, wurde sie vom Volk angefacht, das sich durch das Sterben des Viehs oder Ausfälle der Ernte bedroht sah.

Es gibt hier und da heute symbolische Sündenbockverbrennungen, z. B. die Verbrennung einer Strohpuppe, des „Nubbels", im rheinischen Karneval (oder des Paias, Symbolfigur der rheinischen Kirmes). Dem Nubbel werden seine Sünden (nämlich die Unglücke und Missgeschicke des vergangenen Jahres) verlesen, dann wird er zum Verbrennen verurteilt. Das ist eine relativ neue Sitte, die aber ein latentes Bedürfnis – symbolisch – bedient.

In Schulklassen feiert das Sündenbockwesen ‚fröhliche' Urstände. Mobbing im Internet und tätliche Angriffe in den Schulklassen fordern ab und an sogar Todesopfer (durch den Selbstmord der gemobbten Schüler). Mitunter werden die Vorfälle von ungeschulten Lehrern übersehen, aus Hilflosigkeit geduldet oder gar unterstützt.

6.3.3 Aggression gegen Fremde, Gruppenaggression

Der Fremde an sich kann als bedrohlich angesehen werden. Zwischen den Sippen der Germanen bestand ein dauerhafter Kriegszustand. Bei einer Begegnung mit einem fremden Krieger kam es zum Kampf. Blutrachen befeuerten die gegenseitige Ausrottung. Im Mittelalter gab es ein großes Misstrauen gegen Fremde, aber auch gegen das Gesinde (Lemmer 1997). Ganz anders war der Fremde in vielen antiken Gesellschaften des Mittelmeerraums (und das bis heute) ein zu schützender Gast.

6.3.4 Krieg und Aggression als „conditio humana"

Kriege zwischen Stammesgruppen gehören innig zur Menschheitsgeschichte; so ist durchaus denkbar, dass sie in unserer psychischen Ausstattung vorgesehen sind.

Die Gruppe, die ihre Kampfkraft am besten mobilisieren kann, hat die Chance, den Krieg zu gewinnen, die gegnerische Gruppe auszulöschen oder sich mit den gegnerischen Frauen fortzupflanzen.

Mit Befremden und Staunen blicken wir auf die starke Kriegsbegeisterung zu Beginn des Ersten Weltkrieges. Sogar Sigmund Freud und Stefan Zweig ließen sich von der Begeisterung anstecken (s. u.). Auch der Zweite Weltkrieg und der erste Irakkrieg konnten zu ihrem Beginn wieder Begeisterung aufrufen. Da eine reine Propagandawirkung zu postulieren, würde zu kurz greifen.

Grof und Müller (2015) und deMause (2010) verweisen auf das Geburtstrauma, das durch die Sprache der Propaganda wiederbelebt wird („der Gegner schnürt uns die Luft ab" usw.). Der Kampf gegen den enger werdenden Geburtskanal als autobiografische Wurzel wird so zur Mutter aller Kriege (daher, glauben Grof und Müller, kann sich auch sexuelle Erregung in diese Wut einmischen oder sich diese Gewalt ganz besonders auf weibliche Genitalien richten).

> **Fazit**
> In den Gesellschaften der Vergangenheit gab es spontane Gewaltausbrüche. Kinder und Frauen (natürlich immer auch Sklaven, vgl. den Abschnitt 5.3) waren in den Familien der Gewalt ausgesetzt. Wechselnde Sündenböcke wurden gewaltsam verfolgt. Erst das Gewaltmonopol des Staates dämmte die private Gewalt langsam ein.

6.4 Die Kontrolle des Weinens

Öffentliches Weinen von Männern ist zwar heute eher unüblich, aber in bestimmten Situationen ist es auch für heutige erwachsene Männer durchaus möglich. Nach einem verlorenen Fußballspiel, aber auch nach einem knapp gewonnenen Kampf sieht man die geschlagenen Helden weinend auf dem Rasen sitzen. Die (männlichen) Zuschauer tun es ihnen gleich. Elias (1976) spricht in Bezug auf solche Situationen wie nach einem Fußballspiel von „kontrollierter Unkontrolliertheit von Emotionen".

> **Beispiel**
>
> Im antiken Roman „Kallirhoe" weinen die Männer im Liebesleid. Dort wird darauf verwiesen, dass die „Bildung" eine Ursache für Selbstbeherrschung ist.

Im Hochmittelalter (z. B. an vielen Stellen in den Romanen „Parzival" und „Tristan und Isolde" erwähnt, ca. 1200) können Männer öffentlich vor Rührung, Freude oder Trauer weinen. Das passiert z. B. theatralisch im Zuge einer rituellen (Unterwerfungs-)Aufführung (Althoff 2010) – manchmal gar nach vorheriger Absprache der Konfliktparteien. In einem „Ansteckungsprozess" werden die Beteiligten von der kalkulierten Aufführung zur echten Emotion hingerissen.

> **Beispiel**
>
> Es mutet nicht übermäßig fremd an, wenn im Mittelalter Krieger nach dem Sieg zum kollektiven Weinen niederknieten (ca. 1040; Weinfurter 2005, S. 3).
> König Heinrich IV. (1106 verstorben) bat „unter langem Weinen" für ein von den Heiden zerstörtes Stift um Hilfe (Dinzelbacher 2006). Das Weinen konnte damals – wie auch heute oft bei Beerdigungen – Freund und Feind anstecken. Eine positive Sicht des Weinens war ebenfalls durch antike Gesundheitskonzepte getragen. Denn auch die Tränenflüssigkeit bestand nach damaliger Auffassung aus verbrauchtem Blut, und so galt das Weinen als reinigend.

Solche (eher kindliche) Spontaneität im Gefühlsausdruck ist nach Dinzelbacher (2009) für das Mittelalter typisch. Zudem konnte man die „frommen" Tränen im christlichen Mittelalter leichter zulassen.

In Sentimentalismus und in der Romantik (im 18. Jahrhundert) war Weinen als „echtes Gefühl" auch für Männer positiv bewertet. Man durfte auch angesichts von Kunstwerken vor Rührung Tränen vergießen. In einer kurzen Phase der Empfindsamkeit in Paris der Jahrhundertwende vom 17. in das 18. Jahrhundert weinten Mann und Frau in Paris herzhaft über das Schicksal der im Schauspiel leidenden Personen oder bei der Romanlektüre (z. B. bei der Lektüre von „La Nouvelle Heloise" von Rousseau).

> **Beispiel**
>
> Ein Beispiel aus Jones (2017, S. 100): „Noch nie", erklärte ein Armeeoffizier voller Stolz, „habe ich so köstliche Tränen vergossen… In jenem Augenblick des Todes [in der Romanhandlung] wäre ich gern gestorben."

Auch heute gibt es neben der Trauer noch andere Anlässe, in denen öffentliches Weinen zulässig ist, z. B. bei Hochzeiten und nach glücklichen Errettungen.

6.5 Expressive Trauer, beherrschte Trauer

Die Antike pflegte eine exaltierte, expressive Trauer, die speziell von Witwen und Frauen zelebriert wurde. Der Trauerschmerz wurde durch Selbstverletzungen betäubt: Im antiken Ägypten zerrauften die Witwen die Haare, beschmutzten die Kleidung und zerkratzten ihre Busen. In Griechenland gab es spezielle Klageweiber. Damit zeigte man dem Toten, wie wertvoll er einem war. So konnten sich die Verstorbenen nicht beschweren und womöglich Rache üben.

> **Beispiel**
>
> Der Aeneis-Roman von Vergil (ca. 200 v. Chr.) erzählt von einer Trauernden, die sich in ihrem Schmerz selbst die Wange durchsticht. Die körperliche Verletzung wurde zum sichtbaren Maß für den Trauerschmerz (vgl. den Abschnitt 5.2).

Im Trauerfall wurde das Haar abgeschnitten und Asche auf das Haupt gestreut. Klageumzüge wirkten so ansteckend, dass sie manchmal verboten wurden, um eine Störung der öffentlichen Ordnung zu vermeiden. In Sizilien war der „Trauerüberschwang" noch 1935 ganz ähnlich. Levi (1965, S. 229) beschreibt die trauernden Frauen:

> **Beispiel**
> Die schwarz-weißen zurückhaltenden Schmetterlinge (die dem Verstorbenen verwandten Frauen) verwandelten sich mit einem Schlag in zwei Furien. Sie rissen Schleier und Bänder ab, brachten ihre Kleider in Unordnung, kratzten sich mit den Nägeln das Gesicht blutig und begannen mit großen Schritten durch das Zimmer zu tanzen, rannten mit dem Kopf gegen die Wand und sangen auf einer einzigen, ganz hohen Note die Geschichte des Todes.

Die Bibel berichtet von einer Vielzahl an Trauersitten vom Einreißen des Kleides, Streuen der Asche aufs Haupt bis hin zu Wehklagen und Fasten. In Rom gab es Versuche, die Trauer in ihren extremen Ausprägungen zu begrenzen (Trauerverbote im Zwölftafelgesetz, vgl. Stubbe 1985). Und das Judentum regulierte die Trauer in Vorschriften, die bestimmte Phasen vorgeben.

Im europäischen Frühmittelalter wurden dann Rituale des Trauerüberschwangs in Bußbüchern verurteilt. Gutes „höfisches" Benehmen ritualisierte Freude und Trauer. Es sollte bei der Trauer kein Gefühlsüberschwang gezeigt werden.

Bei den Völkern Südamerikas kann es zu Trauerverstümmelungen kommen, die zu Trauernarben führen. Das Motiv kann ein Mitleiden-Wollen oder auch Mitgehen-Wollen mit dem Toten sein. In Papua-Neuguinea wurden in heutiger Zeit einer Frau die Fingerkuppen einer Hand abgehackt und mit dem Toten verbrannt. Man will sozusagen körperlich mit dem Toten reisen. In weniger differenzierten Stämmen Neuguineas kann es dazu kommen, dass in Zuständen der Trauer Säuglingen Fingerglieder abgebissen werden (Langness 1981). Da gibt es eine interessante Beziehung zu prähistorischen Menschen. Die mit Pigmenten gesprayten Abdrücke von Händen in prähistorischen Höhlen weisen einzelne fehlende Fingerkuppen auf. Sehen wir dort die Folgen von ganz frühen Trauersitten? Vorchristliche (auch noch antike) Religionen kannten Fingeropfer speziell auch von Kindern (Burkert 1998). Möglich wäre aber auch, dass es sich hierbei um eine Bestrafung handelte (Pinker 2011). Fingeropfer konnten auch in Heilungsritualen vorkommen: Es wurde ein Teil für das ganze gegeben. Solche Opfer, wie übrigens auch Kinderopfer, gab es in Indien bis zur Neuzeit. Nach einem Verbot wurden als Ersatz Finger aus Teig geopfert (Burkert 2009).

In Bali wird gefordert, auch in der Trauer ein strahlendes Gesicht zu zeigen (schlechte Stimmungen, so die Kosmologie, würden Krankheiten und bösen Geistern ein Einfallstor öffnen, Wikan 1989). So kam es, dass Ethnologen annahmen, in Bali habe man wenig Gefühle. Tatsächlich aber ist der Ausdruck der Gefühle kontrolliert. Im Privaten kann es sehr wohl zu Tränen der Trauer kommen.

6.6 Unterdrücktes Schmerzempfinden

Viele Indianervölker forderten in ihren Stammesgruppen eine hohe Schmerzkontrolle. Sogar die Folter sollte beherrscht überstanden werden. Die Kontrollmöglichkeiten dabei sind umfangreicher, als man erwarten würde. Von Wolfskindern (d. h. von Kindern die als Säuglinge von Wölfen angenommen wurden und in der Wildnis überlebt haben) wird ein reduziertes Schmerzempfinden berichtet. Die Eskimostämme der Muschelfischer tauchten im eiskalten Wasser Grönlands stundenlang nackt nach Muscheln (man sieht sie auf alten Filmdokumenten).

Auch im Mittelalter klagte speziell der Mann nicht über Schmerzen (Dinzelbacher 2006). Die damaligen Gottesurteile, die z. B. vorsahen, ein glühendes Eisen drei Schritte weit zu tragen oder in einen Kessel kochendes Wasser zu greifen und einen kleinen Ring herauszufischen, würde heutzutage kaum ein Mensch aushalten. Damals schien das doch immerhin einigermaßen regelmäßig möglich gewesen zu sein. Dinzelbacher konstatiert für das Spätmittelalter sogar eine Sucht nach körperlichem Leid.

> **Beispiel**
>
> In der Askese kam es zu heute unvorstellbarem, selbst zugefügtem Leiden: Irische Heilige sangen stundenlang Psalmen in eiskaltem Wasser (Dinzelbacher 2006 S. 179). Katharina von Siena stieß sich ein glühendes Holz in die Vagina, um von sexuellen Gelüsten befreit zu werden. Viele Mönche ließen sich in der Nachfolge der Passion Christi ans Kreuz nageln.

6.7 Kontrolle des Lachens

Wie funktioniert eigentlich Humor? Sigmund Freud hat es uns erklärt. Das erleichternde Lachen kommt zustande, wenn Kontrollen aggressiver und sexueller Impulse kurzzeitig gelockert werden: Ein bisschen aggressive oder sexuelle Energie entweicht dann aus dem Druckkessel der Triebe. Eine Abwertung des Anderen kann zudem eine Erhöhung des Eigenen bewirken. Auch bei dem Partialtrieb analer Lust kann es solche kurzzeitige Befreiung von seiner Kontrolle geben. Daneben ist es die Überraschung, die Lachen auslösen kann (vielleicht, weil das Ungewöhnliche eben auch überraschend falsch aussieht und aggressives Lachen aufruft, wie z. B. der Schottenrock). Je mehr Kontrolle eine Zeit den Menschen auferlegt, umso zivilisierter ist auch der Witz, d. h. umso weniger direkt darf die Triebenergie zur Entladung kommen. Indem Lachen von sexuellen Trieben und fäkaler Scham befeuert wird, unterliegt es Kontrollvorschriften. Nach Jenseitsvisionen habe der geläuterte Visionär nicht mehr gelacht, heißt es. Augustinus verdammte Schausteller, die aus dem Anus zu singen schienen (Concerning the City of God, 14,25). Ob Jesus je gelacht habe, war Gegenstand der Debatte.

Je nachdem können begrenzte Ausnahmen eine Aggressionsabfuhr sein, sodass z. B. der Karneval zum inneren Frieden der Gesellschaft beiträgt. Das Lebensalter kann Kontrollgebote reduzieren: Spanische Damen durften sich im Alter (in der Neuzeit) obszöne Witze erzählen (Dinzelbacher 1993).

Eine heutige Gefühlskontrolle können wir im Kontrast zu früheren Lachexzessen erkennen. Die frühen Angelsachsen konnten sich vor Lachen über den Fußboden kugeln (Blaicher 1970). Solch ein Lachkrampf wurde auch bei den Pygmäen beobachtet: Man fiel zu Boden und strampelte mit den Beinen. Im Ausnahmefall kann es so etwas auch in der Gegenwart geben: Unkontrollierte Lachkrämpfe breiteten sich vor einigen Jahrzehnten am Victoriasee über eine Schule und die ganze Gegend aus (Trumble 2004).

Schon aus der Antike sind uns Witzsammlungen überliefert, über die man ja wohl doch gelacht hat. Wir wissen das aber nicht. Es ist auch nicht ganz klar, wieweit solche Sammlungen „gereinigte" Abschriften sind und die Witze, die den späteren Lesern anrüchig oder auch nur nicht lustig erschienen, weggelassen wurden. Günstiger für unsere Untersuchung ist es, wenn über Lachen und Belustigung direkt berichtet wird, dies ist allerdings weitaus seltener.

6.7.1 Aggressive Witze, Spott, Schadenfreude

Das aggressive Lachen trifft gerne andere Gruppen. Oft sind es Frauen, Blondinen, andere Nationen oder Berufe, die zur Zielscheibe des Spottes werden. Arztwitze gab es schon in der Antike. Der gelehrte Scholastikos wurde wegen seiner Dummheit verspottet. Der Spott traf auch Astrologen und Weissager. Der andere erscheint im Witz als minderwertig. In einer empathischen Gesellschaft werden solche Witze schnell geächtet (z. B. „Neger-", Blondinen-, Judenwitze).

Man belustigte sich über Mängel anderer Menschen, z. B. über den Buckligen oder den Zwergwüchsigen. Der mittelalterliche Fürst hielt sich eventuell eigens einen Buckligen, um ihn dem Gelächter preiszugeben. Die zivilisierte Ethologin Laura Bohannan (1954) kann derartigen Spott nur schwer ertragen. Im einfachen Volksstamm beobachtete sie empört das spottende Lachen über einen blinden Alten. Später kann sie es als Folge des täglichen Leidens und Überlebenskampfes der Menschen besser verstehen.

Die Antike spottete in beleidigenden „Vergleichen" über Körpermerkmale der Mitmenschen, die bei Gastgelagen zur Belustigung der Anwesenden vorgetragen wurden (Bremmer und Boddenberg 1997). Spaßmacher sind niedrig stehend.

Die „unzivilisierte Natur" des schwarzen Menschen wurde um die Jahrhundertwende zum Spottgegenstand. Man zeigte ihn beim Essen mit silbernem Besteck. Dabei wurde natürlich seine Ungeschicklichkeit (aus Unerfahrenheit) besonders deutlich. Später zeigte man ähnliche Aufführungen mit Schimpansen. Das Affenkonzert, in Meissner-Porzellan ausgeformt, belustigte den Besitzer.

In Zeiten, die wie das preußische Kaiserreich unter Friedrich Wilhelm besonders statusorientiert waren, kann der Statushohe (z. B. ein Offizier) in den Witzblättern (z. B. „Meggendorfer Blätter" oder „Die Muskete") zur Zielscheibe des Spottes werden. Zeitgegebene Unterlegenheitsgefühle können so bearbeitet werden.

Schadenfreude

Ein Lachanlass ist seit alters her die Schadenfreude. Ein heute kaum vorstellbarer Extrempunkt gehörte in der Renaissance zum üblichen Programm der Jahrmärkte:

> **Beispiel**
>
> Katzen wurden langsam in ein offenes Feuer gesenkt. Ihr wilder Todeskampf ergötzte nun die Zuschauer. Oder Katzen saßen in einem Käfig, aus dem ihre Schwänze herausragten. Dann wurden die Schwänze unter Feuer gesetzt. So gequält kämpften sie zum Amüsement der Zuschauer wild gegeneinander.

Die Renaissance-Parks hatten sogenannte „Spritzbrunnen", mit denen man den nichtsahnenden Besucher zur Belustigung der Umstehenden nassspritzen konnte (und durfte). Wenn ein Besucher nah genug herankam, wurde der Brunnen an einem versteckten Ventil in Gang gesetzt.

Die Belustigung über den listigen Reinecke Fuchs ist ganz wesentlich auch seinen grausamen und rachsüchtigen Taten geschuldet. Hier ein Textbeispiel aus der von Goethe bearbeiteten Fassung (3. Gesang, Prosavorlage: Gottscheds Bearbeitung eines Versepos vom Ende des 15. Jahrhunderts).

Reineke schickt den Kater, der ihn zum Gericht bei Hofe abholen will, in sein Unglück. Er wird im Verlaufe der Handlung ein Auge verlieren:

> [...] sie kamen zur Scheune des Pfaffen,
>   Zu der lehmernen Wand. Die hatte Reinecke gestern
>   Klug durchgraben und hatte durchs Loch dem schlafenden Pfaffen Seiner Hähne den besten entwendet. Das wollte Martinchen Rächen, des geistlichen Herrn geliebtes Söhnchen; er knüpfte Klug vor die Öffnung den Strick mit einer Schlinge; so hofft' er Seinen Hahn zu rächen am wiederkehrenden Diebe.
>   Reineke wußt' und merkte sich das und sagte: „Geliebter Neffe, kriechet hinein gerade zur Öffnung; ich halte Wache davor, indessen Ihr mauset. Ihr werdet zu Haufen
>   Sie im Dunkeln erhaschen. O höret, wie munter sie pfeifen!"

Auch uns liegt das schadenfrohe Lachen recht nah. Jeder, der einmal in einem Hörsaal Schwierigkeiten mit der Technik hatte, kennt das bald aufflackernde Lachen der Studenten. Die Frisur von Kanzlerin Merkel löste nicht enden wollende Spotttiraden aus. Jedes Ungeschick kann auch heute Lachen auslösen. Eine Fernsehsendung („Pleiten, Pech und Pannen") strahlt Ungeschicklichkeiten zur Belustigung des Publikums aus. Ob die Situationen mit mehr oder weniger schweren Verletzungen endeten, wird dem Zuschauer nicht gezeigt.

Der Lachanlass „Schaden" wird manchmal willkürlich hergestellt. In Italien wird z. B. im Karneval mit Wasser geworfen. Die Getroffenen werden dann ausgelacht.

> **Beispiel**
>
> Auf der Straße kommt mir eine Familie entgegen, zu der ein etwas gehbehinderter achtjähriger Junge gehört und ein ca. anderthalbjähriges Mädchen, das gerade das Laufen lernt. Als das Mädchen bei einem Laufversuch heftig auf das Gesicht fällt, lacht der Junge lauthals auf und sagt: „Sie fällt so komisch." Erleichterung und Schadenfreude sind aus der besonderen Situation des Jungen einfühlbar, obwohl wir solches Lachen bei unseren Kindern wahrscheinlich unterbinden würden.
>
> In einem von mir vor langer Zeit beobachteten Beispiel erhält der jüngere Bruder selber ebenfalls Schläge, als er freudig über Schläge lacht, die der älteren Schwester verabreicht werden.

Bei steigender Empathie und Kontrolle der Aggression werden aggressive, spottende Witze moderater oder sogar verpönt. Nur die ungebildeteren Schichten erzählen sich Zoten und aggressive Witze gegen Minderheiten.

6.7.2 Spotten durch Obszönitäten, Zoten

Der Spötter greift zu Obszönitäten und zeigt dem Verspotteten etwa das Handzeichen für „Feige" („fico" ist der Sprachstamm von „ficken"). In antiken Graffitis werden eine Phallusnase oder ein Phalluskopf sowie Haarlosigkeit zum Verspotten verwendet (Langner 2001). Auf mittelalterlichen Passionsdarstellungen wird Christus von den Henkersknechten auf diese Weise verspottet. Es gab im „ehrbewussten" Mittelalter satuarische Ordnungen, die das Weisen der Feige als Gotteslästerung bestraften (Schnitzler 1996). Stadtbewohner fügten Belagerern Schande zu, indem sie offen ihre Schamteile zeigten (Chronik von Tver aus dem 14. Jahrhundert).

Sexuelle Witze, Shunga, Zoten

Früher wie heute war der sexuelle Witz (Zote) beliebt und gängig. Die japanischen Shunga (Bilder mit explizitem sexuellen Inhalt) bedeuten übersetzt „Bilder zum Lachen" (s. o.). Die Osterfreude sollte sich in einer lachenden Gemeinde niederschlagen, deshalb machten die spätmittelalterlichen Priester zu Ostern Bewegungen des Geschlechtsverkehrs und der Onanie. Bei Hochzeiten bietet der Anlass ja ausreichende Nähe zum sexuellen Witz.

In den antiken Witzsammlungen und Schwanktexten klingt eine gewisse Besorgnis über die sexuelle Befriedigung der Frau an: Auch sie konnte sich nämlich mehrere Liebhaber vorstellen, ältere Frauen wünschten sich jugendliche Liebhaber. „Was macht der ertappte Ehebrecher falsch?" So lautete die Witzfrage. Die Antwort: „Er war nicht schnell genug." Anscheinend konnten Frauen eine gewisse sexuelle Befriedigung anmahnen; während das Christentum ja die Lust am Sex als sündig betrachtete, kannte die Antike keine solchen Hemmungen (s. o., Abb. 6.5).

Nacktheit und Lachen

Nacktheit alleine führt zum Lachen: In der griechischen Sage wird beschrieben, dass ein entblößtes weibliches Geschlechtsteil zum Lachen

Abb. 6.5 Das Bild thematisiert die weibliche Lust. Vase aus einer Ausgrabung bei Olympia ca. 200 v. Chr. (Rechte beim Autor, eigenes Bild)

führte (Schneider 2004). In der römischen Antike brachte in den Thermen der Anblick eines riesigen Penis die Badenden zum Lachen (der Penis eignete sich auch als Talisman zur Geisterabwehr).

6.7.3 Analer Humor, anales Spotten

Wie die sexuellen Strebungen so scheint auch die anale Region über die Zeiten und Kulturen ein Bereich von Kontrolle und Verdrängung zu sein.

Anspielungen sind lustig. Es gibt Zeiten, zu denen sie mehr im Schwange sind, heute findet man sie eher im Privaten.

Furzkonzerte sind in der frühen christlichen Literatur beschrieben. Damals gab es sogar dafür spezialisierte Darsteller. Der betrogene Mann ‚scheißt' im historischen italienischen Witz das Bett der Gattin voll (Burke 1999).

Luther (ca. 1520) spottete in fäkalen Analogien über die Juden in einer Weise, die man heute bei einem Prediger auf keinen Fall tolerieren würde: „…Der Teufel hat in die Hosen geschissen und den Bauch abermals geleert. Das ist ein rechtes Heiligtum, das die Juden, und wer immer Jude sein will, küssen, fressen, saufen und anbeten sollen" (nach Roper 2016, S. 502). Hans Sachs, Luthers Zeitgenosse, macht sich im Gedicht „Die vier wunderberlichen Eygenschafft und Würkung des Weins" (ca. 1530) über den Flegmaticus lustig, der unter dem übermäßigen Genuss des Weins in Hose und Bett kotet und uriniert.

Rabelais, der bedeutendste Romanautor Frankreichs im 16. Jahrhundert, scherzte gern über den Anus und Schmerzen im Anus (Jones 2017). Mozart (1756–1791) erging sich zur witzigen Unterhaltung seiner Brieffreunde in langen Analtiraden. Hier als Beispiel ein Text, der sich in seinem Nachlass fand und zumindest von ihm bearbeitet wurde:

> Leck mire den A… recht schon,
> fein sauber lecke ihn,
> fein sauber lecke, leck mire den A…
> Das ist ein fettigs Begehren,
> nur gut mit Butter geschmiert,
> den das Lecken der Braten mein tagliches Thun.
> Drei lecken mehr als Zweie,
> nur her, machet die Prob'.
> und leckt, leckt, leckt.
> Jeder leckt sein A…fur sich.

Die Beleidigung „Leck mich am Arsch" ist gleichzeitig auch irgendwie lustig. Die heutigen steinernen Brückenmännchen vertreiben durch den lustig-schlimmen Anblick des Hintern die schädlichen Geister (z. B. an der Bonn-Beueler Brücke, Abb. 6.6).

Abb. 6.6 Brückenmännchen. Das entblößte Hinterteil des Bonner Brückenmännchens verspottet die Beueler Bürger, die sich nicht an der Finanzierung der Brücke beteiligen wollten. (Foto: Hildegard Ameln-Haffke, Rechte beim Autor, eigenes Bild)

6.7.4 Das Lachen über das Ungewohnte

Das Fremde erscheint besonders der ungebildeten Gesellschaft schnell als „falsch". Noch im Iran der 1950er Jahre löste es in der umstehenden Männergruppe Gelächter aus, wenn sich männliche Touristen mit Sonnencreme einrieben. Der Schottenrock kann uns Heutige durchaus zum Lachen reizen. Ethologen sehen sich immer wieder dem spottenden Lachen der von ihnen erforschten Gesellschaften ausgesetzt. Die Chinesen verspotteten die „hässlichen" Europäer als „Langnasen".

Ein Brief des Abtes von Cluny, Petrus Venerabilis, (1092–1156) an Bernhard von Clairvaux beschreibt, wie das Ungewohnte Lachen hervorruft:

> Ich weiss nicht, wie viele von den Schwarzen Mönchen (Benediktiner), die bei der Begegnung mit einem weissen Mönch (Zisterzienser) lachen wie über ein Monster oder über eine Chimäre wie ein Kentaur oder über irgend ein anderes wanderndes Portentum, das vor ihre Augen kommt, und sich durch ihre Augen und Gesten davon überrascht zeigen ... (aus Simek 2015, S. 98).

6.7.5 Die Wirkung des Lachens und Auslachens

Lachen und Auslachen sind aggressive Akte. Vielleicht deshalb, und auch vom sexuellen Witz her motiviert, gab es ein tiefes Misstrauen gegen den Humor und das Lachen: Im Mittelalter wurde behauptet, Christus habe sein Leben lang nicht gelacht. Auch die Mönche sollten daher nicht lachen. Später wurde gutes Lachen und schlechtes Lachen unterschieden (Le Goff 2004, und s. u.). Das laute Lachen mit offenem Mund wird immer wieder als wenig vornehm verpönt. Am Hof von Ludwig XIV. hielt man den Mund vornehm geschlossen. Dies nicht zuletzt auch aus dem Grund, weil der offene Mund nach der Verbreitung des raffinierten Zuckers den Blick auf Zahnlücken und faule Zähne offen legte (Ludwig XIV. verlor mit 40 seine letzten Zähne). In der Zeit der beginnenden Aufklärung im 18. Jahrhundert gab es in Paris eine Phase der Wertschätzung des empfindsamen Lächelns (und der Zahngesundheit), die aber dann im Zuge der französischen Revolution wieder beendet war (Jones 2017).

Dem Ausgelachten tut das Lachen natürlich weh. Dies aber mitzuempfinden, ist eher seelisches Merkmal von Zeiten gesteigerter Empathie. Immerhin kannte die römische Gesellschaft die beißende Wirkung der Schadenfreude – Mittelalter und Renaissance dagegen waren in dieser Hinsicht recht unempfindlich.

Baut das Auslachen bzw. der Spott Aggression ab und führt es gleichzeitig zu einer Abwertung des Ausgelachten? Jede Minderung der „Ehre" wurde noch im vergangenen Jahrhundert hart geahndet (es wurde zum Duell aufgefordert). Diktatoren der Geschichte bestraften jeden Spott hart. Man kann davon ausgehen, dass der Spott den Verspotteten beschädigt und weiteren Spott hervorruft. Selbst wir Heutigen kennen noch Spottverbote: etwa das Verbot von Blasphemie oder die Einschränkung der Kritik am Bundespräsidenten. Die Parteien bemühen sich, die Gilde der Berufsspötter (Kabarettisten, Comedians usw.) zu ihren Parteigängern zu machen.

Dennoch wird Spott auch als Ventil für die Wut der Volksmassen betrachtet. Der Humor ist – wie heute im Karneval – auch Werkzeug des Tadels (auch der Hofnarr durfte den König tadeln). Der Karneval oder der berühmte Berliner Humor der Kaiserzeit wurden und werden so gesehen. In gewissen Grenzen (auch zeitlichen und inhaltlichen) zugelassen, hebt der Spott an den Mächtigen das Selbstgefühl der Geknechteten.

Im psychologischen Experiment konnte aber auch eine kathartische Wirkung des Lachens auf aggressive Strebungen nachgewiesen werden: Wer aggressive Witzzeichnungen gesehen hatte, zeigte weniger Aggression gegen den Versuchsleiter (Landy und Mattee 1969). Unter welchen Bedingungen Humor die Aggression mildert und unter welchen er sie anstachelt, ist allerdings nicht endgültig geklärt.

Wer sich selbst dem Spott anderer aussetzt (Selbstironie), zeigt eine listige Nutzung der ungehobelten Lachlust. Der jüdische Witz spielt meisterhaft mit dieser Selbstironie. Er verfeinerte sich sogar zu Formen der Selbstherabsetzung.

6.7.6 Gemeinsames Lachen, der soziale Gebrauch des Witzemachens

Das gemeinsame Lachen grenzt den Verspotteten bzw. die verspottete Gruppe aus, einigt aber die Lachenden, sodass sein kultureller Gebrauch interessant ist. Beim griechischen Gastmahl wurden Witzemacher kostenlos bewirtet; sie kamen geladen oder ungeladen, um die Runden zu unterhalten. Vom Osterlachen der christlichen Gemeinde war schon die Rede. Und so kann auch der Karneval mit seiner Büttenrede als Ritual der Intensivierung der Gruppenbindung angesehen werden. In der englischen Gesellschaft des 18. und 19. Jahrhunderts unterhielt man sich mit Witzen und Schwänken. Man sammelte sie, um in geselliger Runde zu imponieren, und solche Sammlungen wurden veröffentlicht.

> **Fazit**
>
> Was die Triebabfuhr und Selbstwerterhöhung als Grund des Lachens betrifft, scheint sich in den Jahrtausenden nicht allzu viel geändert zu haben. Allerdings wird sie in zivilisierten Gesellschaften durch stärkere Empathie mehr und mehr gehemmt. Dies kommt ganz überwiegend durch die Erziehung zustande. Wir fühlen uns vom „gröberen" Humor der weniger erzogenen Schichten und der „primitiven Gesellen" mitunter abgestoßen. Spielte die Ehre im Zusammenleben eine wichtige Rolle, wurden Spott und abwertender Witz zu justiziablen Vergehen.

6.8 Wonach wir streben

Die Werte einer Kultur sind Maxime für die Erziehung und Ziel des individuellen Strebens und insofern für die Formung der Persönlichkeit bedeutsam, ohne dass wir (naiv) annehmen, dass sich Werte allzu direkt in

Verhalten umsetzen (s. u.). So führt die seit der Antike erhobene Forderung nach Gerechtigkeit keineswegs zu gleichen Rechten für alle Menschen einer Kultur, sondern Sklaven führen ein rechtloses Leben. Auch kann es eklatante Widersprüche zwischen den gleichzeitig existierenden Werten geben. Der christliche Söldner des Mittelalters musste ja trotz aller Nächstenliebe töten und brandschatzen.

Wie und ob sich Werte in Verhalten umsetzen, ist nicht ganz klar. Im Christentum gibt es die Nächstenliebe (Caritas), aus der vielfältige karitative Aktionen entstanden. Armenhäuser wurden eingerichtet. Es gab eine Armenspeisung. Auf mittelalterlichen Festen waren Arme mit eingeladen. Ebenso kennt die islamische Welt eine Armenspeisung.

Nächstenliebe und Bußfertigkeit lassen sich aber auch allzu leicht beiseiteschieben:

Christliche Eroberer verhielten sich in Amerika gegenüber den (zunächst nicht als Menschen betrachteten) Indianern wenig „christlich". Vergewaltigungen und große Grausamkeiten gegenüber der Urbevölkerung waren an der Tagesordnung. In irischen Kinderheimen der 1960er Jahre wurden die dort abgegebenen unehelichen Kinder, also die „Kinder der Sünde", lieblos gequält. Die Kindersterblichkeit war dort viermal so hoch wie in der Restbevölkerung.

Im Buddhismus ist Liebe zur Kreatur zwar Programm, und in der Meditation wird eine liebende Haltung geübt, tätige Nächstenliebe gibt es aber weniger. Krankheit und Tod sind eben „Karma", also hinzunehmen.

6.8.1 Die Antike

In Griechenland und in Rom galten Tapferkeit und Gerechtigkeitssinn (Rom: *virtus*, *fides*) als wichtige männliche Werte. In Rom wurde auch das Alter geschätzt. Ältere hatten ein Rederecht vor jüngeren Senatoren. Sparta betonte mehr die kriegerischen Werte: nämlich Genügsamkeit und Kampfkraft. Die Selbstbeherrschung bei Kälte und Hunger wurde von der Stoa propagiert. Sokrates und Platon waren in dieser Hinsicht Vorbilder. Es galt, Gleichmut zu erlangen. Dies scheint sich den indischen Asketen vermittelt zu haben, die sich von körperlichen Bedürfnissen lösen und gegen die Kälte z. B. eine innere Flamme erzeugen wollen.

Cicero zählt, den griechischen Philosophen folgend, die folgenden Tugenden auf: Gerechtigkeit (*iustitia*), Mäßigung (*temperantia*), Tapferkeit und Hochsinn (*fortitudo*, *magnitudo animi* bzw. *virtus*) und Weisheit oder Klugheit (*sapientia* bzw. *prudentia*). Dennoch waren es in der Antike olympische Sieger und erfolgreiche Gladiatoren, die am meisten bewundert wurden (Barth 1911).

Das Mittelalter und höfisches Benehmen

Im europäischen Mittelalter waren es dann Frömmigkeit, Treue und Bußfertigkeit, nach denen die Gläubigen strebten. Die christlichen Kardinaltugenden – die ihre Wurzel offensichtlich auch schon bei den antiken Philosophen finden, s. o. – sind: Weisheit oder Klugheit, Gerechtigkeit, Tapferkeit, Mäßigung, Glaube, Hoffnung und Liebe.

Die Ritter besaßen einen eigenen Wertekanon: Sie strebten nach Dienst, Tapferkeit, Hilfsbereitschaft, Höflichkeit, Treue, Freundlichkeit, Festlichkeit. Den guten Herrscher schmückte die Freigebigkeit. Im Ritterroman „Parzival" (ca. 13. Jahrhundert) werden ergänzend erwähnt: Dankbarkeit, Selbstkritik, Beherrschung, mitleidige Teilnahme.

> **Beispiel**
>
> Die Höflichkeit wird im „Parzival" an Beispielen deutlich: Vor dem Essen im Gralshof wäscht man sich in einem Becken die Hände und trocknet sie mit einem buntfarbenen Seidenhandtuch (Eschenbach 2008, S. 204). Man stellt keine ungebührlichen Fragen, dagegen soll man sich aufs höfliche Plaudern verstehen (ebd., S. 466).

Wie sehr das höfische Benehmen die Werte eines heutigen Bildungsbürgertums vorbereitet, wird bei der Lektüre von „Tristan und Isolde" deutlich:

> **Beispiel**
>
> Der Held Tristan kann Lesen und Schreiben. Er beherrscht mehrere Sprachen. Er kann verschiedene Instrumente spielen und einige Lieder auswendig vortragen. Er hat viele Bücher gelesen und kann deren Inhalt (später bei Isolde) unterrichten. Er kann bei Gelegenheit einen Hirsch höfisch-waidgerecht zerlegen – das alles natürlich neben dem Training der ritterlichen Kampfkunst.

In verschiedenen Ländern Europas ist die „Höflichkeit" etwas unterschiedlich von der Bevölkerung übernommen worden. In den zerspaltenen Fürstentümern Deutschlands grenzte der Adel sich eher ab (Elias 1976).

In Frankreich dagegen waren die Grenzen zwischen Adel und Bürgertum offener. So kommt es dort immer noch vor, dass Kinder ihre Eltern siezen.

Die Aufklärung bescherte Europa neue Werte: „Egalité, Fraternité und Liberté". Sie wurden zum Fundament unserer Demokratien.

Werte heute

Von den beschriebenen Werten war der Mensch der Antike oder der Mensch der Christenheit durchdrungen. Man strebte nach einem guten, richtigen Leben. Wieweit das in den Wechselfällen des Lebens gelingen kann, ist offen; die Orientierung auf jeden Fall war stark und eindeutig. Der Mensch des heutigen Europas sieht sich in einer anderen Welt von Aspirationen. Die christliche Orientierung gilt nicht mehr, sie wurde von der Aufklärung und dann speziell von der Lehre vom Ursprung der Arten zu einem Glauben, den man zwar gutmütig hält, von dem man aber nicht wie früher tief überzeugt ist. Die Glaubensdogmen – wie z. B. die Forderung nach einem Verzicht auf voreheliche Sex – werden von den „Gläubigen" ohne viel Skrupel beiseitegeschoben. Ohne sich um die Ernährung und die Sicherheit sorgen zu müssen, wird nun das erfreuliche Leben zum Ziel. Der Lebensgenuss wird zum Ziel des Strebens. Das kann dann das tollste Essen, die schönste Reise oder der spannendste Roman sein. Da gibt es viele individuelle Ausgestaltungen. Solche „egoistischen" Lebensentwürfe scheinen aber im internen Vergleich mit den christlichen Idealen – die man ja sehr wohl noch kennt – nicht nur Lust, sondern auch Schuldgefühle zu erzeugen. Die Spendenbereitschaft und die Bereitschaft, weniger begünstigte Menschen anderer Kulturen aufzunehmen, ist in den reichen Ländern Europas erheblich.

In der Neuzeit erlebten wir in Europa eine Wendung zur Natur (Nacktkultur, der edle Wilde, Lockerung der Scham), während Amerika weiterhin die Maskulinität der Cowboys und athletischen Filmhelden feiert.

Motiv: Werte-Verwirklichung

In der Motivpyramide von Maslow steht an oberster Stelle die „Selbstverwirklichung". Aus unserer historischen Sicht sollte es neben dieser neuzeitlich individualistischen Kategorie noch ein gleichstarkes Motiv zur „Werte-Verwirklichung" geben, das individuell wirklich starke Kräfte entfalten kann (wenn darunterliegende Motivschichten ausreichend befriedigt sind). Es verbirgt sich unter „religiösem" Verhalten, wenn sich Menschen aus Ablehnung der sexuellen Begierde entmannen wollen oder als Eremit leben. Es kann sich aber auch weltlichen Werten unterordnen, wenn Ritter und Soldaten tapfer den Tod in Kauf nehmen. Heute kann das Mitleid mit den Tieren zu veganer Lebensweise motivieren, oder der Klimaschutz bewegt junge Menschen, von Flugreisen abzusehen.

Das Leben in Übereinstimmung mit den Werten der Zeit oder aber im Konflikt mit ihnen hat mit Ehre, Ehrgefühl und Stolz oder Scham zu tun – ein Gefühlsbereich, der im Lehrbuch der Psychologie nur ganz allgemein unter den Begriffen „Zufriedenheit, Glück" einzuordnen wäre.

Curry u. a. (2019) werten ethnografische Berichte von 60 Gesellschaften (sie haben ein Alter von 300 Jahren bis zur Gegenwart) in Hinsicht auf Aussagen zu moralischen Werten aus. Die These ist, dass die Werte generell Gruppenzusammenhalt und Kooperation in der Gruppe bestärken. Also wird nach dem Vorkommen von 1. Verwandtenbeistand, 2. Gruppenloyalität, 3. fairem Austausch von Leistungen und Gütern, 4. Mut und Tapferkeit, 5. Gehorsam und Respekt, 6. gerechtem Teilen sowie 7. Achtung von Besitz gesucht. Tatsächlich finden sie bei der Mehrzahl der Gesellschaften entsprechende Forderungen und Bewertungen. Die in dem Abschnitt bisher aufgeführten Werte lassen sich dem Begriff der Gruppenloyalität weitgehend zuordnen. Andere Werte – wie z. B. Prudentia („Wissen" und „Einsicht") – können ganz allgemein den Erfolg der Gruppe fördern.

> **Fazit**
>
> In den Vergangenheiten und bei verschiedenen Kulturen finden wir in Bezug auf den Ausdruck von Gefühlen auf der einen Seite ungehemmte Expressivität und auf der anderen Seite eine strenge Kontrolle.

Literatur

Althoff, G. (2010). Gefühle in der öffentlichen Kommunikation im Mittelalter. In C. Benthien, A. Fleig, & I. Kasten (Hrsg.), *Emotionalität. Zur Geschichte der Gefühle*. Köln: Böhlau.

Angenendt, A. (2014). *Toleranz und Gewalt. Das Christentum zwischen Bibel und Schwert*. Münster: Aschendorf.

Apter, M. J. (1982). *The experience of motivation, the theory of psychological reversals*. Acad. Press: London.

Barth, P. (1911). *Die Geschichte der Erziehung in soziologischer und geistesgeschichtlicher Bedeutung.* Leipzig: O.R. Reisland.
Bremmer, J. Boddenberg, H. (Hrsg.). (1997). *Kulturgeschichte des Humors. Von der Antike bis heute.* Darmstadt: Wissenschaftliche Buchgesellschaft.
Blaicher, G. (1970). Über das Lachen im englischen Mittelalter. *Vierteljahresschrift für Literaturwissenschaft und Geistesgeschichte, 44,* 508–529.
Bohannan, L. (1954). *Return to laughter: an anthropolgical novel.* NY: Anchor.
Borries, B. v. (1996). *Vom „Gewaltexcess" zum „Gewissensbiss"? Autobiografische Zeugnisse zu Formen und Wandlungen elterlicher Strafpraxis im 18. Jahrhundert.* Tübingen: Edition Discord.
Burke, P. (1999). Grenzen des Komischen im frühneuzeitlichen Italien (um 1550 bis 1750). In J. Bremmer & H. Roodenburg (Hrsg.), *Kulturgeschichte des Humors. Von der Antike bis heute.* Darmstadt: Wissenschaftliche Buchgesellschaft.
Burkert, W. (1998). *Creation of the sacred. Tracks of biology in early religions.* Cambridge: Harvard University Press.
Burkert, W. (2009). *Kulte des Altertums Biologische Grundlagen der Religion.* München Beck
Champdor, A. (1997). *Das ägyptische Totenbuch.* Bern: Scherz Verlag.
Clark, K. (1980). *Feminine Beauty.* London: Weidenfeld & Nicolson.
Clarke, J. R. (2009). *Ars Erotika. Sexualität und ihre Bilder im antiken Rom.* Darmstadt: Primua.
Curry, O. S. & Mullins, D.A. & Whitehouse, H. (2019) It is good to cooperate? Testing the theory of morality as cooperation in 60 societies. *Current Anthropology 60,* 27–69.
DeMause, L. (2010). Bipolar Christianity: How torturing "sinful" children produced holy wars. *The Journal of Psychohistory, 37,* 197–206.
Dinzelbacher, P. (2006). *Das fremde Mittelalter Gottesurteil und Tierprozess.* Essen. Magnusverlag.
Dinzelbacher, P. (2009). *Warum weint der König.* Eine Kritik des mediävistischen Panritualismus. Basenweiler: Wissenschaftlicher Verlag Bachmann.
Dinzelbacher, P. (Hrsg.). (1993). *Europäische Mentalitätsgeschichte* (S. 748–764). Stuttgart: Kröner.
Elias, N. (1976). *Über den Prozess der Zivilisation.* (Bd. 1 und 2). Frankfurt a. M.: Suhrkamp.
Eschenbach, v. W. (ca 1200/2008). *Parzival.* Köln: Anakonda.
Feucht, E. (1997). Frauen. In S. Donadoni (Hrsg.), *Der Mensch im alten Ägypten.* Frankfurt: Fischer.
Frevert, U. (2016). *Vergängliche Gefühle.* Göttingen: Wallstein.
Frevert, U. (1991). *Ehrenmänner. Das Duell in der bürgerlichen Gesellschaft.* München: Beck.
Fritsche, Y. (2000). *Jugend 2000. Die 13. Shell Jugendstudie.* Leverkusen: Leske und Budrich.
Friedell, E. (1996). *Kulturgeschichte Ägyptens und des alten Orients.* München: DTV.

Gurjewitsch, A. (1999). Bachtin und seine Theorie des Karnevals. In J. Bremmer & H. Rooenburg (Hrsg.), *Kulturgeschichte des Humors. Von der Antike bis heute.* Darmstadt: Wissenschaftliche Buchgesellschaft.
Grof, St., & Müller, G. H. (2015). *Topografie des Unbewussten.* Frankfurt: Klett-Cotta.
Haustein, J. (1990). *Martin Luthers Stellung zum Zauber und Hexenwesen.* Stuttgart: Kohlhammer.
Hochschild, M. H. (1979). Emotion work, feeling rules and social structure. *American Journal of Sociology, 85,* 551–575.
Jones, C. (2017). *Die Revolution des Lächelns.* Stuttgart: Reclam.
Kann, P., & van Bussel, B. (1996). *Erotische Kunst des alten Peru.* Wien: Museum für Völkerkunde.
Katchadourian, H. A. (1985). *Fundamentals of human sexuality.* NY: Holt Rinehart & Winston.
Langner, M. (2001). *Antike Graffitizeichnungen. Motive Gestaltung und Bedeutung.* Wiesbaden: Reichert.
Langness, L. L. (1981). Child abuse and cultural values: The case new guninea. In J. Korbin (Hrsg.), *Child abuse and neglect: cross-cultural perspectives.* Berkeley: University of California Press.
Landy, D., & Mattee, D. (1969). Evaluation of an aggressor as a function of exposure to cartoon humor. *J. Personality and social Psychology, 9,* 237–241.
Lemmer, M. (1997). Haushalt und Familie aus der Sicht der Hausväterliteratur. In T. Ehlert (Hrsg.), *Haushalt und Familie in Mittelalter und früher Neuzeit.* Wiesbaden: Albus.
LeGoff, J. (2004). *Das Lachen im Mittelalter.* Stuttgart: Klett-Cotta.
Levi, C. (1965). *Christus kam nur bis Eboli.* Leipzig: Reclam.
Levy, R. I. (1984). Emotion, knowing and culture. In R. Shwedér & R. LeVine (Hrsg.), *Culture theory. Essays on mind, self and emotion.* NY: Guilford Press.
Malraux, A. (1947). *Das imaginäre Museum.* Klein: Baden-Baden.
Munro, M. (2008). *Masterclass: understanding shunga. A guide to japanese erotic art.* London: Review Books.
Pinker, S. (2011). *Gewalt. Eine neue Geschichte der Menschheit.* Frankfurt a. M.: Fischer.
Reddy, W. M. (2012). *The making of romantic love. Longing and sexuality in Europe, South Asia & Japan.* Cambridge: Cambridge University Press.
Ritter, K.M. (2014). Kultur, Religion und Suizid. In T. Stompe & K. M. Ritter (Hrsg.), *Krankheit und Kultur.* Berlin: MWV.
Röckelein, H. (1996). Hexenessen im Frühmittelalter. In H. Röckelein (Hrsg.), *Kannibalismus und europäische Kultur.* Tübingen: Discord.
Roper, L. (2016). *Luther. Der Mensch Martin Luther.* Frankfurt: Fischer.
Rouche, M. (1995). Abendländisches Mittelalter. In P. Ariés & G. Duby (Hrsg.), *Geschichte des privaten Lebens* (Bd. 1). Frankfurt a. M.: Fischer.

Scheer, M. (2012). Are emotions a kind of practice (and is that what makes them have a history)? A Bourdieuan approach to understanding emotion. *History and Theory, 51,* 193–220.
Schneider, M. (2004). Nachwort. In J. LeGoff (Hrsg.), *Das Lachen im Mittelalter.* Stuttgart: Klett-Cotta.
Schnitzler. (1996). „Vnformliche zeichen" und „freche Vngeberden" Zur Ikonographie der Schande in spätmittelalterlichen Passionsdarstellungen. In R. van Dülmen (Hrsg.), *Körper-Geschichten.* Frankfurt: Fischer.
Schopenhauer, A. (1917). *Aphorismen zur Lebensweisheit.* Leipzig: Insel.
Schuster, M., & Jansen, D. (2006): Ästhetische Erlebnisbereitschaft im Kunstmuseum und an anderen Orten. In M. Schuster & H. Ameln-Haffke (Hrsg.), *Museumspsychologie. Erleben im Kunstmuseum.* Göttingen: Hogrefe.
Shaw, G. J. (2012). *The Pharao – Life at court and on campaign.* London: Thames and Hudson.
Simek, R. (2015). *Monster im Mittelalter. Die phantastische Welt der Wundervölker und Fabelwesen.* Köln: Böhlau.
Stompe, Th. (2014). Angststörungen und Kultur. In Stompe & Ritter (Hrsg.). *Krankhiet und Kultur.* Berlin: MWV.
Stearns, P. N. (2009). *Sexuality in world history.* NY: Routledge.
Steinen, von den K. (1894). *Unter den Naturvölkern Zentral-Brasiliens. Reiseschilderungen und Ergebnisse der zweiten Schingú-Expedition 1887–1888.* Berlin: Geographische Verlagsbuchhandlung von Dietrich Reimer.
Stubbe, H. (1985). *Formen der Trauer.* Berlin: Reimer.
Trumble, A. (2004). *A brief history of the smile.* New York: Basic Books.
Verdon, J. (2011). *Irdische Lust. Liebe, Sex und Sinnlichkeit im Mittelalter.* Darmstadt: Wissenschaftliche Buchgesellschaft.
Veyne. P. (1989). Das römische Reich. In P. Ariés & G. Duby (Hrsg.), *Geschichte des privaten Lebens* (Bd. 1). Frankfurt a. M.: Fischer.
Weinfurter, S. (2005). Die Welt der Rituale. Eine Einführung. In C. Ambos, S. Hotz, G. Schwedler, & S. Weinfurter (Hrsg.), *Die Welt der Rituale.* Darmstadt: Wissenschaftliche Buchgesellschaft.
Wikan, U. (1989). Managing the heart to brighten face and soul. Emotion in Balinese morality and health care. *American Ethnologist, 16,* 294–312.

7

Kulturelles Training und Reaktionen auf Ereignisse

7.1 Kulturelles Training, Kognition und mentale Fertigkeiten

Die Aufgaben einer Zeit verlangen nach Fertigkeiten, die von den Menschen dieser Zeit trainiert werden. Auch so kommt es zu einer veränderten Mentalität. Historische Ereignisse können ebenfalls Reaktionsweisen ändern.

7.1.1 Die Introspektion

Nicht nur Taten, sondern auch Gedanken, Wünsche und Absichten können dem Christen „sündig" sein. In den Zehn Geboten ist es formuliert: „Du sollst nicht streben nach…." Also entwickelte sich im christlichen Abendland eine Sicht nach innen (Introspektion). Misstrauisch erforschte man sogar Träume und Fantasien. Sexuelle Fantasien und Halluzinationen beunruhigten in Zeiten starken Triebverzichts natürlich gerade sexuell enthaltsame fromme Männer und Frauen.

Eine Öffnung der inneren Räume des Denkens geschah auch durch das **leise** Lesen. Zunächst in der Regel des Benedikt eingeführt, um andere Brüder nicht in der Ruhe zu stören, war es dann zu einer besonderen Form der Andacht geworden. Nachdem es damals üblich gewesen war, laut zu lesen, war das leise Lesen eine besondere geistige Anstrengung (Rouche 1995).

Die Absicht und innere Beteiligung

Erst etwa ab dem 9. Jahrhundert wurde in den Bußbüchern und auch in weltlichen Gesetzen der absichtliche Mord strenger bestraft als der unabsichtliche, und zwar um die Blutrache einzudämmen. Für die Sünde spielte die Absicht einer Tat keine Rolle. Die nächtliche Pollution wurde in den Klöstern mit Bußstrafen belegt.

Die innere Beteiligung bei Gebeten und Fürbitten war zunächst nicht gefragt. Es kam dabei nicht auf die Absicht an (Dinzelbacher 2006, S. 197), sondern auf die Zahl der Fürbitten. Kinder wurden in Klöster gegeben, um für bestimmte Personen Fürbitten anzusammeln. Erzbischof Herbanus Maurus (847) konnte auf 3500 Messen und 1700 Psalter für König Ludwig den Deutschen verweisen.

Auch im Buddhismus wiegen die Gedanken und Wünsche beim Beten weniger. Es ist ohne Belang, was man beim Opfern denkt. Die Hauptsache ist, dass man opfert. Allerdings führen dort ausgefeilte Meditationspraktiken der Mönche auf dem Wege zur Erleuchtung zu einer äußerst verfeinerten Innenschau.

Introspektion und die Psychoanalyse

In der Beichte (etwa seit dem 13. Jahrhundert) wurden die Ergebnisse der Innenschau verbalisiert und bewertet. Dies legte die Grundlage für die Psychoanalyse mit ihrer Erforschung der spontanen Gedankenketten (freie Assoziation). Die Rolle des Pietismus ist hier zu erwähnen. In Indien oder in Afrika, wo die Menschen in Selbstbeobachtung ungeübt sind, ist eine Psychoanalyse der westlichen Art schwierig. In der Praxis von „Kritik und Selbstkritik" nutzt der atheistische Kommunismus die im Christentum geübten Bußfertigkeiten.

Die spanische Inquisition suchte um 1500 mit kriminalistischen Methoden nach Schichten des Seelischen bei (Zwangs-)Konvertiten vom Judentum zum Christentum. Als Zeichen für – auszumerzende – Reste der jüdischen Religiosität galt z. B. der Wechsel des Bettlakens am Freitag oder eine abweichende Benennung von Heiligen: Statt von der „Heiligen Jungfrau" sprachen jüdische Familien von der „Heiligen Maria" (Simmons 2015). Das war eine Seelenerforschung wie etwa in der Psychoanalyse, sie legte historische Schichten des Seelischen frei. Statt das „Es" zu erforschen, wurde das Wirken des Teufels im verborgenen Seelenkern aufgespürt.

Bußfertigkeit, Selbstkritik

Im Christentum gibt es wegen der katastrophalen Folgen der Sünde „Bußfertigkeit" und „Selbstkritik". Reue auf dem Totenbett konnte im Mittelalter auf Himmel- oder Höllenfahrt Einfluss nehmen (Dinzelbacher 1993). Flagellanten zogen durch die mittelalterlichen Städte. Sie bestraften sich selbst, um der göttlichen Strafe zuvorzukommen. Solche Flagellantenzüge gibt es heute noch im Gebiet des Islam (z. B. innerhalb der schiitischen Passionsspiele).

7.1.2 Kognitive Fähigkeiten

Das Gedächtnis kann trainiert werden. Ein Training ist aber eher materialspezifisch: Wenn man lernt, sich Zahlen zu merken, wird das Gedächtnis für Zahlen besser; wenn man mit Buchstaben trainiert, wird das Gedächtnis für Buchstaben besser (vgl. Metzig und Schuster 2020). Unterschiedliche Kulturen und Menschen unterschiedlicher Zeiten leben in dieser Hinsicht in ganz unterschiedlichen Anforderungswelten. Die Seeleute der Trobriand-Inseln lernen ein System von Wetter- und Sternbeobachtung, das sie zu ganz erstaunlichen Navigationsleistungen befähigt (Malinowski 1979). Afrikanische Stämme haben eine Tradition der erzählten Geschichte; der Erzähler kann die Historie des Stamms stundenlang in Versen rezitieren. Ebenso ist der Islam ja als mündliche Tradition konzipiert: Man weigerte sich lange, eine gedruckte Version des Buches Mohammed herzustellen, sodass die Islamgelehrten und -prediger eine besondere Gedächtniskraft im Lernen von Texten entwickelten.

Gedächtnispaläste

Die griechischen Redner mussten auf dem Areopag, einem Felsen in Athen, freie Reden halten. Zum Memorieren ihrer Stichworte haben sie die Loci-Technik genutzt (der lateinische Name stammt aus Ciceros Unterweisungstext „de oratore"). Dabei verbindet man das zu lernende Stichwort für die Rede bildhaft mit einem Ort einer gut bekannten Ortsreihenfolge und geht bei der Abfrage in der Vorstellung die Ortsreihenfolge ab. Das Mittelalter nutzte diese Technik ebenfalls. Die Gelehrten bezogen sich auf antike Quellen (meist in ihrer lateinischen Übersetzung), die sie – wie auch das Wissen über die Grammatik usw. – in sogenannten Gedächtnispalästen ablegten. Man konstruierte sich in der Vorstellung einen Palast, in dessen Räume man Bilder einbaute, aus denen man das Wissenselement oder das Zitat ableiten konnte (dabei gibt es Bilder für Inhalte und solche für Buchstaben, die heute noch – jedoch ohne diese Funktion wirklich zu erfüllen – durch die Didaktik des Erstleseunterrichts geistern). Unter anderem mithilfe dieser Loci-Technik war es damals möglich, ein umfangreiches lexikalisches Wissen zu speichern. Auch zum Erlernen der chinesischen Schriftzeichen sollte die Technik genutzt werden: Der Jesuit Matteo Ricci versuchte um 1590 eine Applikation für die wegen ihrer Anzahl schwer erlernbaren chinesischen Schriftzeichen zu erstellen, die leider nur in einigen Rudimenten erhalten ist (Spence 1986). Ein solches Training absolvierten damals natürlich nur wenige Gelehrte; zumeist waren das Mönche in den Klöstern. Weil die Idee aufkam, in den Gedächtnisbildern sei eine tiefere (vielleicht magische?) Wahrheit enthalten, wurde die Loci-Technik von den Philosophen der Aufklärung abgelehnt und verschwand fast völlig aus dem europäischen Bewusstsein. Erst 1966 (durch Baddeley) wurde sie wieder einer breiteren Leserschaft zugänglich.

Heute ist es der Schulbesuch, in dessen jahrelangem Lauf vielfältige Lernstoffe erarbeitet werden. Dazu gehört das Lernen umfangreicher Symbolsysteme: In der Grundschule sind das Schreibschrift, Druckschrift, Groß- und Kleinschrift, in meiner Zeit auch die alte deutsche Schrift, sodass hierbei ein systematisches Gedächtnistraining stattfindet.

Die Fähigkeit zum Problemlösen, Intelligenz

Die Fähigkeit, Probleme zu lösen, ist nicht unabhängig von der Gedächtnisleistung. Bei einer Aufgabe wie „Erna ist größer als Elise, und Doris ist größer als Erna: Wer ist die Größte?" muss man die erste und zweite Relation im Gedächtnis behalten, um dann richtig urteilen zu können. So ist es kein Wunder, dass nichtbeschulte Populationen (etwa in afrikanischen Stämmen) in solchen Entwicklungsaufgaben (Piaget nennt dies „Konservierungsaufgaben") schlechter abschneiden als beschulte mitteleuropäische Populationen. Im Spätmittelalter begann die Alphabetisierung der Stadtbevölkerung, sodass wir dort den Anfangspunkt für ein allgemeines Gedächtnistraining setzen können. Auch die Verbreitung des Wissens und der Argumentation durch den Buchdruck trug zur Verbesserung des logischen Denkens bei.

Seit dem Beginn der Intelligenzmessung ist die mittlere Testintelligenz der westlichen Kulturnationen (1959–1995, Flynn-Effekt, Flynn 2012) gestiegen, hauptsächlich weil die Aufgaben der Tests in vielerlei Denkspielen schon im Vorschulalter trainiert werden. Effekte durch bessere Ernährung und Umweltbedingungen haben dann in den westlichen Kulturen eine Decke erreicht (in Entwicklungsländern steigt die Intelligenz weiterhin).

Oesterdiekhoff (2012) glaubt, dass vorindustrielle Kulturen und auch die Intelligenz der mittelalterlichen Philosophen und Gelehrten in Bezug auf die Intelligenz eher mit der von heutigen Grundschulkindern zu vergleichen seien und daher nur ein animistisches, egozentrisches Weltbild mit Hexerei und geringer Empathie aufbauen konnten (vgl. Kap. 7). Oesterdiekhoff bezieht sich dabei auf Piagets Intelligenzkonzept. Mentale Fähigkeiten entwickeln sioch danach in einer festen Folge von Stufen, die jeweils komplexere mentale Operationen erlauben.

Wieweit die neue Bildersprache „Windows" und eine nicht-schriftliche Informationsübermittlung durch Fernsehen und Film die grundlegenden Gedächtnisfähigkeiten wieder versiegen lässt, sei dahingestellt. Eine beklagte „Verdummung" durch die Medien ist sicher auch der hohen Suggestionskraft der Bilder geschuldet, die das kritische Denken einlullt.

Kreativität als erwünschte oder unterdrückte Eigenschaft

Kreativität war nur in begrenzten Epochen der Vergangenheit erwünscht. Der „erfindungsreiche" Odysseus wird von Homer für seine Listigkeit gefeiert. In Vergils Roman „Aeneas" (ca. 20 v. Chr.) wird der Hades beschrieben. Dort gibt es auch eine Art Paradies, wohin die Krieger, aber auch die Wissenschaftler und die weisen Männer gelangen können – dabei interessanterweise auch, wer dem Volk durch nützliche Erfindungen gedient hat! Kreativität war also in der griechischen Antike und im antiken Rom eine geschätzte Fähigkeit.

Im Mittelalter kam der Erfinder allzu leicht in den Verdacht, mit dem Teufel im Bunde zu stehen, z. B. wenn er in seinem Labor versuchte, magische Substanzen unter der Rezitation von Zaubersprüchen in Gold zu verwandeln. Neue astronomische Entdeckungen konnten die Autorität der Kirche gefährden, so z. B. die „Gewissheit" bezweifeln, die Erde und damit der Mensch stehe im Mittelpunkt der göttlichen Schöpfung.

Die Renaissance mit ihrer Konkurrenz der italienischen Städte um die (kulturelle) Vorherrschaft war wieder eine Zeit der Wertschätzung von Wissenschaft und Kreativität. Der Nutzen von neuen Kriegsmaschinen überzeugte die Fürsten (ein Haupttätigkeitsfeld etwa von Leonardo da Vinci). Diese förderten und forderten zu Beginn der Neuzeit Individuen, die sich meinungs- und erkenntnismäßig gegen die Gruppe stellten und verstärkten so die Entwicklung von Individualität. Glückliches Geborgensein in der Gruppe (z. B. die Familie) wurde dann zugunsten eines konflikthaften Getrenntseins aufgegeben.

Kulturelle Vielfalt begünstigt Kreativität, weil man mögliches Anderssein direkt erlebt. Ein Beispiel wäre Sigmund Freud, der als Jude im überwiegend christlichen Wien lebte (Simonton 1999).

Die englischen Exzentriker des 19. Jahrhunderts lebten ihre spleenigen Ideen aus und wurden dabei von der Gesellschaft toleriert. Zur gleichen Zeit waren die adeligen Sirs die Speerspitze der europäischen Innovation. Die entwickelte Besonderheit war dabei nicht nur dem Individuum geschuldet, sondern vielmehr auch der Bereitschaft der Gemeinschaft, Abweichung zu tolerieren. Soldatisch orientierte Gemeinschaften wie das preußische Deutschland waren viel weniger willens, den schrulligen Einzelgänger gewähren zu lassen. Asiatische Gesellschaften waren Weltmeister im Kopieren. Dort war die Scheu, abweichende Meinungen zu äußern, noch lange sehr hoch. Heute schätzen wir allgemein die Kreativität als Quell unseres Reichtums.

> **Beispiel: Leonardo da Vinci**
>
> Wenn wir heute den Künstler und Naturforscher da Vinci verehren, so mag das verschiedene Wurzeln haben. Mit seinem Lebenslauf überbringt er eine tröstliche Botschaft: „Ohne allzu viel Ausbildung und ohne viele überlieferte Werke kann der umtriebige, aber auch wenig zielstrebige Erfinder zu großem Ruhm gelangen." Oft wurden seine Werke nicht fertig, manche seiner Kriegsmaschinen konnten – so wie sie gezeichnet sind – nicht funktionieren. Der heutige Start-up-Unternehmer, der mal dies und mal etwas anderes probiert, kann sich gut mit ihm identifizieren, so Karich (2019) und führt dazu aus: „Die vielen kleinen Freigeister mit dem Handy in der Hand und der Idee für die nächste App im Kopf... Sie alle wollen Künstler sein, der alte Traum. Leonardo macht es möglich. Auch ohne Hochlatein."

Die Entwicklung des Denkens durch Begriffsentwicklung

Rationales Denken wird durch die Universitäten bei den gebildeten Schichten gefördert und breitet sich aus. Wenn man in Gedanken mit etwas umgehen will, braucht man dafür die geeigneten Begriffe, die sich z. B. für das Innenleben, für Absicht und Vorsatz erst entwickeln müssen, um etwa im Strafrecht relevant sein zu können. Wörter wie etwa „Relation" und „Proportion" erleichtern das mathematische Denken (Pinker 2011).

Die alten Kulturen waren in ihrem animistischen und egozentrischen Denken davon überzeugt, dass jedweder Schaden durch Zauberei entsteht. In der Aufklärung und nach der erfolgreichen Erklärung der Planetenbahnen des Sonnensystems (durch Keppler, Galilei und Newton) konnte sich die Überzeugung von einer natur-kausalen Wirkung durchsetzen, die sich ganz unabhängig von Intentionen entfaltet: Unerklärliche Geschehnisse, also auch unerklärliche Missgeschicke, sind dann „zufällige" Verknüpfungen von getrennten Kausalketten. Die Zentralität der Begriffe „Zufall" und „Wahrscheinlichkeit" sind Folge des neuen Denkens und festigen es gleichzeitig auch (Oesterdiekhoff 2012).

In islamischen Ländern wie z. B. der Türkei, in denen sich die Aufklärung wenig verbreiten konnte, gibt es in der ländlichen Bevölkerung ein ungebrochen kindlich-animistisches Denken. Man konnte dort z. B. glauben, die Sonne sei belebt und erfülle ihre moralische Aufgabe zu scheinen. Sie sei stolz, so alt zu sein (Kälble 1997).

Über die Entwicklung und Differenzierung der Sprache nahmen ganze Kulturgemeinschaften an der Entwicklung der Mentalitäten teil. Die Romantik entwickelte eine ganze Vielfalt von Wörtern für das Emotionale (vgl. Abschnitt 5.3).

7.1.3 Sensorische Fähigkeiten

Auch unsere Sinnesleistungen sind trainierbar. Heute erleben wir beispielsweise eine Vernachlässigung des Geruchssinns und können uns kaum vorstellen, dass es zur Begrüßung im antiken Ägypten ein gegenseitiges Beriechen gab (Friedell 1996, S. 203). Jäger und Fallensteller entwickelten einen feinen Sinn für die Zeichen und Gerüche der Umgebung.

Fazit

Die Kultur stellt den Menschen Aufgaben, die dann besondere Fähigkeiten trainieren. Beispielsweise die Fähigkeit, Texte auswendig zu lernen, ist in traditionellen islamischen Gesellschaften ohne eine Verschriftlichung der Koransuren besonders ausgeprägt.

7.2 Umweltbedingungen erzeugen spezifische Reaktionen

Manche Verhaltensweisen sind ganz einfach eine (oft sinnvolle) Reaktion auf die Bedingungen einer Zeit. Wenn es eine Salzunterversorgung gibt, kommt die Sitte auf, den Tee zu salzen (Pacensky und Dünnebier 1999). Als der Pfeffer nach 1650 billiger wurde und sich jeder das Gewürz leisten konnte, wurden Speisen weniger (!) gepfeffert (Braudel 1995, S. 230 f.).

Afrika wurde durch den Sklavenhandel entvölkert. Daraus entstand speziell ein Männermangel. So kam es dann zu einer verbreiteten Polygamie, auch um in den Familien genügend Arbeitskraft zu haben (Stearns 2009).

7.2.1 Die Pest, der Schwarze Tod

Von der Antike bis zur Neuzeit forderten immer wieder verschiedene Seuchen, die meist als „Pest" oder „Schwarzer Tod" bezeichnet wurden, hohe Opferzahlen. Bei einer besonders katastrophalen Epedemie in Europa im Jahr 1347–1350 kamen bin zu 75 % der Bürger ums Leben. Der Untergang Roms war letztlich solchen Seuchen und der Malaria geschuldet.

Die Pest wurde als Gottesstrafe verstanden. Die Juden in den Gemeinschaften wurden beschuldigt, für die Pest verantwortlich zu sein, weil Gott sie für den Tod des Heilands strafen wolle. Zudem wurden die Juden beschuldigt, Brunnen zu vergiften, was – wie nicht anders zu erwarten ist – unter der Folter auch gestanden wurde. In der Zeit der Pest – aber auch schon vorher – gab es daher schwere Judenprograme. Die Rechtsstellung der Juden in den städtischen Gemeinschaften erlaubte eine leichte Enteignung ihres Besitzes. Durch den Tod der Geldverleiher war man lästige Schulden dann los (Bergdoldt 2017). Besonderes irgendein Mitleid mit den verfolgten Juden kann man aus den Berichten der Chronisten nicht herauslesen.

Die Reaktion auf die Katastrophe war vielfältig. Die Xenophobie (Fremdenfeindlichkeit) war in den Zeiten der Pest verstärkt (Delumenau 1878), weil man (nicht unberechtigt) fürchtete, die Krankheit werde von Fremden eingeschleppt. Es kam zu religiösen Zweifeln an einem gerechten, gütigem Gott. Einige Menschen wollten nun das Leben in vollen Zügen genießen, andere reagierten deprimiert. Bergdolt (s.o.) sieht eine Senkung der Schamschwelle, wenn die Mode nach Abklingen der Pest nun sehr körperbetont wird und die Geschlechtsteile nachmodelliert oder aber den weiblichen Busen viel stärker als vorher freilegt.

7.2.2 Die Syphilis und die Sexualität

Die Syphilis in Europa gab es in Einzelfällen möglicherweise seit der Antike, aber als Seuche trat sie erst um 1500 auf (der Name „französische Krankheit" bezieht sich auf die Belagerung Neapels durch die französische Armee 1495). Möglicherweise wurde sie in einer für die Europäer gefährlichen Form auch durch die Matrosen des Columbus aus Südamerika mitgebracht. Auf jeden Fall änderte die Geschlechtskrankheit die Einstellung zur Sexualität in der frühen Neuzeit. Bordellbesuche und eheliche Untreue sah man nun kritischer. Es ist die Frage, ob eine Verschärfung der Sexualmoral in den folgenden Zeiten – speziell die Versuche, die Prostitution einzuschränken – eher dem Einfluss des Christentums oder aber der neuen Gefährlichkeit der Syphilis geschuldet war. Die damals übliche Hautbehandlung mit Quecksilber hatte schwere Nebenwirkungen, und ihr Erfolg war zweifelhaft. In dieser Zeit erfand man das Kondom, um sich zu schützen.

7.2.3 Weniger Nachwuchs

Bei einer verbesserten Kontrolle der Empfängnis und bei gleichzeitig medizinisch besser ausgeführten Abtreibungen zu Beginn der Neuzeit wurden weniger (unerwünschte) Kinder geboren, die nun besser behandelt werden konnten.

Dinzelbacher stellt (2013) den Psychologen die Frage, welche seelischen Konsequenzen es wohl haben mag, wenn ein Kind, in Bändern gewickelt, völlig bewegungsunfähig aufbewahrt wird (faschen oder pucken, s. o.), wie es bis fast vor 100 Jahren in Europa gängige Praxis war. Möglicherweise reifen die Bewegungsprogramme des Kindes auch ohne allzu viel Übung. Ein tief verwurzeltes Gefühl von Hilflosigkeit und Verzweiflung wird dennoch angelegt worden sein, auch eine Bereitschaft, in einen Zustand meditativen Dösens überzugehen. Von einem grob missbräuchlichen Umgang mit Kindern in Stammesgesellschaften bis zu einer hilfreich unterstützenden Erziehung war es ein langer Weg. Was diese Fortentwicklung angetrieben hat, ist nicht ganz klar.

> **Beispiel**
>
> Wie sich die gesellschaftlichen Narrative ändern, kann man aus der Gegenüberstellung der Romane „Simplicissimus" und „Emile" erkennen.
>
> Grimmelshausen widmet in seinem autobiografischen Roman „Simplicissimus" (ca. 1670) einige Kapitel den schädlichen Folgen einer gewährenlassenden Erziehung. Darin führt die „Affenliebe" der Eltern von Oliver – einem Kumpan des Autors – dazu, dass dieser bereits als Kind stiehlt, später das von den Eltern finanzierte Studium zugunsten von „Fressen und Saufen" vernachlässigt und schließlich als Raubmörder endet.
>
> Der einflussreiche Entwicklungsroman „Emile" von Jean Jaques Rousseau (1762) dagegen sieht in einem natürlichen Aufwachsen, ohne die schädigenden Einflüsse der Kultur, die Grundbedingung für die Entfaltung des „Guten im Menschen". Man solle dem Kind nicht befehlen, sondern es solle die Werte der Gemeinschaft durch eigene Erfahrung verstehen lernen.

Sicher war es nicht ein einzelner Beitrag, der eine neue Auffassung zur Gestaltung der Kindheit bewirkte, sondern eher die sich langsam verbessernden Lebensumstände insgesamt, die auch mehr Zuwendung zu den Kindern ermöglichten. Keine andere Einzelursache hat die Psyche der Menschen in der Historie aber mehr beeinflusst als die sich – bei geringerer Kinderzahl – verändernden Erziehungsgewohnheiten (die diesbezüglichen Arbeiten von deMause werden an verschiedenen Stellen ausführlich behandelt, vgl. Kap. 5.2.1).

7.3 (Traumatische) Erfahrungen und historisches Gedächtnis

Es gibt Kenntnisse darüber, dass sich die Erfahrungen einer Generation in Verhaltenskonsequenzen der kommenden Generation niederschlagen.

Speziell den älteren deutschen Lesern ist in Erinnerung, dass die Noterfahrungen des Weltkrieges auf die jüngere Generation übertragen wurden: „Man wirft keine Lebensmittel weg" (speziell keine Pausenbutterbrote), so lautete die Erziehungsmaxime. Nach der großen Depression in Amerika gab es generationsübergreifende Lernerfahrungen. Dort lernte die folgende Generation den Wert der Vorratshaltung. Spätere Generationen haben diese Erfahrungen bald wieder vergessen.

Vielleicht ist eine grundlegende traurige Stimmung in Portugal (vgl. Fado-Gesänge) Folge der verlorenen Seemacht, vielleicht aber auch immer noch die Reaktion auf das vor etwa 8000 Jahren verschüttete

Atlantis (das man mittlerweile im Grenzgebiet zu Spanien vermutet). Eine melancholisch-resignative Stimmung ist auch in Wien von der verlorenen Weltmacht geblieben.

(Wie sich schwere, traumatische Menschheitserfahrungen in die Kosmologien der Kulturen mischen, wurde auch schon in Kap. 3 berichtet.)

> **Fazit**
>
> Naturkatastrophen wie Impakte, Seuchen oder große Vulkanausbrüche wirken sich – manchmal auf dem Umweg über die Kosmologien der Zeit – auf die Mentalität der Menschen aus. In den Zeiten der Pest zum Beispiel scheint eine verstärkte Fremdenfurcht verständlich.

Literatur

Baddeley, A. D. (1966/1979). *Die Psychologie des Gedächtnisses*. Stuttgart: Klett.
Braudel, F. (1985). *Sozialgeschicht des 15–18. Jahrhunderts; der Alltag*. München: Kindler.
Dinzelbacher, P. (Hrsg.). (1993). *Europäische Mentalitätsgeschichte*. Stuttgart: Krömer.
Dinzelbacher, P. (2006). *Das fremde Mittelalter Gottesurteil und Tierprozess*. Essen: Magnus Verlag.
Dinzelbacher, P. (2013). Entwicklungsgeschichte der Emotionalität als Fortschritt. Eine Skizze der damit verbundenen Fragen an die Psychologie. In G. Jüttemann (Hrsg.). *Die Entwicklung der Psyche in der Geschichte der Menschheit*. Lengerich: Pabst.
Dulmenau, J. (1878). *La Peur en Occident*. Paris: Artheme Fayard.
Flynn, J. R. (2012). *Are we getting smarter? Rising IQ in the twenty-first century*. Cambridge: Cambridge University Press.
Friedell, E. (1996). *Kulturgeschichte Ägyptens und des alten Orients*. München: DTV.
Kälble, K. (1997). *Die Entwicklung der Kausalität im Kulturvergleich*. Opladen: Westdeutscher Verlag.
Malinowski, B. (1979). *Argonauten des westlichen Pazifik. Ein Bericht über Unternehmungen und Abenteuer der Eingeborenen in den Inselwelten von Melanesisch-Neuguinea*. Frankfurt a. M.: Syndikat.
Metzig, W., & Schuster, M. (2020). *Lernen zu Lernen Lernstratiegien wirkungsvoll einsetzen*. Heidelberg: Springer.
Oesterdiekhoff, G. W. (2012). *Die geistige Entwicklung der Menschheit*. Göttingen: Velbrück.

Pacensky, von G., & Dünnebier, A. (1999). *Kulturgeschichte des Essens und Trinkens.* München: Orbis.

Pinker, St. (2011). *Gewalt. Eine neue Geschichte der Menschheit.* Frankfurt a. M.: Fischer.

Rouche, M. (1995). Abendländisches Mittelalter. In P. Ariés & G. Duby (Hrsg.), *Geschichte des privaten Lebens. Bd 1.* Frankfurt a. M.: Fischer.

Simmons, N. (2015). Forerunner of the science of Psychoanalysis? An essay on the Spanish and Portuguese Inquisition. *The Journal of Psychohistory, 42,* 295–309.

Simonton, D. K. (1999). *Origins of genius.* Oxford: Oxford University Press.

Spence, J. D. (1986). *The memory palace of Matteo Ricci.* New York: Penguin.

Stearns, P. N. (2009). *Sexuality in World History.* New York: Routledge.

8

Theorien der historischen Veränderung

In diesem Kapitel geht es darum, welche psychologisch/biologischen Erklärungsansätze uns helfen zu verstehen, wie es zu historischen „Mentalitäten" kommt.

8.1 Nicht Fakten, sondern Einschätzungen und Interpretationen zählen für das Erleben

Die gleiche Handlung kann in einer Zeit katastrophal und in einer anderen Zeit belanglos erscheinen. So würden wir uns heute nicht besonders vor der Berührung eines Selbstmörders scheuen. Im Mittelalter war dies aber sehr gefürchtet, weil dadurch der Verlust der ewigen Seligkeit drohte (Kap. 2.1).

Unsere Gefühle und Reaktionen auf objektive Gegebenheiten sind nun, wie wir wissen, gar nicht so sehr von den Fakten, sondern eben vielmehr von der Beurteilung der Situation abhängig (vgl. z. B. Olbrich und Thomae 1978). Ganz konkret wird dies in der Entstehung von Ängsten. Allein durch „Erzählungen" kann es zur Entstehung von Ängsten kommen. Man nennt dies „symbolische Konditionierung".

> **Beispiel**
>
> Eine 24-jährige Studentin beschreibt in einem Seminar, wie bei ihr eine Angst entstand: „Den Film ‚Es' von King … habe ich bereits mit 14 gesehen. Eine Freundin war bei mir zu Besuch, und meine Eltern waren ausgegangen.... Ich mochte immer Clowns, die haben mich zum Lachen gebracht. [Bei dem Clown

> Pennywise] … habe ich mich zu Tode erschrocken, und ich wollte weggucken, aber meine Freundin saß neben mir, und ich wollte nicht wie ein Feigling aussehen. Seit jenem Abend mag ich keine Clowns mehr. Ich musste sogar zeitweise einen Bogen um Gullydeckel machen [aus denen der Clown im Film auftaucht]. Ich finde es erschreckend, dass eine Figur aus einem Film so eine starke Wirkung auf mich und vielleicht auch auf andere haben kann."

So verstehen wir, wie die Geschichten von Himmel und Hölle den mittelalterlichen Menschen starke Jenseits-Ängste vermitteln konnten.

8.2 Die Lernpsychologie

Die Kultur wird gelernt. Das ist natürlich kein formales schulisches Lernen, sondern ein Lernen oft ohne explizite Lern- oder auch Unterweisungsabsicht. Das „Belohnungslernen" lehrt dabei häufig andere Inhalte als beabsichtigt. Prügel- und Beschämungsstrafen sind die drastischen Maßnahmen, die falsches Verhalten vermeiden sollen, aber dem Opfer nur Hilflosigkeit gegenüber der Willkür der Mächtigen lehrt.

Manchmal ist es die Instruktion der Geschwister und Peers, die die kulturellen Inhalte vermittelt. Bei meinen Forschungen zur Kinderzeichnung konnte ich in dieser Hinsicht manche relevante Beobachtung machen:

> **Beispiel**
>
> Die 6-jährige Jenny unterweist ihren 5-jährigen Bruder Roman, der bei dem Versuch, einen Menschen zu zeichnen, ins Kritzeln verfällt: „So macht man das nicht", sagt sie und zeichnet ein Männlein vor.
> Dass Nacktheit ein Tabu ist, wissen 8-jährige Kinder aus der Betrachtung der Zeichnungen der Peers sehr genau. Wenn man sie bittet, ein Kind unter der Dusche zu zeichnen, fanden (von 20 Kindern) alle kreative Lösungen, die Nacktheit in der Zeichnung zu vermeiden (vgl. Schuster 2015).

8.2.1 Lernen durch Geschichten

In der Hypnotherapie verpackt der Therapeut seinen Ratschlag in eine Geschichte. In der hypnotischen Trance nimmt der Klient den Ratschlag auf, ohne dass die rationale Bewertung und gegebenenfalls eine Abwehr aktiviert werden. Biblische Geschichten, Gebete, Märchen und Lieder sind Stoffe, die unbewusst und ohne weitere rationale Kontrolle aufgenommen werden.

In einem Liedtext heißt es beispielsweise: „Jedes Seelchen findet seinen Stern"; zusammen mit Bildern in christlichen Kirchen, die eine Reise der Seele zu den Sternen zeigen, bleibt so der antike Verstirnungsglaube unterschwellig wach. Wie durch Märchen Werte vermittelt werden, erkennen wir am Märchen von Frau Holle: Da hat das fleißige Mädchen Erfolg. Auch Aschenputtel ist fleißig und wird mit einem Prinzen belohnt. Wir erinnern uns: Arbeit verhindert sündige Gedanken und sündiges Tun (siehe Kap. 4).

Wie sehr dann kulturell vermittelte Metaphern manchmal sogar in Körperprozesse eingreifen, mag man ermessen, wenn man sich ins Bewusstsein ruft, dass die Metapher von der weiblichen Seele und dem männlichen Gott bei den heiligen Frauen des Mittelalters zu Scheinschwangerschaften führen konnte (Dinzelbacher 2007, siehe Abschn. 2.4.2).

8.2.2 Modell-Lernen

Die Sprache wird – ohne große Unterweisung – vom Modell der Erwachsenen und der älteren Kinder gelernt, genauso wie z. B. die Handgesten, und beides tradiert sich über die Jahrtausende. Auf antiken Abbildungen können wir unsere heutigen Handgesten wiedererkennen (Abb. 8.1). Auch das Modell-Lernen vollzieht sich ohne Lernabsicht: Man kann also von einem inzidentellem Modell-Lernen sprechen. Kein Mitglied der Kultur kann sich dem Modell der Vorfahren entziehen, und ein Umlernen ist schwer, sodass auch der Begriff „Prägung durch das kulturelle Modell" angemessen wäre.

> **Beispiel**
>
> Die Graugans Martina von Konrad Lorenz (1964) wollte zum ersten Mal die Treppe des Hauses ersteigen. Dort stand ein Eimer im Weg, um den sie einen Umweg machte. Auch wenn der Eimer später nicht mehr dort stand, machte sie doch den nun unnötigen Umweg. So fixiert auch bei uns ein erstes Lernen einen Ablauf; ein späteres Umlernen ist schwer (wie das Ändern einer einmal falsch gelernten Bewegung beim Erlernen des Skifahrens).

Abb. 8.1 Handgeste. Spottende Handgeste „Cornuto", die antike Wurzeln hat. Karel Skreta Verspottung Christi 1630. (Rechte beim Autor, eigenes Foto) Mit freundlicher Genehmigung des Belvedere Museums, Wien

Ein erstes Modell in der Historie entwickelt für folgende Generationen Handlungsmöglichkeiten.

> **Beispiel**
>
> Als erster entwickelte der heilige Franz von Assisi die fünf Wunden Christi an seinem Körper (möglicherweise nach einer Selbstkreuzigung um 1226; Daxelmüller 2001). Danach lernten viele fromme Menschen von seinem Vorbild und konnten dann auch die Stigmata Christi vorweisen.

Es gibt ein Beispiel aus unserer Zeit: Mit dem Auto in eine Gruppe von Passanten zu rasen, war zunächst eine terroristische Tat, wurde aber bald auch zur Möglichkeit für andere Tätergruppen.

8.2.3 Das Modell der Mächtigen

Speziell das Modell der Mächtigen wird nachgeahmt. Ein Beispiel gibt Jones 2017, S. 59:

> … versuchten die Höflinge dem Beispiel ihres Fürsten in allem, was er tat, zu folgen. So konnten sie sogar beinahe masochistische Tendenzen entwickeln. 1686… musste sich Ludwig vom ersten Chirurgen Félix an einer Analfistel operieren lassen, ein Eingriff, der noch gefährlicher, noch unwürdiger und körperlich schmerzhafter war als seine Mundoperation ein Jahr zuvor… Nach Auskunft des Hofarztes Pierre Dionis wurde es sofort „sehr modern, an einer Analfistel zu leiden … sie zögerten nicht, dem Chirurgen ihr Gesäß zu zeigen", der einen Schnitt vornahm.

Die höfische Gesellschaft in Europa wird ab dem Mittelalter zum Modell für „höfisches Benehmen", wie es Elias (1976) am Beispiel der Tischsitten nachzeichnet. Wischte man sich früher z. B. die von der Soße beschmutzten Finger am Tischtuch ab oder leckte sie ab, wird Jahrhunderte später die Serviette als kostbares Tischaccessoire erfunden.

Es ist eher kein frühes Bewusstsein von einem hygienischen Verhalten, das da am Werke ist, sondern der Wunsch, auch „vornehm" wie das Modell zu sein. Die Aristokraten ihrerseits wünschen die Unterscheidung vom einfachen Volk, sodass sie sich durch die weitere Entwicklung des „feinen Benehmens" abzusetzen versuchten.

Mit der stärkeren Impulskontrolle, die sich über die Jahrhunderte entwickelte, kommt es so insgesamt zu einer Änderung des psychischen Apparates (vgl. Kap. 7): Die Schamschwelle steigt an.

8.2.4 Modell-Lernen von überlegenen Kulturen

Treffen höher und weniger entwickelte Kulturen aufeinander, werden natürlich Kulturtechniken, aber auch Rituale und Kosmologien abgeschaut und übernommen (vgl. Kap. 1).

Ein drastisches Beispiel ist der „Cargo-Kult", der sich beim Kontakt von weißen Kolonisatoren und eingeborenen Bevölkerungen in Neu-Guinea entwickelte.

> **Beispiel**
>
> Die Eingeborenen beobachteten ganz unbekannte Materialien und Güter, die von Flugzeugen gebracht wurden. Sie versuchten nun, mit (aus Naturmaterialien) nachgebauten Flughäfen und Quasi-Funkgeräten diese Flugzeuge auf ihre Äcker umzuleiten, sodass auch sie in den Genuss der neuartigen Güter kommen würden. Sie beteten einen Sergeant „Frumm" an, der in der Ferne über die Verteilung der Luftfracht bestimmen würde. Dabei ahmten sie die christliche Ikonografie (Kreuze etc.) nach (Attenborough 1981).

8.2.5 Erlernte Hilflosigkeit

Im Rahmen der Verhaltenstherapie wurde die Lernpsychologie zur Grundlage der Erklärung psychischer Störungen. Dabei ist das Konzept der erlernten Hilflosigkeit entstanden (Seligman und Petermann 1999). Wenn das Individuum keine Kontrolle über Strafen und Belohnungen hat, kann es mit einem Rückzug bzw. mit einer Depression reagieren. In einer Zeit, in der das Schlagen von Kindern aus Prinzip für notwendig erachtet wurde und das Schreien der Kinder unter den willkürlichen Schlägen der Erzieher nur als neuerliche Bosheit angesehen wurde, also etwa in der gesamten Zeit der frühen Christenheit und des Mittelalters, ist ein hoher Anteil an depressiven Persönlichkeiten zu erwarten (vgl. Abschnitt 8.3.4).

8.3 Die Psychoanalyse

In der historischen Psychologie und auch in der Mentalitätsgeschichte berufen sich viele Autoren zur Erklärung historischer Unterschiede der Mentalitäten auf die Psychoanalyse. Diese zieht tatsächlich schon von Beginn an frühkindliche Erfahrungen zur Erklärung von Persönlichkeitsunterschieden in Betracht.

Hier wäre Elias einzuordnen (1976), der die Unterdrückung unmittelbarer Impulse weiter fasst als z. B. Freud (etwa auch die Unterdrückung des Impulses, sogleich nach den Speisen auf dem Tisch zu greifen oder sich nackt zu zeigen) und dem Über-Ich zuordnet. Durch die Erziehung des

Kindes entsteht dann ein „Selbstzwang", der dem Erwachsenen aus dem eigenen Inneren zu stammen scheint. Da folgt er Freud, der (z. B. 1927) ein Erstarken des Über-Ichs auf dem Weg von der Stammesgesellschaft hin zur Zivilisation konstatiert.

Elias (1976, S. 262): „Und dieses Element, das Über-Ich, ebenso wie das psychische Gefüge und das individuelle Selbst als Ganzes wandelt sich notwendigerweise in steter Korrespondenz mit dem gesellschaftlichen Verhaltenscode und mit dem Aufbau der Gesellschaft." Je nach der Zivilisationsstufe unterscheiden sich dann die Erwachsenen in ihrer Affektstruktur mehr oder weniger stark von der kindlichen Affektstruktur.

8.3.1 Regression und Fixierung

Das Kind durchläuft Phasen der Triebentwicklung. In der oralen Phase geht die Triebbefriedigung von den Lippen und dem Mund aus. In der analen Phase ist es der Anus, der Triebbefriedigung verschafft. Dann folgen eine Latenzphase und schließlich die genitale Phase mit vorwiegend genitaler Triebbefriedigung. Gibt es in einer der Phasen eine exzessive oder mangelnde Triebefriedigung kann die Triebentwicklung dort stehenbleiben und es kommt zu einem „analen" oder „oralen" Charakter.

In der Geschichte gibt es Personen, die in ihren Briefen oder Schriften eine besondere Vorliebe für anale Anspielungen zeigten (wie etwa Mozart oder Luther); ob sie eine auffällige Reinlichkeitserziehung hatten, wissen wir nicht. Insofern führt uns die psychoanalytische Theorie hier nicht weiter. Über das Stillverhalten der Mütter der Geschichte wissen wir hingegen etwas: Die Kinder wurden zu Ammen gegeben, bekamen dort nur eine Art Hirsebrei zu essen und wurden ganz sicher nur wenig mit der Brust gestillt, sodass eine orale Fixierung über weite Zeiten der Menschheitsentwicklung plausibel scheint. In weniger differenzierten Stämmen saugen Mütter und Väter an den Penissen und Brustwarzen der Säuglinge, nutzen also die Säuglinge als späten Brustersatz (s. o. und vgl. deMause 2010).

Erik Erikson (1966) hat die Auswirkungen der Abstillriten bei Indianerstämmen untersucht. Die „Sioux" praktizierten ein grausames abruptes Abstillen und erzeugten eine „Wutkultur", die sich in einem kriegerischen Stammesverhalten kanalisierte, während bei den „Yeruda" durch Hunger- und Ohnmachtsriten im Umgang mit den Säuglingen eine abwartend depressive Grundhaltung erzeugt wurde.

8.3.2 Die Abwehrmechanismen

Die „Abwehrmechanismen" der Psychoanalyse eignen sich, um kulturelle Unterschiedlichkeit zu erklären. Es handelt sich um psychische Funktionskreise, die die Forderung der Triebe nach direkter Befriedigung zurückdrängen können, um ein Funktionieren des Individuums in der Gesellschaft zu gewährleisten.

Projektion

Ein Beispiel soll den Sachverhalt der Projektion im historischen Kontext illustrieren: Wenn der mittelalterliche Mann den weiblichen Körper für „sündig" hielt, war das ja eine klare Projektion der eigenen – damals eben „sündigen" – Begierden auf die Frau.

Janus (2018) liefert eine umfassende Theorie, wie Projektionen das „Schlachthaus" der Geschichte bewirkten. Stammeskulturen und frühe Hochkulturen projizierten ihre Wut und Aggression aus grausamen Kindheitserfahrungen in die Umwelt. Entsprechend reagierten sie aggressiv und kämpferisch auf soziale Ereignisse. Es kam auch zu einem Ausleben dieser Wut an den eigenen Kindern.

Mit dem Übergang zur Landwirtschaft kamen große Menschenverbände zusammen, für deren Zusammenhalt wir instinktiv nicht ausgestattet sind. Von den alten Projektionen angefachte Kämpfe unter den Großgruppen forderten und förderten männliche Heldengötter.

Aber dann gab es eine Weiterentwicklung: Technische Kreativität (befeuert durch die Rivalität europäischer Nationen), Scholastik und die neuen Universitäten ermöglichen eine bessere Trennung zwischen Innen- und Außenwelt, die in die einzigartige Mentalitätsveränderung der Aufklärung gipfelten. So kann es zu einer Rücknahme der alten Projektionen und damit zu einem dramatischen Rückgang der Gewalt in Familien und der strukturellen Gewalt. Die gesteigerte Reflexionsfähigkeit führte in Kunst und Wissenschaft zu mehr Selbsterkenntnis und Selbstreflexivität. Mit der Rücknahme der frühen primitiven Projektionen ergab sich die Möglichkeit zu einer friedlicheren Entwicklung der Menschheit.

Fantasiebefriedigung

Die „Frühgeburtlichkeit" des Menschen (z. B. Crisam 2014) erhält nach der Geburt die Bereitschaft zu einem fantastisch-magischen und animistischen Innenleben aufrecht. In Ritualen und kulturellen Narrativen

(z. B. religiösen Geschichten) werden die idealen intrauterinen Verhältnisse wiederhergestellt. Da gibt es ganz verschiedene Symbolisierungen oder Inszenierungen: In Ägypten wurde die Plazenta des Pharao in einem Umzug durch die Straßen getragen; der Weltenbaum könnte eine starke Nabelschnurverbindung sein; und auch die Vorstellung vom Paradies belebt intrauterine Erlebnisse (zusammengestellt bei Janus 2018, s. o.).

Im Kap. 4 ist ausgeführt, dass in den Fantasieprodukten der Kultur Neuerungen überlegt und vorbereitet werden. Daneben aber wird unsere animalische Natur in der modernen Kultur in ungeheurem Maße durch Fantasiebefriedigungen ruhig gestellt. In Kriminalromanen oder Adventure-Computerspielen erleben wir stellvertretend Kampf und Gewalt. In Liebesromanen geht es um romantische und auch sexuelle Abenteuer. So wird ein langweiliges Arbeitsleben erträglich. Möglicherweise bleibt ein gewisses Entfremdungsgefühl, das eventuell durch Urlaubs- und Freizeiterlebnisse abgearbeitet werden kann.

Sublimation

Unter Sublimation oder Sublimierung versteht man die Umwandlung der – aggressiven oder sexuellen – Triebenergie in kulturell erwünschte Aktivitäten.

Mittelalterliche Minne und auch die Jungfrauenverehrung könnten sich dem Begriff der Sublimation zuordnen lassen. Die Triebenergie wird dabei in eine gesellschaftlich erwünschte Bahn gelenkt.

Die geistige Leistung der Klöster könnte man als Sublimierung der Triebenergie auffassen. Auch andere Umstände des Ordenslebens wie die Konzentration auf die lateinischen Schriften und die Freisetzung von Alltagstätigkeiten könnten darauf zurückzuführen sein.

Muchembled (2008) stellt die These auf, die Kreativität und Eroberungslust des Westens seit 1500 sei der Kontrolle der Sexualität geschuldet.

Triebunterdrückung, Träume und Konversion

Unterdrückte Triebe suchen einen Weg zu ihrer Verwirklichung. Wir verstehen, dass Triebunterdrückungen zu einer Sexualisierung der Fantasie führen können. Als Beispiel kann man die Beichtfixierung der katholischen Seelsorger auf den erotisch-sexuellen Bereich aufführen.

Träume sind seit Beginn der Menschheitsgeschichte Gegenstand des Interesses. Man glaubte, in ihnen Vorahnungen zu erkennen. Es gab schon babylonische Traumbücher mit den Deutungen einzelner Motive. In der griechischen Antike war der Traum, mit der eigenen Mutter zu schlafen, nicht ungewöhnlich (Stewart 2004), ja sogar Anzeichen für ein folgendes glückliches Ereignis. Nach Freud dagegen wäre ja der im Traum „symbolisierte" Wunsch nach Sex mit der Mutter hochgradig unterdrückt und Anlass des Ödipuskomplexes. Zwei Schlussfolgerungen scheinen möglich: a) die griechische Gesellschaft war von großer sexueller Repressionsfreiheit gekennzeichnet oder b) die Idee des Ödipuskomplexes ist revisionsbedürftig.

Die Träume der Menschen einer Epoche müssten einen Hinweis auf unterdrückte Impulse geben. Im Traum und in der Einsamkeit der Wüste auch im Wachzustand kommt es zu Wunscherfüllungsfantasien: Dort werden die Eremiten von sexuellen Fantasien gequält. Sexuelle Fantasien (meist dem Teufel zugeschrieben) können aber auch als göttliche Eingebung interpretiert werden. Mechtild von Magdeburg fühlte z.B. die „väterliche Hand" des Heilands auf dem Busen (Katachourian 1985, S. 479).

Eine Sammlung von Frauenträumen aus dem 18. Jahrhundert im viktorianischen England verweist auf die liebenden Beziehungen zu Gott, der Familie und Kindern (Crawford 2004, S. 93). Ein Traumbeispiel aus dem Jahr 1693:

> **Beispiel**
>
> Das göttliche Wort vervielfältigt sich in mir und füllt mich aus und nimmt mein Leben auf…. Oh, die Brüste sind ein Brunnen voll von Trost. Die Milch staut sich in meiner Brust, um in Dich mein Gott vergossen zu werden. Von der Brust fließt meine Fülle mit großer Menge und ich bin erleichtert.

Man träumt, liebend mit den Kindern zusammen zu sein, oder ist erschreckt über das Bild vom Tod der Kinder; Leben und Tod, Krankheit und Fürsorge, Einheit mit Gott und der Familie, das sind Sorgen und Hoffnungen aus der damaligen Welt der Frauen. Solche Träume lassen sich natürlich leicht aufschreiben und berichten. In der Sammlung ist aber auch der Traum einer Frau erhalten, die den trinkenden Ehemann mit einer Axt erschlägt.

Unterdrückte Triebe wurden auch ausagiert. Zu Freuds Zeiten gab es die „Konversionshysterie", von der nur Frauen betroffen waren. Man sah im öffentlichen Raum krampfartige Anfälle, bei der die betroffene Person das Becken in Zuckungen vorschob – nach Freud eine Konversion der unterdrückten Sexualität. Indem man diese Störungen in Zusammenhang mit dem Uterus brachte, kam es zu vielen überflüssigen Uterus-Operationen (s. Abschnitt 2.3.1).

Identifikation mit dem Aggressor

Eine aggressive und feindselige Kindererziehung führt zu einer Identifikation mit dem Aggressor. Tatsächlich ist die Liebe der Kinder zu ihren Eltern in Zeiten von Prügelorgien und Vernachlässigung eher höher als heute (vgl. das Beispiel in Abschnitt 5.2.2).

8.3.3 Die Archetypen

Bilden die Archetypen, wie Jung sie beschreibt, Kristallisationskerne für menschliche Kosmologien? Manchmal scheint es so, aber bei genauerem Hinsehen sind es vielleicht eher allgemeine Menschheitserfahrungen, die sich in den Narrativen der Kulturen niederschlagen. Da gibt es etwa Traumatisierungen durch den Geburtskampf (im Archetyp: der Drachenkampf). So kommt es zu vernichtenden und verschlingenden Göttern und dem negativen Aspekt der Magna Mater. Auch Missbrauchs- und Vergewaltigungserfahrungen in der Kindheit beleben grausame Götter. Das geliebte Kind wird von der Mutter herumgetragen (Archetyp: das göttliche Kind). Der Übergang zu fester Nahrung wird in einfachen Gesellschaften als traumatisch erlebt (vgl. das Märchen vom Schlaraffenland mit Bergen von Pudding). Die erste Menstruation (Blut ist im Schuh) kann das Mädchen erschrecken. Die erste Zahnung kommt in vielen Erwachsenenträumen wieder.

Es gibt Phasen der Seligkeit, in die man sich zurücksehnt, das Geborgensein im Mutterleib (Paradiese), die glückliche Symbiose des Kleinkindes mit der versorgenden Mutter oder auch die symbiotische Verschmelzung mit dem Liebespartner.

Solche Fantasien haben aber wiederum ihre Geschichte. Der Umgang mit Kindern wird unterstützender; Geburten werden leichter. Das junge Mädchen ist „aufgeklärt", wenn es zur ersten Menstruation kommt. So gilt es, die Fantasieproduktionen aus biologischen Krisen und Hochzeiten für jede Epoche wieder zu identifizieren. In der missbräuchlichen Erziehung des Mittelalters, in dem Kinder bereitwillig abgeben wurden, ist es eben die liebende „Maria mit dem Kind", die die Wunden der lieblos behandelten Menschen therapeutisch aufgreift.

8.3.4 Die Psychohistorie

In Anlehnung an psychoanalytische Konzepte und unter Einbeziehung ethologischer Beobachtungen sind in der Psychohistorie etwa bei deMause (2005) neue theoretische Ansätze entstanden, die vorgeburtliche Erfahrungen, das Geburtserleben und dann auch Kindheitserfahrungen berücksichtigen.

Schon im Uterus erfährt der Fötus eine gute oder schlechte Plazenta, die optimal versorgt oder aber den Fötus mit Schadstoffen flutet. In der späten Schwangerschaft kommt es nach deMauses Meinung systematisch zur Unterversorgung des Fötus mit Sauerstoff. Dessen Kampf gegen die nun „böse" Plazenta und der Kampf im Geburtskanal werden dann zur Urmutter kriegerischer Aggression.

Die Geburtstraumatisierung drückt sich in vielerlei kulturellen Fantasiegestalten aus. Der Drachenkampf Siegfrieds in der Höhle mit einem Bad im Blut des Drachens (= Bad im Blut der Mutter) kann leicht als „Geburtskampf" verstanden werden.

> **Beispiel**
>
> Hier sei einmal die „Explosion" als Element vieler Actionfilme herausgegriffen: Im Geburtskanal erlebt der Fötus eine unerträgliche Enge. Eine Explosion sprengt alle Ketten entzwei. So führen gewaltige Explosionen zu einem stellvertretenden Erlebnis der Befreiung. Gleichzeitig werden aggressive Wünsche gegen die beengenden Kräfte bedient.

Auf eine These von Ehrenreich (1997) sei verwiesen: Das heilige Blutritual des Krieges sei zurückzuführen auf das Urtrauma des frühen Menschen, von Tieren gejagt und gefressen zu werden. Die Rolle des Menschen als Raubtier werde dabei rituell aufgeführt.

Die Leiden der Kindheit und die historische Persönlichkeit

Die Menschenbabys kommen zu früh und hilflos auf die Welt, weil sie – ausgereift – mit ihrem großen Kopf den Geburtskanal nicht passieren könnten. DeMause glaubt, dass die Mütter genetisch nicht an die frühe Hilflosigkeit der Kinder angepasst sind und deshalb häufig Unterernährung und Misshandlungen vorkommen. Wenn das Kind zum Sexualobjekt werden kann und so auf diesem Umweg die nötige Zuwendung und Pflege erlangt, wäre das ein (wenn auch wenig wünschenswerter) Ausweg, den man in wenig differenzierten Stämmen aber häufig beobachtet.

Kinder neigen dazu, sich selbst die Schuld für die Misshandlungen zu geben. Im aktuellen Missbrauch entwickelt das Kind eine Fähigkeit zur Entpersonalisierung, die sich später in vermehrten Trance- und Dissoziationszuständen zeigt.

Die Kinder entwickeln eine Art multiple Persönlichkeit mit einer Internalisierung der strafenden Eltern (Gott oder grausame maternale Götter, die später Bestrafungen oder gar Tötungen von Kindern fordern). Dies verwirklicht sich in grausamen Ritualen, Initiations- und Beschneidungsriten (z. B. Vaginalbeschneidung) und in Kinderopfern. Kinderopfer gab es selbst bis ins europäische Mittelalter. Damals kam es vor, dass Kinder noch lebendig z. B. als „Fundamentopfer" in Brückenbauwerke eingemauert wurden. Das heranwachsende Kind fürchtet „Strafen für das Wachstum" (z. B. durch grausame Initiationsrituale). So entsteht eine allgemeine Wachstumsangst, die sich auch im Leben der Nationen auswirkt. In Zeiten von Wachstum, z. B. von wirtschaftlicher Prosperität, wird nach deMause die traumatische Erfahrung der Kindheit aktiviert. Die sündige Nation agiert nun ihre Schuldgefühle in kriegerischen Handlungen aus (in diesem Zusammenhang werden die amerikanischen Kriege der vergangenen Jahrzehnte angeführt).

Persinger (1987) glaubt, dass es durch die fortgesetzte Misshandlung der Kinder zu frühen Gehirnschädigungen kam, die religiöse Verzückungsgefühle begünstigten. Abgespaltene Persönlichkeitsteile (innere Stimmen) erinnerten die frühkindlichen Traumata. Es kam zu einer depressiven Grundstruktur mit dem tief sitzenden Gefühl der Versündigung. Die drastischen Geißelungen der Märtyrer z. B. belebten diese Kindheitserfahrungen. Die unterdrückte Wut und Verzweiflung befeuerten eine ständig bereitliegende Aggressionsbereitschaft, die sich dann nach deMause z. B. in „Heiligen Kriegen" verwirklichte.

Die größere Gewaltbereitschaft von Jungen und jungen Männern führt deMause nicht auf den höheren Testosteronspiegel in der Jugend oder anderweitige Gehirnunterschiede zurück, sondern auf die insgesamt lieblosere Erziehung männlicher Kinder, weil sie hart werden sollten (deMause 2007).

Erst eine Veränderung der Aufzuchtbedingungen führte zu den psychologischen Veränderungen, die ein friedliches Zusammenleben von Menschen ermöglichen (Pinker 2011, deMause 2009).

Zu allen schweren Misshandlungen von Babys und Kindern kam seit Jahrtausenden eine völlige Missachtung ihrer Bedürfnisse nach Nähe und

Körperkontakt. In der Stammesgesellschaft wurde das Baby von der Mutter und Ersatzmüttern umhergetragen. Wenn es weinte, konnte es sofort getröstet werden. In den späteren Stadtgesellschaften wurde das Kind dann in eine Wiege, in ein eigenes Zimmer, zu Ammen und in Kindergärten verbannt. Es wurde und wird durch Kinderwagen vom Körper der Mutter getrennt. Feste Fütterungspläne minimieren den Kontakt der Mutter mit dem Kind. Sein Weinen und Jammern nach der Mutter wird abtrainiert und von den Erziehungsphilosophen verdammt (z.B. von John Locke und J.J. Rousseau). So fühlt sich das Baby traurig, allein. Wutgefühle über seine Einsamkeit wachsen in ihm. Es baut sich eine grundsätzliche Todesangst auf. Renggli (2020) sieht hier die tiefere Ursache von Aggression und Depression der Stadtgesellschaft. Erst in jüngerer Zeit erkennt er, z. B. in der Hippie-Bewegung, einen Ansatz zur Korrektur dieser gravierenden Fehlbehandlung. In Tüchern am Körper tragen (trugen) sie ihre Babys wieder herum.

Eine Stufenfolge historischer Persönlichkeiten nach deMause

DeMause (2005) entwickelte eine Stufenfolge historischer Persönlichkeiten, die man sich allerdings nicht als strikte Abfolge vorstellen darf. In einer Zeit kann es verschiedene historische „Typen" nebeneinander geben.

Die Stammespersönlichkeit

Erziehungsstil: früher Infantizid-Modus. Die Kinder leiden dabei unter schwerem Missbrauch. Sie müssen die Kindstötung bei Geschwistern miterleben. Unter den erlebten Traumatisierungen entwickeln sie die Fähigkeit zur Depersonalisierung. Sie sind misstrauisch, argwöhnisch und wutbereit (schizoide Persönlichkeit). Sie bleiben unfähig, sich selbst oder andere zu lieben. Wegen der mangelnden Fähigkeit zu vertrauen, kann es keine höher geordnete soziale Organisation geben. Wegen der erlebten Wachstumspanik (weil Wachstum grausam bestraft wurde, z. B. durch beschädigende Initiationsrituale, s. o.) führen sie Kriege, die meist darin bestehen, anderen Stämmen Hinterhalte zu legen.

Die grausamen mütterlichen Götterfiguren sind eine Nach-außen-Verlegung des im Inneren abgespaltenen bösen und wütenden Kindes. Sie verlangen von den Menschen typischerweise Kindsopfer (Abb. 8.2).

Solche Gesellschaften haben entsprechend eine extrem hohe Mordrate und stehen dadurch oft am Rande der Selbstausrottung.

Abb. 8.2 Die phönizische Gottheit „Moloch", der im 7. Jahrhundert vor Christus Kinder im Feuer geopfert wurden. (© Science Source/New York Public Library/ mauritius images, www.mauritius-images.com)

Ethologische Beiträge zur frühen Erziehung in Stammesgesellschaften zeichnen aber im speziellen Fall auch ein günstigeres Bild. An verschiedenen Orten und zu verschiedenen Zeiten in Stammesgesellschaften ist nämlich auch ein liebevoller Umgang mit Babys und Kindern beobachtet worden. Liedloff (2001) berichtet z. B. von einem Stamm in Venezuela, den Yequana-Indianern, der freundlich akzeptierend mit seinen Kindern umgeht. Die Babys haben praktisch dauernd Körperkontakt mit der Mutter und anderen Bezugspersonen (Allo-Eltern). Wenn sie krabbeln können, lässt man ihnen Freiheit, gleichzeitig ist aber immer die Mutter als Schutz- und Betreuungsperson in der Nähe: Dadurch, so glaubt Liedloff, entstehe die ausgeglichene, friedliche Persönlichkeit des Stammes. Dagegen stellt sie die hasserfüllte, destruktive Kraft, die in den unbefriedigten Erwachsenen unserer Kultur weiterlebt und bestätigt so doch wiederum die Theorien von deMause.

Eibl-Eibesfeldt 1997 beschreibt jedoch verschiedene recht kriegerische Stämme, die ihre Kinder ebenfalls liebevoll tragen und hätscheln. Also bewirkt der freundliche Umgang mit Babys eher eine starke Bindung und die Bereitschaft der Kinder, das friedliche oder auch aggressive Muster der Kultur zu übernehmen.

Die Beobachtung von Stammesgesellschaften legt auch einen Blick auf den natürlichen, evolutionär vorgesehenen Umgang mit Kindern frei: Als „Traglinge" (Hassenstein 1973) sind sie immer im Körperkontakt zu ihren Müttern. Verlieren sie den Kontakt, protestieren sie und weinen. Dann werden sie wieder tröstend aufgenommen. So entsteht ein Grundgefühl der sicheren Bindung und des Angenommen- und Geliebt-Seins. Die Kinder werden den Müttern auch später nicht lästig. Die Gruppe des Stamms passt auf die Kinder auf, die frei in der Mitte verschiedener Altersgefährten ihren Spielinteressen nachgehen. Jüngere Kinder können bei den Älteren Entwicklungsschritte abschauen. Welch ein Gegensatz zu den zivilisierten Gesellschaften, die Kinder bewegungsunfähig in dunklen Zimmern isolieren oder einfach bis zur Erschöpfung schreien lassen! Was das mit der Psyche der Menschen macht, ist nicht genau herausgearbeitet. An extrem vernachlässigten Kindern in Kinderheimen konnte Bowlby (1969) erhebliche Kriminalitätsraten feststellen. Es entstehen so auf jeden Fall bindungsängstliche und selbstunsichere Persönlichkeiten. Warum und wann haben wir dieses frühkindliche Paradies verloren? Im Übergang zu bäuerlichen Gesellschaften arbeiteten Männer und Frauen auf ihren verstreuten Feldern. Anwesende Kinder hätten die Arbeit ihrer Mutter erschwert, zumal es auf den Feldern der einzelnen Bauern auch keine Gruppe der Ersatz (Allo)-Mütter gab, die ständig mit auf die Kleinkinder hätte aufpassen können. Aus solchen Notwendigkeiten hat sich vermutlich die Gewohnheit entwickelt, Kinder ruhigzustellen und sie fest umwickelt im Haus sich selbst zu überlassen.

Die antike Persönlichkeit

Erziehungsstil: später Infantizid-Modus. Kinder können einfach ausgesetzt werden. Sie sterben oder werden aufgenommen, um später Sklaven zu werden. Sie erfahren weiterhin sexuellen Missbrauch. Sie werden aber nicht mehr so stark abgewiesen. Väter und Mütter engagieren sich zeitweise bei der Aufzucht. Die Menschen entwickeln nun ein narzisstisches, grandioses Selbst und können Kritik nicht ertragen. Gleichzeitig erleben sie aber auch Zustände von Dissoziation (wie z. B. in den Dionysos-Ritualen) und zeigen eine hohe Wutbereitschaft. Galen z. B. schreibt von seiner Mutter (deMause 2005, S. 287): „Meine Mutter neigte so sehr zu Wutausbrüchen, dass sie die Magd biss." Die Menschen werden zu skrupellosen Erwachsenen und zeigen wenig Empathie.

Kriegsgöttinnen wie Medea verschlingen die Kinder des Volkes im heiligen Krieg. Überhöhte Heldenführer sind die Könige des Volkes.

Die Persönlichkeit des frühen Christentums

Erziehungsstil: verstoßender Modus. Anstelle des Aussetzens gibt es hierbei die Verstoßung in Klöster und zu Ammen. Die Eltern vergeben dem bestraften und verletzten Kind. Das Kind erhält also Liebe gegen Leid. So kommt es zu einer masochistischen Persönlichkeit, die im Extremfall in ein Märtyrertum oder in die Selbstverletzung als Buße führt. In Erinnerung an die Vergewaltigungen der Kindheit entsteht eine Sexfeindlichkeit. Der Gottessohn Christus inszeniert ein Opfer am Kreuz. Der Satan ist das Alter Ego des wütenden, verletzten Kindes. Der Gott kann dem verletzten Kind vergeben.

Die Persönlichkeit des Mittelalters und des späten Christentums

Erziehungsstil: ambivalenter Modus. Das Kind wird gleichsam als weiches Wachs aufgefasst, das Eltern – meist durch Prügel – in die gewünschte Form bringen. Diesbezüglich diagnostiziert deMause eine Borderline-Persönlichkeit. Die orale Frustration führt zu einer Sehnsucht nach Bindung. Der Mensch wird von Trennungsängsten geplagt und klammert sich an Gott und Maria. Er sieht aber die Chance, Gott zu gefallen, wenn er seine Wünsche erfüllt. Es herrscht eine Schuldkultur vor.

Man kann bei den Menschen dieser Zeit einen ängstlich-autoritären Charakter vermuten (Fromm 1941 diskutiert dies für Martin Luther). Der Zusammenhang zwischen Strafe und Gewissensbildung ist allerdings alles andere als klar. Ohne eine vorherige Schuldeinsicht des Kindes könnte die Strafe ja nur Desorientierung bewirken (Borries 1996, S. 70).

Die Renaissance

Erziehungsstil: aufdringlich überkontrollierend. Die Mutter und ihre Projektion in die Gottheit disziplinieren das gehorsame Kind. Die Wickelungen des Kindes werden weniger häufig, und die Menschen neigen nun weniger zu Dissoziationen. Kinder leben zu Hause und haben eigene Betten. Die Eltern kümmern sich mit Liebe und Hass um die Erziehung. Die Menschen erleben eine tiefe Verzagtheit und Verstoßungsängste.

Die Kinder können nun erst Empathie und Liebe entwickeln. Die Mutter diszipliniert das ungehorsame Kind. Die Hexenverfolgung ist in dieser Zeit eine Reaktion auf Wachstumsängste. Der Teufelssex der Hexen ist eine Wiederaufführung von Kindheitsvergewaltigungen.

Der moderne Mensch

Erziehungsstil: Ab dem 18. Jahrhundert wird „sozialisierend" erzogen. Mütter lieben ihre Kinder und wollen sie zum eigenen Ebenbild erziehen. Die Zahl der Kinder nimmt ab, sodass jedes Kind mehr Zuwendung erhalten kann.

Statt in Dissoziationen zu fallen, wird das Alter Ego in Gruppenfantasien ausgelebt. Erst jetzt wird vertiefte Empathie möglich, und es gibt echte Liebe zwischen Männern und Frauen. Magische Identifikationen ziehen sich zurück, und die Menschen erkennen nun die Kausalitäten der Natur. Mit dem Ende des Prügelns müssen die Heranwachsenden sich nicht mehr so sehr an autoritäre Führer klammern, sondern sind psychisch bereit für demokratische Systeme.

Der Mensch der Postmoderne

Erziehungsstil: Ab dem 20. Jahrhundert ist der Erziehungsstil helfend. Menschen lernen echte Empathie und gewähren ihren Kindern eine Verwirklichung individueller Lebenswege. Das Kind kann eine Freude für die Eltern sein. Das Ideal der Heranwachsenden ist der Aktivist, der sich für das Wohlergehen der Gemeinschaft einsetzt. Religiöse Identifikationen erfordern keine Opferungen mehr.

DeMause fragt, wie es dazu kommt, dass sich Erziehungsgewohnheiten ändern. Das kann z. B. passieren, wenn Menschengruppen auswandern. Dann sind es eher die jungen und kräftigen Individuen, die neue Territorien einnehmen, wie etwa die Auswanderer nach Amerika. So sind Mütter fern der Heimat dann weniger unter dem Einfluss der Großelterngeneration und können neue Erziehungsstile erproben.

8.4 Entwicklungspsychologische Konzepte

Oesterdiekhoff (z. B. 2012) behauptet, frühere Generationen verfügten nur über eine niedere Stufe logischer Operationen (nach Piaget). Sie hätten daher ein finalistisch, animistisches, egozentrisches Weltbild und verharrten entsprechend ihrer geringeren Intelligenz auch auf einem niederen Zustand des moralischen Urteils. So entwickelten sie weniger Empathie und berauschten sich z. B. an Arenenspielen, übermäßig grausamen Strafen und Tierhetzen. Der weiter entwickelte moderne Mensch hemmt solche Impulse, weil er sich in den anderen hineinversetzen kann. Selbst Kohlberg (der Urheber der Stufen des moralischen Urteils, 2002) kann allerdings nicht nachweisen, ob und gegebenenfalls wie das moralische Urteil aus der Stufe der logischen Operationen zu erklären ist. Er sieht seine Skala der Entwicklung des moralischen Urteils eher nur in einer Art Analogie zu den Phasen der Intelligenzentwicklung Piagets.

Einiges spricht gegen diese Thesen. Im 4.-5. Jahrhundert n. Chr. äußerte Augustinus nicht nur eine (empathische) Abscheu vor den Gladiatorenspielen, nein, er argumentierte auch empirisch-kausal gegen die Annahme der Astrologie, das Schicksal des Menschen werde durch die Geburtsstunde bestimmt. Sein moralisches Urteil war dabei weniger einer Stufe des logischen Denkens geschuldet als seiner christlichen Gesinnung.

Wenn die vorindustriellen Völker auf einer niederen Denkstufe verharren und daher einem magischen Hexenglauben anhängen können, so sollten auch weniger begabte Menschen – oder Kinder auf einer frühen Denkstufe – in den modernen Industriekulturen weiter an Magie und Hexen glauben. Dem ist aber in der Regel nicht so. Auf der anderen Seite glauben auch die begabteren Menschen heutzutage noch an einen möglichen Eingriff von Gott oder Allah in ihre Leben, sind also keineswegs in allen Gedankeninhalten von einem magischen Denken entfernt. Ich glaube, es ist eher die gelehrte und geforderte kulturelle Überzeugung, dass es keine Hexerei gibt, der sich dann Menschen aller Denkstufen anschließen.

8.5 Die psychogenetische Grundregel

Die berühmte biogenetische Grundregel von Haeckel (1866) besagt, dass die Keimentwicklung im Mutterleib die Artenentwicklung nachvollzieht. Dies wurde auf die seelische Entwicklung übertragen (psychogenetisches Gesetz). Auch bei weniger differenzierten Kulturen wurde diese Analogie bemüht.

Die Analogie des Denkens in der Kindheit und des Denkens in früheren und weniger entwickelten Kulturen ist zwar unmittelbar plausibel. Tatsächlich liegt der Grund beider Denkstile aber oft einfach in dem geringeren Wissen von Kindern und frühen Kulturen. So kommt dann ein prälogisches magisches Denken zustande. (Dabei wäre allerdings zu klären, ob erwachsenes prälogisches und magisches Denken eben kindlichem magischen Denken entspricht, z. B. vertreten von Radding 1986.)

Darüber hinaus ist das kindliche magische Denken sicher auch die Folge magischer Geschichten wie Märchen, mit denen wir ihre Kognition füttern. Prälogisches und magisches Denken liegt zudem auch bei Erwachsenen unserer Zeit immer bereit. Josef Stalin ließ z. B. zur Wendung des Kriegsverlaufs im Zweiten Weltkrieg eine Ikone rund um Moskau tragen. Von General Franco weiß man, dass er immer eine Reliquie der Heiligen Teresa von Avila mit sich führte. Picasso war übermäßig abergläubisch und praktizierte „Bezauberungsrituale" zum Anlocken einer Angebeteten. Diese Liste ließe sich beliebig fortsetzen.

8.6 Die Dekadenztheorie

Nach dieser Theorie führt die Verfeinerung der Sitten zum Verfall des Erbgutes. Edward Gibbon führte ca. 1776 den Untergang Roms eben auf diese Dekadenz zurück. Die Anziehungskraft der Dekadenztheorie liegt sicher auch in ihrer historischen Anbindung an die Werte des antiken Sparta (wie Genügsamkeit und Kampfkraft) und hat so auch einen gewissen Charme für militärisch gesonnene Regierende.

8.7 Selbstmedikation mit Alkohol

Die frühesten archäologischen Fundstellen (z. B. Göbekli Tepe) am Übergang zur Agrargesellschaft lassen auf den Gebrauch von Alkohol schließen. Könnte dieser etwas mit der Kultur- und Charakterentwicklung zu tun haben? Diese These stellt Paul (2018) auf. Die ökonomisch erfolgreicheren und die heutigen demokratischen Gesellschaften erlauben alle den Genuss von Alkohol. Die autokratisch regierten und weniger erfolgreichen Gesellschaften verbieten den Alkohol. Dies liegt seiner Meinung nach nicht daran, dass sich die Menschen dieser Gesellschaften Alkohol nicht leisten können (gerade in armen Gesellschaft ist der Alkoholkonsum oft erhöht). Dass es an der islamischen Religion liege, die ja den Genuss von Alkohol verbietet, wird vom Autor ebenfalls ausgeschlossen. In den ökonomisch erfolgreichen, demokratischen Gesellschaften seien Frauen und Männer ebenbürtiger. Die sexuelle Freiheit für Frauen sei größer, und sie seien in den Arbeitsprozess (relativ) gleichberechtigt integriert und erhöhen so das wirtschaftliche Potenzial der Gesellschaft. Paul glaubt, dass der Alkohol als soziales Schmiermittel das Zusammenspiel der Menschen in großen und komplexen Gesellschaften erleichtert und die neolithische Wende zu Ackerbau und Viehzucht erst ermöglichte. Männer könnten unter Alkohol lockerer um Frauen werben, freundliche Verhandlungen mit Fremden würden unter Alkohol erleichtert. Die erhöhte „Soziabilität" mache die Menschen gemeinschaftsfähiger. Weil Alkohol aber auch aggressiver macht und die Impulskontrolle senkt, sei die These hier mit der gebotenen Skepsis referiert. Auch wie die Befreiung der Frau mit dem Alkoholkonsum zusammenhängt, wurde mir nicht deutlich. Bedenkenswert scheint mir der Gedanke an verschiedene Selbstmedikationen der Menschheit zur Erklärung historischer Mentalitäten aber schon.

> **Fazit**
>
> Lernpsychologie, Psychoanalyse und Psychohistorie können die Unterschiedlichkeit der Generationen erklären. Wie sich die Kosmologien einer Zeit aber wirklich in den Köpfen einzelner Menschen verwirklichen und wie daraus Verhalten und Empfinden entsteht, wäre ein Forschungsprogramm der Zukunft. Beispielsweise die drängenden Klimaängste der heutigen Jugend könnten dabei ein Forschungsthema sein.

Literatur

Attenborough, D. (1981). *Journeys to the Past*. Guildford: Lutterworth Press.
Borries, B. v. (1996). *Vom „Gewaltexcess" zum „Gewissensbiss"? Autobiographische Zeugnisse zu Formen und Wandlungen elterlicher Strafpraxis im 18. Jahrhundert*. Tübingen: Edition Discord.
Bowlby, J. (1969). *Mütterliche Zuwendung und geistige Gesundheit*. München: Kindler.
Crawford, P. (2004). Womans dreams in early modern England. In D. Pick & L. Roper (Hrsg.), *Dreams and History*. New York: Routledge.
Crisam, H. (2014). Die intrauterine Beziehungsmatrix: Das indische Paradigma unbewusster Organisationschemata gesellschaftlicher Strukturen. In L. Janus, W. Kurth, J. Heinrich, & G. Egloff (Hrsg.), *Verantwortung für unsere Gefühle. Die emotionale Dimension der Aufklärung. Jahrbuch für Psychohistorie 16*. Heidelberg: Mattes.
Daxelmüller, C. (2001). *Süße Nägel der Passion. Die Geschichte der Selbstkreuzigung von Franz von Assisi bis heute*. Düsseldorf: Patmos.
DeMause, L. (2005). *Das emotionale Leben der Nationen*. Klagenfurt: Drava.
DeMause, L. (2007). Why males are more violent. *The Journal of Psychohistory, 35*, 2–32.

DeMause, L. (2009). Child abuse homicide and raids in tribes. *The Journal of Psychohistory, 36,* 192–211.
DeMause, L. (2010). Bipolar Christianity: How Torturing "Sinful" Children Produced Holy Wars. *The Journal of Psychohistory, 37,* 197–206.
Dinzelbacher, P. (2007). *Das fremde Mittelalter Gottesurteil und Tierprozess.* Paderborn: Schöningh.
Ehrenreich, B. (1997). *Blutrituale. Ursprung und Geschichte der Lust am Krieg.* München: Frauenbuchverlag.
Eibl-Eibesfeldt, I. (1997). *Die Biologie der Kunst.* Weyarn: Seehammer.
Elias, N. (1976). *Über den Prozess der Zivilisation Bd. 1 und 2.* Frankfurt a. M.: Suhrkamp.
Erikson, E. (1966). *Kindheit und Gesellschaft.* Stuttgart: Klett-Cotta.
Freud, S. (1927). *Die Zukunft einer Illusion.* Leipzig: Internationaler Psychoanalytischer Verlag.
Fromm, E. (1941). *Escape from Freedom.* New York: Holt Rinehart and Winston.
Haeckel, E. (1866). *Generelle Morphologie der Organismen. I: Allgemeine Anatomie. II: Allgemeine Entwicklungsgeschichte.* Berlin: De Gruyter.
Hassenstein, B. (1973). *Verhaltensbiologie des Kindes.* München: Piper.
Janus, L. (2018). Psychohistorische Überlegungen zur Herausentwicklung aus dem „Schlachthaus der Geschichte". In: *Jahrbuch für psychohistorische Forschung, 19, Gewalt und Trauma.* Heidelberg: Mattes.
Jones, C. (2017). *Die Revolution des Lächelns.* Stuttgart: Reclam.
Katchadourian, H. A. (1985). *Fundamentals of Human Sexuality.* New York: Holt Rinehart & Winston.
Liedloff, J. (2001). *Auf der Suche nach dem verlorenen Glück. Gegen die Zerstörung unserer Glücksfähigkeit in der frühen Kindheit.* München: Beck.
Lorenz, K. (1964). *Das Gänsekind Martina.* Selbstverlag des Autors.
Muchembled, R. (2008). *Die Verwandlung der Lust.* München: DVA.
Oesterdiekhoff, G. W. (2012). *Die geistige Entwicklung der Menschheit.* Göttingen: Velbrück.
Olbrich, E., & Thomae, H. (1978). Empirical findings to a cognitive theory of aging. *International Journal of Behavioral Development, 1,* 67–82.
Paul, G. S. (2018). A preliminary look at the possible relationship between mass consumption of legal alcohol and the existence of modern democracy: Evidence that the latter requires the former. *The Journal of Psychohistory, 46,* 132–147.
Persinger, M. A. (1987). *Neuropsychological Bases of God Beliefs.* New York: Praeger.
Pinker, St. (2011) *Gewalt. Eine neue Geschichte der Menschheit.* Fischer: Frankfurt.
Radding, C.(1986). *A World made by men. Cognition and Science 400–1200.* Chapel Hill: Univ. North Carolina Press.
Schuster, M. (2015). *Kinderzeichnungen. Wie sie entstehen, was sie bedeuten.* München: Reinhardt.
Seligman, E. P., & Petermann, F. (1999). *Erlernte Hilflosigkeit.* Weinheim: Beltz.
Stewart, C. (2004). Dreams and desires in ancient and early Christian thought. In D. Pick & L. Roper (Hrsg.), *Dreams and History.* New York: Routledge.

9

Ergebnisse und Schlussfolgerungen

Der Einfluss der Kultur über Räume und Zeiten auf die Ausformungen des Menschseins wurde aufgezeigt. Die gegenwärtige Psychologie ist aber nur auf *heutiges Erleben und Empfinden, heutige Eigenschaften und Interessen* der Menschen konzentriert und hält ihre Ergebnisse für die Dimensionen des Menschlichen schlechthin (These 2, Kap. 1).

Die Unterschiede zu früheren Menschen sind größer als die Unterschiede zwischen den Menschen heute: So ist die Schamschwelle der Menschen der heutigen Kultur zwar auch unterschiedlich, aber eben nicht so dramatisch anders als im Vergleich zu mittelalterlichen Menschen. Würde ein Mann von Stand heute in einer Gesellschaft sein Wasser öffentlich an der Zimmerwand ablassen, so würde man ihn schlichtweg und berechtigt für verrückt halten.

Crisam schreibt (2014, S. 95): „Die Annahme, frühere Menschen – sogar in von uns heute noch bewunderten Zivilisationen wie z. B. im Römischen Reich – seien so wie wir, ist grundfalsch."

Im heutigen Fühlen und Erleben lebt das Fühlen und Erleben vergangener Generationen, wie an vielen Stellen deutlich wurde. So wurden zum Beispiel in der Vergangenheit Tränen mal bewundert, mal nahm man Anstoß an ihnen. Mal war es erleichternd zu weinen, mal war es belastend. Das Weinen vor dem Kreuz wurde bis zum 13. Jahrhundert als Zeichen von Frömmigkeit gesehen und als erleichternd erlebt. Später, in der Zeit der Reformation, waren es die Tränen der Reue und Sünde, die kaum als befreiend erlebt wurden. Solche alten und fast vergessenen Wurzeln unterliegen noch heute der Einstellung zu den Tränen und dem Erlebnis des Weinens (Vingerhoets und Lauren 2016) und auch z. B. der

Liebe. Rosenwein und Cristiani (2018, S. 108 f.) schreiben: „Der Historiker der Emotion könnte es so formulieren: Da gibt es keine neuen Gefühle, die im Gegensatz zu den alten stehen, sondern die heutigen Gefühle sind Amalgame vergangener Arten und Weisen zu fühlen, die in die Gegenwart hinein angepasst werden… . Es sind (in einem Gefühl) sozusagen multiple, sich überlagernde Schichten."

Das gilt natürlich auch für die Begriffe, mit denen wir uns über die Gefühle unterhalten; auch sie bergen historische Schichten. Die heute unter dem Fachbegriff „Emotion" erfassten Gefühle sind eventuell funktional recht unterschiedlich, sodass der heutige Emotionsbegriff die Analyse möglicherweise mehr behindert als befördert. Unsere Begriffe wie Wille, Intelligenz oder Liebe sind eben nur das jeweilige und individuell unterschiedliche Zusammenwirken komplexester Verschachtelungen neuronaler Netze (Plamper 2012).

Im Laufe der Untersuchung kamen mir die Kategorien der Psychologie in mancher Hinsicht ungeeignet vor (These 2, Kap. 1). Ganze Erlebnis- und Verhaltensbereiche kommen kaum vor, wie z. B. die Ehre und das dazugehörige Gefühl Stolz oder die Schande und das dazugehörige Gefühl Scham. Die Handelnden der Geschichte sind von Machtgier, Ruhmsucht und Rachsucht getrieben, von Neid und Missgunst angefressen. Es ist in der Geschichte nicht einfach „Aggression", die das Handeln bewegt, sondern Grausamkeit und Lust am Leid des Mitmenschen! Die helle Wissenschaft hat die dunklen Seiten der menschlichen Psyche ein wenig ausgeblendet und benimmt sich so der Möglichkeit, einen Beitrag zu Besserung und Abmilderung des menschlichen Wesens zu leisten. Am ehesten sind es noch die psychoanalytischen Autoren, die auch die „Schatten"-Seiten der Seele im Blick haben.

Vergangene psychische Konstellationen verändern sich im Laufe der Kulturentwicklung zu mehr „Soziabilität" (z. B. gute Manieren, Freundlichkeit, Vertrauen und Verlässlichkeit), welche ein reibungsloses Funktionieren von anonymen Großgruppen erlaubt. In der auf heutige Unterschiede von Menschen orientierten Persönlichkeitspsychologie macht aber Soziabilität als Eigenschaft natürlich keinen Sinn.

9.1 Traditionsübermittlung durch ein implizites Curriculum

In die Kultur eingebettet sind alte Überzeugungen, die in Kindheit und Jugend neben dem offiziellen Curriculum nahezu unbewusst aufgenommen werden. Sie stecken in Begriffen, in Redensarten, in religiösen Geschichten, in Märchen, in der Folklore und in den Bildern der Kultur. Es ist ein Ergebnis meiner Untersuchung, dass die Sprache in Worten, Begriffen und Redensarten fast unbemerkt alte oder gar uralte Inhalte übermittelt. Auch die Wissenschaft gehört in dem Maß, in dem sie eben nicht Wahrheiten, sondern vorläufige Wahrheiten produziert zur Gesamtheit der Narrative.

So gibt es Mythologeme, die durch die unterschiedlichen Narrative der Kulturen wandern (These 3 und 4, Kap. 1). Nehmen wir hier als Beispiel die heilige Trinität:

> **Beispiel**
>
> Eine heilige Dreiheit (Trinität) hat tiefe historische Wurzeln. In den prähistorischen Eingravierungen bei Stonehenge finden sich drei Zeichen: eins für die Sonne, eins für den Mond und ein ungeklärtes drittes. Vermutlich ging es um eine Vereinigung von Mond(Jäger)- und Sonnen(Bauern)-Verehrung.
>
> Der ägyptische Gott Ptah schickt seinen Sohn, um die Gebete der Menschen besser hören zu können und bildet eine Trinität von Mutter, Vater und Sohn (vgl. Kap. 3).
>
> In der hinduistischen Religion gibt es den dreigesichtigen Gott (Trimurti: Brahman, Vishnu und Shiva), der in sich die kosmischen Funktionen von Schöpfung, Erhaltung und Zerstörung vereint. Schließlich findet sich in der christlichen Religion die heilige Dreifaltigkeit. Der Heilige Geist, neben Vater und Sohn der Dritte im Bunde, bleibt dabei inhaltlich etwas blass.

9.2 Die tiefe Glaubwürdigkeit alter Kognitionen

Leicht lassen sich historisch alte Kognitionssysteme wiederbeleben. Ihre Glaubwürdigkeit ist im impliziten Curriculum bereits gesichert. Viele Beispiele wurden in diesem Buch genannt. Manchmal passt eine historische Erklärung auf eine aktuelle Situation. Die Gier ist (im Christentum ebenso wie im Buddhismus) die Ursache des Bösen. So eignet sie sich wunderbar zur Erklärung der Finanzkrise. Da wurde diese Erklärung besonders gern für „wahr" genommen, obwohl ja das Streben nach größtmöglichem Profit im Kapitalismus erlaubt und geradezu erwünscht ist (wiederum These 1).

9.3 Der vielstimmige Menschheitstraum

Die Kosmologien und Erzählungen der Menschheitsgeschichte sind wie ein vielstimmiger Traum. Sie sind nämlich, wie die Träume, oft Wunscherfüllungsfantasien. Das Gilgamesch-Epos träumte von der Unsterblichkeit. Die ägyptische und griechische Antike träumte diesen Traum weiter. Es blieb aber nicht beim Träumen; man versuchte, die Unsterblichkeit tatsächlich zu erreichen. Dazu errichtete man riesige Bauwerke des ewigen Lebens: die Pyramiden, in denen die mumifizierten und dadurch von ihrer Seele wieder belebbaren Körper aufbewahrt wurden. Die Griechen träumten davon, mit am Tisch der Unsterblichen (Götter) zu speisen. Die Gesellschaften sammelten dabei Kenntnisse von Krankheiten und Heilungen, aber das Kraut der Unsterblichkeit fanden sie nicht. Irgendwann gab man den Traum von der Unsterblichkeit auf und setzte auf die Wiederherstellung des lebenden Körpers. Der Jungbrunnen sollte es richten. Eine moderne kosmetische Chirurgie ersetzt den Jungbrunnen aber leider nur unvollständig. Der Traum vom ewigen Leben hat sich dann in das erfreuliche christliche Paradies hinübergerettet. Nach Unsterblichkeit sehnten sich natürlich die Regenten, die ihr schönes Leben nicht aufgeben wollten. Nur sie hatten damals eine Stimme in den Niederschriften.

In die Welt der Fantasien drangen später die Nöte anderer Gruppen ein. Die Armen und Unterdrückten träumten von Gerechtigkeit und Gleichheit. Genauso erinnerten sich die Menschen an ihre unterdrückte Kindheit und träumten von Elternliebe und Geborgenheit. Dies sollte es nicht nur im Himmel, sondern auch auf der Erde geben. Diese Träume setzten sich in vielfältigen Lebensverbesserungen der Menschen um. In Europa verzichtete man schon früh auf die Sklavenhaltung. Der Traum von der Gleichheit, Freiheit und Brüderlichkeit fegte die Monarchen hinweg und öffnete den Demokratien die Bühne. Der Kommunismus ist eine aktuelle Variante des Traums von der Gleichheit und der Gerechtigkeit. Man wollte einen neuen Menschen schaffen, der selbstlos für Partei und Gemeinschaft arbeitet. An dieser Forderung ist der Traum aber dann schließlich zerschellt. Eine verzehrende Elternliebe zum Kind hat die frühere Gleichgültigkeit ersetzt. Spät erst erhoben die unterdrückten Frauen ihre Stimme und fingen an, von einer Befreiung aus der dienenden Rolle zu träumen. Bis heute setzt sich dieser Traum in politische Maßnahmen um.

Träume können Wirklichkeit werden, wie z. B. der Traum vom Fliegen, den zunächst Ikarus im Mythos mit dem Leben bezahlte, weil er der Sonne zu nahe kam. Heute aber fliegen wir mithilfe der Technik in kalten Höhen. Martin Luther King hatte bekanntlich einen Traum, nämlich die Gleichberechtigung der schwarzen Bevölkerung Amerikas, und das Land ist seitdem auf diesem Wege weitergekommen. Träume können scheitern, aber aus dem Versuch, sie Wirklichkeit werden zu lassen, kommt die Menschheit mit neuen Erfahrungen hervor. So hat der Traum vom großen Reichtum und Goldmachen die Alchemie und später die Chemie hervorgebracht. Nicht nur der Kommunismus, auch die Pyramiden sind gute Beispiele dafür, dass die Umsetzungen erfolglos blieben und der alte Traum nun neue Unternehmungen anstiften muss. Heute kann man im Museum auf die für immer verblichenen und damals hoffnungsvoll mumifizierten Körper blicken. Die letzten schlecht funktionierenden kommunistischen Gesellschaften, z. B. in Kuba, sind heute warnendes Mahnmal des Scheiterns der kommunistischen Idee.

Wie in einem richtigen Wunschtraum ist auch der Träumer selbst eine glanzvolle Wunschgestalt, er ist ein wunderschöner Königssohn oder eine wunderschöne Prinzessin, wie es sie schöner im weiten Feld nicht geben kann. „Parzival" z. B. ist gelehrt und kennt sich in der höfischen Sitte aus. Er ist ein starker und tapferer Kämpfer, ein liebevoller und gerechter Herrscher.

Die Veränderung unseres Wesens auf dem Traumpfad
Auch der Traum vom strahlenden Helden oder vom frommen gottgefälligen Leben setzt sich in die Wirklichkeit um. Sparta versuchte, bedürfnislose Krieger zu erziehen. Der Traum von christlicher Nächstenliebe und Güte erzeugte den bedürfnislosen Eremit, der alle Gier und egoistische Strebungen hinter sich gelassen hat. Die befreite Frau ist nun ein anderer Mensch geworden. Sie ist selbstbewusst, kann sogar herrisch und aggressiv sein. Der Traum hat ihren Charakter verändert. Am stärksten hat sich die Veränderung der Kindererziehung ausgewirkt, die uns erst zu einem liebesfähigen, kooperationsfähigen Wesen werden ließ.

Wovon wir heute träumen
Das Land der Träume, Amerika, hat in seiner Blütezeit vorgeführt, wie weit die Träume führen können. Die Menschen haben einen ersten Schritt getan, den Weltraum zu erobern. Was bleibt uns noch zu träumen? Seit Menschengedenken ist die Unsterblichkeit ein Ziel. Im griechischen Pantheon ist sie ein Privileg der (ansonsten menschenähnlichen) Götter. Harari (2017) sieht

die Unsterblichkeit durch biologische und technische Innovationen in greifbare Nähe gerückt; eher sollte man in dieser Hinsicht aber von einer Verlängerung der Lebenszeit sprechen.

Dauerhafter Frieden und ewige Jugend sind Träume geblieben. Ich sehe aber einen anderen Traum in Reichweite, dessen Verwirklichung die Menschen wiederum verändern wird: Vielleicht nämlich müssen wir bald nicht mehr arbeiten und erfreuen uns eines allgemeinen Grundeinkommens; die Arbeit verrichten Maschinen für uns. Was wird dann passieren? Werden Kreativität und Erfindungsreichtum blühen? Oder wird die Disziplin, die ein Arbeitsleben ja erfordert, verloren gehen? Wir wissen es nicht.

Aus dem Traum aufwachen
Uns allen ist klar, dass Menschen nicht traumhaft gut sind. Sind sie von der Kultur verdorben und müssten nur nach der Natur erzogen werden? Auch eine Traumlösung, die sich historisch umsetzte. Wäre es nur das reine und echte Gefühl, das ein Wegweiser für das richtige und ersprießliche Zusammenspiel der Menschen erlaubte? Auch das wurde probiert. Je nach dem Traum der Zeit setzen Versuche der Erziehung und Selbsterziehung ein, die dann die Menschen einer Zeit mehr oder weniger formen. Alle Umsetzungen der Formung des Menschen zu einem besseren „neuen Menschen" scheiterten allerdings bislang. Die Geschichte gibt bislang wenig Hoffnung, dass sich das ändern könnte.

Wenn wir also einmal aus dem Traum aufwachen und den Menschen in seinem selbst geschaffenen Zoo unvoreingenommen betrachten, ist er eher der alte zänkische ‚Affe', der nach Macht und Dominanz strebt und dabei wenig Rücksicht auf seine Artgenossen nimmt. Lehrreich ist der Blick auf Menschen, die Macht haben und nicht gezwungen sind, große Rücksichten zu nehmen. Diese haben sich vielfach auch in unserer Zeit als Massenmörder, unzuverlässige Egoisten und Narzissten entpuppt. Mitgefühl sucht man bei ihnen vergeblich. Der Blick auf das Strafgesetzbuch lehrt uns genauso viel über Psychologie wie ein einschlägiges Lehrbuch dieses Faches. Die Verhaltensbiologie hilft uns, die Möglichkeiten und Grenzen menschlicher Kooperationsfähigkeit zu verstehen.

Wir träumen hoffnungsvoll von einem „Menschenzoo", der die Egoismen und Feindseligkeiten auffängt, die immer wieder hervorbrechen – ein Traum also, der nicht naiv davon ausgeht, dass der Mensch von Natur aus gut ist, sondern der die Gemeinschaft vor den heute katastrophalen Folgen böser Egoismen schützt.

9.4 Das Interesse der Herrschenden

Manche Überzeugungen und Vorschriften sind den Mächtigen wichtig und werden von ihnen – zu verschiedenen Zeiten und an verschiedenen Orten – immer wieder durchgesetzt. Da geht es an erster Stelle um den Machterhalt im Inneren und gegen äußere Feinde. Das führt zu erwünschten und weniger erwünschten Eigenschaften der Menschen in einer Gemeinschaft.

Kampfkraft der Kultur
Über weite Teile der Vergangenheit ist es die schiere Größe von Machteinheiten, die durch viele Krieger auf dem Schlachtfeld Überlegenheit gewinnt.

Daher müssen die Menschen in den aus verschiedenen Volksgruppen zusammengewürfelten Heeren mit vielen fremden Kriegskameraden freundlich kooperieren können.

Viele Nachkommen steigern den Einfluss der Kirchen und der Staaten. Also nehmen die Mächtigen Einfluss auf die Reproduktionspraktiken. Homosexualität und Sex außerhalb der Ehe, Prostitution und Bestialität führen nicht (oder weniger wahrscheinlich) zu Nachkommen, werden also geächtet. Ideologien, mit denen die Ächtung möglich ist, werden entsprechend gefördert. Die christliche Sittenlehre kam den Monarchen also gerade recht. Deshalb handelt es sich bei den betreffenden Moralvorschriften natürlich weniger um eine geheimnisvolle und verborgene Übertragung von Verhaltensprinzipien, sondern um eine wiederkehrende Implementierung, die sich eben als praktisch erweist. Erst die Demokratien ohne Expansionsgelüste können leichter mit der Homosexualität umgehen.

Nicht erst seit dem Anbruch der Neuzeit mit dem Beginn der Wissenschaften sind List und Erfindung die Kinder des Krieges. Die notwendige Bildungsbereitschaft wird durch eine Liberalisierung der Erziehung erreicht. Kreativität braucht Toleranz für Abweichungen.

Handel
Von Beginn der Kultur an trieben die Menschen Handel. Erste Münzen, die sogenannten Silberschekel, gab es in Mesopotamien schon ca. 2500 v. Chr. Vom Handel können alle Beteiligten profitieren, er braucht aber eine Grundlage von Vertrauen, von Freundlichkeit und friedlicher Begegnung mit Fremden. Ein einmal gegebenes Wort muss eingehalten werden. Das Eigentum der Händler muss geachtet werden.

> **Beispiel**
>
> Das fällt nicht immer leicht. Im „Parzival" haben bei einer Gelegenheit Händler die besten und exotischsten Waren vor den Rittern einer Burg ausgebreitet. Diese nutzen sodann einen kleinen Ärger, um zu erwägen, den Händlern einfach alle Waren abzunehmen.

So bemühen sich die Kulturen seit alters her, angeborene Aggressionsbereitschaft abzumildern (vgl. Harari 2015). Nicht nur in den entwickelten Zivilisationen soll es einen „höflichen" Umgang geben, auch viele weniger entwickelte Gesellschaften unterdrücken Ärger, z. B. die Inuit oder die Menschen in Java und Bali, wo alle Gefühle mit einem Lächeln maskiert werden (Briggs 1970).

Der Handel liegt im Interesse der Mächtigen, sie können Waffen und Metalle (z. B. Zinn und Kupfer für Bronzen) erwerben, auf die sich ihre Macht stützt. Sie wollen und können also Handelswege beschützen, und gewinnen – in der Konkurrenz der Machtzentren – in immer größeren Räumen ein Gewaltmonopol (vgl. Cäsars Kriege gegen die Piraten). Die aufeinander angewiesenen Rollen differenzieren sich (Bauer, Händler, Krieger, Priester usw.), und es entsteht eine „Verflechtungsordnung". Das Wort stammt von Elias (1976), dessen unübertroffenem systemischen Ansatz zur Entwicklung der Zivilisation ich hier einige Absätze lang folge.

In dem wechselseitigen Aufeinander-angewiesen-Sein wird vom Menschen immer mehr Impulskontrolle und Weitsicht eingefordert. In der Art einer Eigengesetzlichkeit kommt es mit den Jahrhunderten automatisch und ohne Absicht zu einer Selbstkontrollapparatur. Was nun im Leben der Menschen an unmittelbarer Triebbefriedigung fehlt, wird in der Fantasie (im Traum) oder z. B. in Romanen (heute Filmen) abgearbeitet. Ganz wie von Freud postuliert, kommt es zu internen Spannungen zwischen Triebforderungen des „Ich" und des „Über-Ich". Die Kontrollmechanismen konstellieren sich in der Figuration der menschlichen Beziehungen allerdings in den Jahrhunderten unterschiedlich. Elias meint (ebd.), dass sich Bewusstsein und Triebe im Laufe einer fortschreitenden Zivilisation in ihrer Bewusstseinsfähigkeit immer mehr voneinander trennen.

Zunächst sind es die Eliten, die über mehr Weitsicht und Selbstkontrolle verfügen. Das drückt sich in vielem aus, z. B. auch im feinen Benehmen am Hofe, wie es sich über Jahrhunderte entwickelte. Von den unteren Schichten wird es nachgeahmt, aber in Absetzungsbewegungen des Adels auch immer weiter verfeinert (Elias 1976). Wie man sich bei Hofe benimmt, soll gar nicht mal jeder wissen. Zunächst, im späten Mittelalter, sind es die Krieger, die höfliches Benehmen – und damit auch den Mechanismus der Selbstkontrolle – lernen. Die Minnelieder spiegeln diese Entwicklung.

Die Angst, Prestige und Status zu verlieren, treibt die Assimilation an das verpflichtende Benehmen an. Von Kindesbeinen an regeln nun Ängste, Peinlichkeiten und Scham das neue Verhaltensrepertoire.

Unterschichten und Oberschichten gleichen sich aber gegebenenfalls irgendwann an. So ist der Zwang zum Arbeiten, einst ein Merkmal der Unterschicht, auch für die heutige Oberschicht gegeben. Berufsarbeit erfordert nun wieder eine andere Art der Triebkontrolle (als die des Höflings), die in mancher Hinsicht strikter ist und nun über alle Schichten greift.

Die stärkere Kraft der Vernunft wird aus dieser Sicht weniger durch die Kosmologie der Aufklärung bewirkt, sondern vielmehr umgekehrt wird die Aufklärung durch die Selbstdisziplinierung und das nun weniger an Wünschen und Ängsten orientierte Weltbild gewonnen. Die Aufklärung hat so betrachtet auch keine Schöpfer, sondern ergibt sich aus der Figuration der Menschen zueinander.

> Elias (1976, S. 389): Wirklich verstehen lässt sich die Geschichte der Denkformen nur dann, wenn man, mit dem Wandel der zwischenmenschlichen Beziehungen, zugleich den Aufbau des Verhaltens, das Gefüge des Seelenhaushaltes als Ganzes ins Auge fasst.

Wirklich abgeschlossen ist die Zivilisierung der Gesellschaft seiner Meinung nach bis heute noch nicht.

Der Zusammenhalt in der Gemeinschaft
Zur Herrschaft passende Kosmologien werden von den Mächtigen gefördert und gefordert. In der Niederschrift der Lehre des Konfuzius (die erst rund 200 Jahre nach seinem Tod aufgezeichnet wurde) soll dem Vasallen keine Verbeugung vor dem Fürsten zu tief sein. Und die Kodifizierung der vier christlichen Evangelien wurde unter der Obhut von Kaiser Konstantin im 4. Jahrhundert n. Chr. vorgenommen.

Eine Religion, die Altruismus an die Stelle von Egoismus setzt, ja, zur Nächstenliebe auffordert, Kranke und Schwache nicht zurücklässt, fördert in optimaler Weise den inneren Zusammenhalt (Schaik und Michel 2016).

Auch die Neigung der Menschen zu Göttern lässt sich vor den Karren der Machtausübung spannen. Die Geschichte kennt eine Unmenge an Kaisergöttern. Sie rechtfertigen ihr Handeln durch unantastbaren göttlichen Ratschluss. Erst das monotheistische Christentum konnte neben dem einen Gott keinen Kaisergott dulden. So lag in ihm der Keim zur Tyrannenbefreiung.

Bevorzugung der eigenen Gene
In vergangenen Zeiten kamen an verschiedenen Orten stabile Gesellschaftsformen zustande, deren Ziel es war, die Fortpflanzung der Fürsten zu begünstigen und die Verbreitung fremder Gene zu behindern. Auf solche Systeme ist die Geschichte immer wieder zugestrebt (sie sind ein Attraktor im Sinne der Chaostheorie). Sie werden so zum einen zu einer Formkraft für Sitte und Moral und zum anderen zu einem Ausleseprogramm auf Eigenschaften mächtiger Menschen, wie z. B. soziale Dominanz.

Oberschichten pfeifen dabei auf die allgemeine Sexualmoral. Die Sexspiele der Päpste und Kardinäle sind bekannt, sie zeugten sicher in großer Zahl Kinder (vgl. Kap. 2). Die ägyptischen Pharaonen hatten einen Harem von exklusiven Gefährtinnen, die in eigenen Palästen lebten, während für das Volk die Einehe Vorschrift war.

In jüngerer Zeit ließen sich Mao Tse-tung oder Kim Jong-il eine große Zahl junger Frauen des Volkes zuführen. Aber auch die mächtigen Männer des Westens erlaub(t)en sich solche Privilegien (wie z. B. J.F. Kennedy).

Beispiel: der verbotene Palast in China und das Mogulsystem in Indien

Die vielen Gefährtinnen der Fürsten lebten in einem abgeschotteten Bereich, zu dem fremde Männer keinen Zutritt hatten – oder die Männer wurden (wie z. B. im verbotenen Palast in Peking) massenweise kastriert. Dem Herrscher wurden die schönsten, gebildetsten und gesündesten jungen Frauen des Volkes zugeführt (im indischen Mogulsystem bei eigens dafür organisierten Festen). Kinder, die so geboren wurden, waren geschützt und gut ernährt. Später nahmen sie im Reich Führungspositionen ein, die ihre Fortpflanzung wiederum begünstigten.

Die Fortpflanzung des Volkes dagegen wurde zum Reservoir für Soldaten, die in den Eroberungskriegen ja auch massenweise umkamen, sodass die relative Zahl der Nachkommen des Fürsten im Volk stieg. Das Volk lebte in Armut und konnte seine Nachkommen nicht so gut und sicher versorgen wie die Fürsten. Zusätzlich konnte das Volk zu Sittenstrenge oder Enthaltsamkeit überredet werden (z. B. via Religion). In der für das Volk vorgeschriebenen Fortpflanzungsform der Zweierbindung (Ehe) wurde die Fortpflanzung der Menschen des Volkes reguliert. So konnten sich konkurrierende starke Gene von einzelnen Männern nur begrenzt vermehren.

Aus den historischen Recherchen ergibt sich, dass sich auch die Kaste der christlichen Priester Fortpflanzungsvorteile verschaffen konnte (vgl. Kap. 2.4). Über die Beichte gelangten sie an Erpressungswissen, aber auch an Kenntnis darüber, welche der Frauen der Gemeinde ungeschützt waren oder sich womöglich auf ein Abenteuer eingelassen hätten.

9.5 Selbstorganisierende Prozesse oder Folgen der Kinderaufzucht?

Alternativ zu den von Elias postulierten Mechanismen der Selbstorganisation psychischer Prozesse als Grundlage der Zivilisierung der Gesellschaften wären die Folgen der veränderten Kinderaufzucht zu bedenken. Indem die Kinder weniger traumatisiert werden, können sie als Erwachsene ihre (speziell aggressiven) Triebe besser kontrollieren. Indem Beschämungen an die Stelle von Prügelstrafen treten, werden früh Selbstkontrollmechanismen von Scham und Peinlichkeit trainiert. Indem viele Kinder eine Schulausbildung erhalten, werden kognitive Fähigkeiten wie das Gedächtnis verbessert. Diesbezüglich sind die Arbeiten von DeMause (vgl. Kap. 8) richtungsweisend. Auch die Veränderungen der Kinderaufzucht und deren mentale Folgen erstrecken sich über viele Jahrhunderte, wenn nicht Jahrtausende. Dies ist als Ursache der Mentalitätsunterschiede der Jahrhunderte zumindest gleichberechtigt ins Auge zu fassen.

9.6 Ist der Verlauf der Geschichte auch psychisch bedingt?

Die Geschichte der Menschheit stellt sich – oberflächlich betrachtet – als Folge von Kriegen und Eroberungen dar, die mehr oder weniger zufällig aufeinander folgen. Die heute weitgehend noch unbekannte pränatale und perinatale Psychologie erklärt aber sowohl die Paradiessehnsüchte als auch die kampfbereiten Königreiche. Gesellschaften können nämlich die ozeanische Einheit im Mutterleib im Ritual und im Verhalten wieder aufführen oder sich im Krieg „quasi" erneut durch den Geburtskanal kämpfen wollen. Es gibt also Veränderungen der menschlichen Psyche, die wiederum auf den Ablauf der Geschichte zurückwirken (Janus 2016).

Die Veränderungen der Erziehung können Gewalt- und Kriegsbereitschaft zu- oder abnehmen lassen. Fuchs schreibt 2016 nach einer Analyse der Kindheit politischer Führer: „Mir ist es nicht gelungen, einen einzigen Diktator oder ähnlichen politischen Akteur zu finden, über den ausreichend biografisches Material vorliegt, der als Kind nachweislich Liebe und Zuwendung erfuhr…" (ebd., S. 215). Ähnlich stellt sich das Bild bezüglich solcher Nationen dar, die durch extreme Destruktivität auffallen.

Es gibt „Attraktoren", die geschichtswirksam sind. Fortpflanzungschancen und dem zugeordnet der Erwerb von Macht über andere Menschen sind Ziel der Eliten vieler Zeiten (vgl. oben). Zum Machterhalt ist Handel unumgänglich, z. B. um an kriegswichtige Materialien wie Zinn und Kupfer zur Bronzeherstellung zu gelangen. Handel erfordert freundlichen Umgang mit Fremden und sichere Handelsräume. Erfolgreiche Kriegsführung beruht auch auf Kenntnissen über Waffen und Festungsbau (vgl. das Lebenswerk von Leonardo da Vinci). Das heißt: Für die nötigen komplexen Ausbildungen sind Selbstkontrolle und Triebverzicht vonnöten. Dies wirkt dann wieder auf die Fähigkeit in großen Staatsverbänden zurück, die in der Konkurrenz der Nationen Erfolg suchen.

Unter günstigen Bedingungen, z. B. einer demokratischen Gesellschaftsform, die das Wohl des einzelnen Menschen als Ziel hat, und einer aufgeklärten, empirisch orientierten Kosmologie der Zeit, kann es unerwartete Fortschritte im „selbst geschaffenen Menschenzoo" geben: Die Bedingungen des reibungslosen Zusammenlebens werden immer besser verstanden, die Unterschiedlichkeit der Menschen wird angemessener berücksichtigt, auch seine aggressiven biologischen Bedürfnisse finden unschädlicheren Auslauf. Eine archäologische Forschung nach den Ursprüngen einzelner Verhaltens- und Erlebnisweisen förderte dann eine bewusste Gesellschaftskonstruktion. Die Frage, ob eine bestimmte Verhaltensweise noch funktionell ist oder nicht, kann dann neu gestellt werden.

Optimistische Geschichtsziele gibt es bei einigen bedeutenden Autoren. Konrad Lorenz glaubte an die „Weltvernunft des Logos" und die Evolution eines wahrhaft humanen Menschen. Marx sah das Ziel der klassenlosen Gesellschaft in erreichbarer Nähe. Wie die Geschichte lehrt, kann alles anders kommen. Die römische Hochkultur ging, durch Seuchen geschwächt, unter Wanderungsbewegungen zugrunde, und ein „finsteres" Mittelalter war aus unserer Sicht ein Rückschritt in der Menschheitsentwicklung. Das Jüngste Gericht, das Ziel christlicher Geschichtsauffassung, ist bislang ausgeblieben.

Umgekehrt ist wenig erforscht, ob Stimmungen und dominante Gefühlslagen von politischen Systemen erzeugt werden. In den Mangelwirtschaften des Sozialismus und in den gleichgeschalteten Lebensbedingungen des Plattenbaus gab es im gegenseitigen Aufeinander-angewiesen-Sein eine Art von zwischenmenschlicher Wärme, an die man im neuen Kapitalismus des vereinten Deutschland sehnsüchtig zurückdachte (Pesmen 2000).

9.7 Die Gefahren der Freiheit von Instinkten

Menschliches Verhalten ist nur in geringem Umfang durch Instinkte festgelegt. Wir können von unseren Vorfahren lernen und uns frei entscheiden. Darin liegt unsere Stärke, aber auch eine Gefahr. Der Naturmensch versteht die Natur und auch seine eigene Natur wenig und handelt, wie wir wissen, häufig aufgrund fehlerhafter Konzepte.

> **Beispiel**
> Beispielsweise werden in einem Stamm Wunden durch vergiftete Pfeile nicht behandelt, weil sie schon als Zeichen des sicheren Todes gesehen werden. Der Getroffene ist sozusagen bereits tot.

Dieses Buch handelt in vielfacher Hinsicht von fehlerhaften Konzepten. Es wäre überheblich zu glauben, unsere heutigen Kosmologien seien der Weisheit letzter Schluss. Auch in ihnen sind Fehler, die wir allerdings meistens nicht erkennen. Je mehr Handlungsmacht die Menschen aber haben, desto katastrophaler können sich falsche Kenntnisse und fehlerhafte Konzepte auswirken. So stehen wir heute mehr denn je vor einer Selbstausrottung der Menschheit, z. B. durch Plutoniumvergiftungen, durch die Plastikverseuchung der Meere, durch Massenvernichtungswaffen, durch die Überbevölkerung der Erde oder auch durch die Züchtung tödlicher Viren.

9.8 Eine „neue" Psychologie

Um zu verstehen, wie Menschen erleben und handeln, muss man ihre Überzeugungen vom Inhalt her erfassen. Wie sich diese Inhalte ganz unterschiedlich in den Köpfen der Individuen und der sozialen Gruppen brechen, ist auszuloten. Der heutige Priester wird z. B. ganz andere religiöse Überzeugungen haben als sein Gemeindemitglied.

Es reicht also nicht aus, die Narrative der Kultur global zu erfassen. Stattdessen müssten in der zeitenvergleichenden Psychologie – so wie in der Einstellungsforschung der Sozialpsychologie – individuelle Überzeugungen empirisch erhoben werden und in Beziehung zu aktuellen Gefühlen und Verhaltensweisen gesetzt werden.

Empfindet der heutige Mensch das Menstruationsblut als gefährlich? Glaubt er tatsächlich nicht an Hexerei? Weil ja nicht jeder Mensch die Kultur neu erschafft, sondern die meisten eben den Gedankenwegen der Kultur folgen, wird so eine Erhebung auch nicht in unendlichen Differenzierungen zerfasern, sondern eine endliche Anzahl von Grundüberzeugungen zutage fördern.

Neben eine allgemeine Psychologie von Wahrnehmung, Denken und Fühlen sollte also noch eine Psychologie der Gedankeninhalte treten.

> **Beispiel**
>
> Eine alte Dame in den 1960er Jahren machte sich Gedanken darüber, wo die Seelen der Verstorbenen einst hinkommen. Sie zeigte mit den Fingern die wahrgenommene Größe des Mondes und sagte bedenklich: „Selbst wenn die Seelen so klein wären wie ein Fünkchen, passten sie ja nicht alle auf den Mond." Obwohl treugläubig katholisch, nahm ihre Vorstellung antikes Gedankengut, nämlich die Verstirnung der Seelen, auf. Die Bezugnahme auf den „Seelenfunken" erinnert daneben an gnostisches Gedankengut (vgl. Kap. 3).

9.8.1 Eine „vergleichende Methode"

Indem Verhaltensweisen historisch determiniert sind, also eben nicht naturgesetzlich, muss die heute dominierende Methode der Psychologie durch eine Methode ergänzt werden, die einem historischen Gegenstand angemessen ist: nämlich durch die „vergleichende Methode". Dies hatte schon Wundt (1919) in seiner Völkerpsychologie überzeugend herausgearbeitet (vgl. Jüttemann 2011), ohne es aber so in ein konkretes Forschungshandeln zu gießen, dass es in den Strom psychologischer Praxis übergehen konnte.

In der Biologie und in der Kunstwissenschaft wird die vergleichende Methode verwendet, um durch den Vergleich von Merkmalen die Entstehung der Stile oder die Entstehung der Arten nachzuvollziehen. Die vergleichende Methode wurde von dem Biologen Morris (Morris et al. 1979) erfolgreich auf menschliches Verhalten angewendet. Er verglich Gesten (Hand- und Körpergesten) nach Bedeutung, Vorkommen und Häufigkeit in den verschiedenen Regionen Italiens. Wenig erstaunlich stellte sich heraus, dass die Verbreitung der Gesten den Sprachgrenzen und den Grenzen regionaler Stämme folgte. Bei einigen Gesten gab es aber Anomalien. Das Kopfhochziehen als Verneinung gab es nur in der Region um Neapel. Eine genauere räumliche Analyse ergab, dass die Grenzziehung dieser Verwendung der Geste fast genau der Grenze der antiken griechischen Kolonien in Italien folgte. Auch in Griechenland findet man diesen Gebrauch der Geste. Es fällt sodann auf, dass in dem italienischen Städtenamen „Napoli" das griechische Wort für Stadt (*nea* = die neue/*polis* = Stadt) noch fast unverändert vorkommt.

Der Kulturvergleich in der Psychologie und die vergleichende Methode

Zu Beginn ist einem Missverständnis vorzubeugen: Die Methode des Kulturvergleichs, wie sie heute in der Psychologie verwendet wird, ist auch nur eine quasi-experimentelle Methode. Der Unterschied zwischen zwei oder mehreren betrachteten Kulturen setzt den Kultureinfluss als quasi-experimentelle Manipulation ein, um gelernte von genetisch determinierten Verhaltensweisen zu unterscheiden.

Modelllernen und die vergleichende Methode

Auch in der Forschung zum Modelllernen wird kein Verhaltensinventar im natürlichen Kontext erhoben, sondern es wird experimentell variiert, unter welchen Umständen mehr oder weniger Modelllernen zustande kommt. Obwohl sich Modelllernen dafür eignen würde, Traditionsgänge zu erforschen, ordnet sich die Forschung in ihrer gegenwärtigen Praxis dem experimentellen Paradigma unter.

Die vergleichende Methode in der Psychologie

Verhalten wird in der Kultur gelernt. Je ähnlicher das Verhalten von zwei Individuen oder von Gesellschaften ist, desto mehr entstammen sie der gleichen Lerngeschichte. Wie in der Biologie oder der Kulturgeschichte benötigt der Vergleich eine sorgfältige Beschreibung des Verhaltens, auf die die Psychologie allerdings kaum zurückgreifen kann.

In den ersten Stunden der wissenschaftlichen Psychologie ist ihre experimentelle Orientierung noch gar nicht so gewiss gewesen. Wundt (1919) wollte aus der Naturwissenschaft zwei Hauptmethoden übernehmen:

das Experiment (wie in der Physik) und die Beobachtung (wie in der Anatomie). Besonders die geistigen Erzeugnisse der Menschen (Werke der Dichtkunst, die Sprache und die Sitten) stehen der Beobachtung als Gegenstand zur Verfügung. Wegen der Gebundenheit dieser Gegenstände an die Gruppe bzw. an die Volksgemeinschaft spricht Wundt von Völkerpsychologie. Dabei hält er die Methode des Experiments für ungeeignet (ebd., S. 29): „Demnach verfügt die Psychologie über zwei exakte Methoden: die erste, die experimentelle Methode, dient der Analyse der einfacheren psychischen Vorgänge; die zweite, die Beobachtung der allgemeingültigen Geisteserzeugnisse, dient der Untersuchung der höheren psychischen Vorgänge und Entwicklungen."

Die Biografik und die vergleichende Methode

Man könnte annehmen, dass Biografien eine geeignete Materialbasis für einen späteren Vergleich sind. Autobiografische Schriften nehmen sich der für wesentlich erachteten Ereignisse an. Erhobene biografische Daten sind ja immer interessengeleitet oder von Forschungsfragestellungen motiviert, sodass ein Vergleich solcher Daten über die Zeiten kaum möglich ist. Thomae (2004, im Interview mit Straub) weist darauf hin, wie wichtig eine offene und eben nicht schon hypothesengeleitete biografische Erhebung für spätere Forscher ist. Insgesamt ist aber kaum zu hoffen, man könne eine so detaillierte Biografie erstellen, dass einzelne Verhaltensweisen – wie etwa Speisebevorzugungen, Aversionen oder Kunstreaktionen – daraus zu entnehmen wären. Das müsste dann ja praktisch eine Eins-zu-eins-Dokumentation eines Menschenlebens inklusive seiner Gedanken, Gefühle und Absichten sein. Also müssten zu einer Fragestellung gezielt „Mikrobiografien" erstellt werden, die nur einen speziellen Aspekt eines Lebens erfassen. Im Rückblick könnte eine Person z. B. über Speisebevorzugungen und Aversionen oder bedeutende Kunsterlebnisse berichten. Das wäre dann über die Familie, die lokale Gruppe und die Volksgemeinschaft zu vergleichen. Spätere Forscher könnten die gleiche Mikrobiografie bei späteren Generationen erheben. Eine solche (Mikro-)Biografie eines Lebensausschnitts lieferte z. B. Thomae (1960), als er seine Mitmenschen (das Wort „Versuchsperson" scheint mir hier nicht geeignet) nach ihrer bislang schwersten Entscheidung fragte. Er zeichnete nach, dass die wichtigen Lebensentscheidungen tief in der Erfahrungswelt des Individuums verankert sind. Die gleiche Erfahrung machte ich später mit der Frage nach einem „tiefen Kunsterleben" (z. B. Schuster 2016). Das kam immer dann zustande, wenn das Kunstwerk eine Problemlage des eigenen Lebens spiegelte.

Der Erfolg der vergleichenden Methode

Bei der Erforschung der Abstammung der Arten wurde der Erfolg der vergleichenden Methode evident, etwa wenn man erkennen kann, dass eine kleine Maus (Elefantenspringmaus) mit dem größten Landsäuger, dem Elefanten, verwandt ist. Eine Unterscheidung wie in der Biologie wird auch der psychologischen Untersuchung nützen. Man unterscheidet zwischen „analogen" und „homologen" Ähnlichkeiten in Merkmalen und Verhaltensweisen. Analoge Ähnlichkeiten entwickeln sich durch den natürlichen Nutzen, ohne dass es eine Abstammung gibt. Homologe Ähnlichkeiten gehen auf „Abstammung" zurück.

1893 erschien in Wien Alois Riegls berühmtes Werk „Stilfragen". Durch einen Vergleich der Formen der Ornamentik gelang es ihm zu zeigen, dass sich die Formen der altorientalischen Teppiche auf griechische Ornamente zurückführen lassen. Tatsächlich lässt sich der Ursprung dieser Ornamentik im Lotus-Motiv sogar bis zu den Ägyptern mehrere tausend Jahre vor Christus zurückverfolgen.

> **Ein Beispiel: der Traditionsgang (Lerngang) in der Kinderzeichnung**
>
> In einer vergleichenden Studie konnte ich den ganz überraschenden Erfolg der vergleichenden Methode bei der Erklärung von Kinderzeichnungen demonstrieren (Schuster und Jezek 2003).
>
> Vorausgeschickt sei, dass die Kinderzeichnung ein Verhaltensbereich ist, der sich selbst in jeder Bewegung, in jedem Zwischenschritt durch die Spur des Farbstiftes dokumentiert. Aktuelles Verhalten muss dabei also nicht mühsam beobachtet und dann gegebenenfalls (reduzierend) kategorisiert werden. Im aktuellen Handlungsvollzug des Zeichnens entsteht ein dauerhaftes Dokument.
>
> Es wurden die Zeichnungen eines Zielkindes gesammelt, ebenso die Zeichnungen seiner Geschwister, seiner Sitznachbarn in der Schule und seiner Freunde. Nun zeigten sich nicht nur die üblichen Merkmale der Kinderzeichnung, sondern viele der Zeichnungen waren nahezu identisch. Die Zeichnung mit all ihren Merkmalen wurde also von den Kindern der Umgebung fast zu 100 % übernommen (Abb. 9.1).

In den Kosmologien der Kulturen werden Hypothesen über die Welt aufgestellt, die dann auch auf nachvollziehbare – wenngleich nicht immer logische – Art zu bestimmten Verhaltensweisen führen (wie das geschieht, wurde in Kap. 2 thematisiert).

Aus den zu Beginn verständlichen Verhaltensweisen werden dann über die Traditionskette Verhaltensweisen, die den Menschen geheimnisvoll erscheinen müssen, die aber unter dem Blick der vergleichenden

Abb. 9.1 Zwei Kinderzeichnungen von Nachbarn und besten Freunden Rechte beim Autor, eigenes Bild)

Forschung (s. u.) gegebenenfalls auf ihren verständlichen Ursprung zurückgeführt werden. Wir können uns dann in den Menschen als denkendes und planendes Wesen hineinversetzen sowie seine Hypothesen und eventuellen Irrtümer nachvollziehen. So gelangen wir dann tatsächlich zu einer „verstehenden Psychologie".

Am Ursprung von Verhaltensweisen können wir im günstigen Fall auch Kausalitäten finden. Die Kausalität, die wir dabei aufdecken, ist allerdings keine naturgesetzliche, sondern eine intentionale Kausalität, also eine Verursachung durch absichtsvolles Verhalten.

9.8.2 Es gibt weitere Möglichkeiten, sich dem Thema empirisch zu nähern

Weil hier die Inhalte des menschlichen Denkens und Fühlens zum Thema werden, können im Versuch der empirischen Forschung Äußerungen einzelner Menschen herangezogen werden und in Bezug zu dem Wissen und den Denkinhalten früherer Menschen in Beziehung gesetzt werden. Diese Einzelvergleiche dienen dem Beleg, dass es im Denken der heutigen Menschen „alte" Inhalte gibt, die dem heutigen Wissen und den heutigen Überzeugungen eigentlich nicht mehr entsprechen.

Auch auf einer empirisch-statistischen Basis kann erforscht werden, in welcher Breite eine historische Kognition in einer heutigen Stichprobe vorzufinden ist. So wird z. B. eine nicht geringe Zahl von Menschen heute angeben, an Hexerei zu glauben, wenn man die Frage anonym beantworten darf.

> **Beispiel: eine Untersuchung zur Museumspsychologie**
>
> In Bezug auf die Überzeugungen zum Museum habe ich die Existenz historischer Meme untersucht (Schuster 2006). Die historischen Aussagen zum Museum wurden in einer digitalen Sammlung der deutschen Literatur und Philosophie gesucht (180 000 Seiten der digitalen Bibliothek). Dort fanden sich etwa Aussagen zur „Unordnung im Museum" (wo Sachen „gewürfelt und willkürlich" ständen) oder es hieß, dass ein Museum „nur für Gelehrte da ist". Aus solchen Aussagen wurden Statements formuliert, die heutigen Museumbesuchern und Nichtbesuchern vorgelegt wurden. Sie sollten ihre Zustimmung zu dem jeweiligen Statement auf einer Skala ankreuzen. Gleichzeitig wurde von Museumsexperten für jedes Statement ein „wahrer" Wert für den heutigen Museumsbetrieb ermittelt. Die Frage war nun, ob die Beurteilung der Stichprobe (Eltern und Bekannte von Studenten) von diesem wahren Wert in Richtung auf das historische Statement abweicht. Es zeigte sich, dass dies der Fall war, es z. B. Zustimmung zur Unordnung in Museen gab, obwohl doch gerade heutige Sammlungen wohlgeordnet sind. Bei Nichtbesuchern gab es mehr Zustimmung zu negativen Statements in Richtung auf das historische Urteil. Tatsächlich haben also „historische Kognitionen" Einfluss auf aktuelle Einschätzungen.

Andere Untersuchungsdesigns wären denkbar. Man könnte feststellen, wie „unglaublich" eine frühere Verhaltensweise dem heutigen Menschen erscheint: Man gibt Verhaltensepisoden vor, und diese sollen – wie in einem beliebten Fernsehspiel – als wahr oder unwahr erkannt werden. Den Prozentsatz von „Falsch"-Schätzungen bei wahren Episoden könnte man als „Distanzmaß" dieses Verhaltens zu heutigen Verhaltensweisen verwenden.

> **Beispiel**
>
> Gerade das Mittelalter erscheint uns heutigen Menschen besonders fremd. Dinzelbacher (2006) beschreibt Tierprozesse im Mittelalter, die gegen Schädlinge des Feldes wie Mäuse und Engerlinge geführt wurden (Mäuse wie auch schwarze Katzen wurden damals mit dem Teufel assoziiert). Noch Juristen des 15. bis 18. Jahrhunderts führten Prozesse gegen Mäuse. Man setzte ihnen Fristen zum Verlassen des Feldes (dabei räumte man jüngeren und schwangeren Mäusen großzügigere Fristen ein). Die Aufforderung wurde den Mäusen durch einen Gerichtsboten übermittelt, und es wurde ihnen sogar die Möglichkeit der Verteidigung eingeräumt. Dinzelbacher (2007) fragt sich, ob die Intellektuellen in jenen Jahrhunderten wirklich glaubten, dass Mäuse die menschliche Sprache und sogar Latein verstünden. Man drohte den Tieren mit Exkommunikation (obwohl sie ja nicht getaufte Mitglieder der katholischen Kirche waren).
>
> Auch die Verehrung eines Hundes als Heiligen im Mittelalter würde heute kaum ein Leser für möglich halten (Dinzelbacher 2006).

Interessant wäre auch zu ergründen, welche Gefühle (Scham, Ärger, Empörung usw.) antike Episoden bei uns heutigen Menschen auslösen. Beim Lesen der verschiedenen Beispiele werden die Leser bereits emotionale Betroffenheit erlebt haben. Mozarts anale Elogen etwa lassen den heutigen Leser leicht beschämt zurück und verweisen so auf andersartige Triebverdrängungen in verschiedenen Epochen unserer Vergangenheit.

Als Beispiel sei eine Episode aus Casanovas Memoiren erwähnt, die den heutigen Leser entsetzt, bei den damaligen Betroffenen aber anscheinend Freude auslöste (S. 601):

> **Beispiel**
>
> Der Pope taufte Kinder, indem er sie in ein Eisloch tauchte. Als ihm eins entglitt, bat er darum, ihm das nächste Kind zu geben. Die Eltern waren erfreut, weil das Kind nun auf direktem Wege in den Himmel gelangt sei.

Der Vergleich über historische Zeiträume

Um Traditionslinien zu finden, wurden heutige Merkmale von Gruppen mit früheren Zuständen verglichen.

> **Beispiel**
> Städte, die um das Jahr 1400 Judenpogrome hatten, haben im „Dritten Reich" in stärkerem Maße für die NSDAP gestimmt und deportierten mehr Juden. Dabei gibt es große Unterschiede zwischen Städten in direkter Nachbarschaft, also Unterschiede auf lokaler Ebene (dieser Zusammenhang ließ sich aber nur darstellen, wenn nicht inzwischen zu viele Wanderungsbewegungen stattgefunden hatten (Voigtländer und Voth 2012).

Wie würde das in einem anderen Verhaltensbereich aussehen?

Weil dem Psychologen die Vorgehensweise mit einer vergleichenden Methode so ungewohnt ist, soll sie für die Verhaltensgruppe „Wutanfall, Zorn" einmal angedeutet werden. Zunächst müssen Verhaltensmerkmale des Wutanfalls in verschiedenen Gruppen gesammelt werden. Dabei könnte man finden: Person schreit, schlägt auf den Tisch, läuft rot an, zieht sich zurück, schließt sich in ihrem Zimmer ein, wirft Gegenstände zu Boden usw. Nun müssten – um den Lerngang des Wutverhaltens nachzuvollziehen – Personen innerhalb einer Familie untersucht werden, dann die Familien in einem sozio-kulturellen Milieu, dann in der größeren Region. Sicher fällt dem psychologisch gebildeten Leser auf, dass so etwas wie ein Verhaltensinventar für „Wutanfälle" nicht vorliegt und so leicht auch nicht im psychologischen Laboratorium entstehen kann.

9.8.3 Eine neue Erklärungsmacht

Die vergleichende Methode führt zum Ursprung einer Verhaltensweise, nur dort kann man dann seine Verursachung aufspüren, sei es ein zufälliges erstes Modell oder sei sie aus der damaligen Kosmologie entwickelt. Bei der Kinderzeichnung kann das z. B. die Erfindung eines einzelnen Kindes sein. Bei der Angst vor Menstruationsblut ist es die Gesundheitslehre Griechenlands, die dabei Pate stand. Der Vergleich kann dann im günstigen Fall menschliches Verhalten so konkret im kleinen Detail aufklären, wie es die Psychologie bislang nicht konnte.

> **Beispiel**
>
> Warum enthält die spanische Sprache so viele Zischlaute? Verfolgt man diese Aussprache vergleichend zurück, so gelangt man in die Zeit der Regierung von König Ferdinand II. (1452–1516). Die Legende sagt, dass dieser König lispelte, und das wurde vom Volk übernommen. Gerade das Verhalten der Mächtigen wird leicht zum Modell, und so kam es – möglicherweise – zustande, dass Spanisch „gelispelt" wird. In den Kolonien wurde dieses Lispeln nicht übernommen.

Ein unvoreingenommener Blick

Gegenüber der Tradition gibt es eine (vielleicht angeborene) heilige Scheu davor, vom Althergebrachten abzuweichen. Rituale z. B. wiederholen über Jahrhunderte oder gar Jahrtausende die heiligen Handlungen. In ihrem Traditionsgang nachgezeichnete Verhaltensweisen und Einstellungen aber können aus der Erkenntnis ihres – gegebenenfalls willkürlichen oder auch aus heutigen Sicht unbegründeten – Ursprungs leichter überdacht und geändert werden, wie z. B. die Sexualfeindlichkeit des Christentums oder auch die Ablehnung der Homosexualität.

9.9 Ausgewählte Beispiele für aktuelle Entwicklungen unserer Psyche

Demokratie und Kommerz führen zum „Fassadenmensch". Die jüngsten westlichen Generationen leben in ganz anderem Maße als ihre Vorgänger in einer Welt von Werbebotschaften. Diese vermitteln die frohe Nachricht: „Alles ist super!", „Habe Spaß!" (wenn du das richtige Produkt erwirbst). Die negativen Seiten des Lebens treten im öffentlichen Bewusstsein zurück und werden schwerer erträglich. So unter einen Glückszwang geraten, werden Äußerungen zum eigenen Leben positiver. Leid und Niederlagen werden verborgen: Alles ist (wie es die Werbung suggeriert) „mega". Eine werbekonforme Fassade wird errichtet.

> **Beispiel**
>
> Die Werbung für ein ziemlich normales Auto (Seat Leon, 6./7. April 2019, im „Kölner Stadt-Anzeiger") lautet: „Hab Spaß. Leb Dein Leben. Nach Deinen Regeln." Dabei wird eine Facebook-Fassade der Selbstdarstellung

> angesprochen, die mit dem wirklichen (Arbeits-)Leben der potenziellen Käufer in einer durchregulierten Welt wenig zu tun hat. Dennoch kann die Werbung greifen, weil man gerne genau so sein möchte. Der Kontrast zum wirklichen Erleben kann dann aber nur traurig stimmen.

Gleichermaßen erleben die jüngsten Generationen zum ersten Mal über längere Zeiträume eine Demokratie. Die mächtigen Vertreter des Volkes müssen insofern völlig „ehrlos" sein, als sie sich beschimpfen lassen müssen, ohne die gute Laune und die Beherrschung zu verlieren. Der ätzende Spott in Karikaturen ist noch das Mindeste; die Stampede der Presse schüttet Beleidigungen über die Amtsträger aus (denken Sie etwa an die deutsche Berichterstattung über Donald Trump). Hinzu kommt, dass die Politiker in ihren Reden unaufhörlich signalisieren müssen, wie sehr ihnen unser Wohlergehen und auch unsere Gefühle am Herzen liegen.

Beides, so scheint mir, führt zu einer Fassade der „Scheinnaivität" und „Scheinheiligkeit" bei der Masse der Menschen. Verkäufer und Politiker wollen andauernd unser Bestes. So lernen wir am Modell – und reden nun auch so, als wollten wir ständig das Beste unserer Mitmenschen. Kinder nennen z. B. als ihr sehnlichstes Ziel den Weltfrieden (und nicht etwa einen Elektroroller).

Natürlich wissen wir, dass die Produzenten der beworbenen Produkte ihr eigenes Wohl, nämlich den Profit, im Auge haben. Wie die wahren Motive der Politiker sind, können wir oft kaum durchschauen (erinnern wir uns daran, dass unsere bewunderten Vorbilder Winston Churchill und auch John F. Kennedy gerne Atomkriege angezettelt hätten). Nur wenn die Zeitgenossen anonym auftreten, etwa im Internet, erkennen wir den altbekannten zornigen und neidischen Adam wieder.

Die neue Mitleidigkeit
Schon das 18. Jahrhundert lenkte den Blick auf das Mitleid (z. B. Rousseau 1755 in der Abhandlung über den Ursprung der Ungleichheit). Die Tragödie sollte den Lesern und Theaterbesuchern das Schicksal unglücklicher Menschen nahebringen. Schopenhauer sah 1840 im Mitleid die Basis aller „ächten Menschenliebe". Das 19. Jahrhundert hat das Mitleiden befördert und den Menschen in Romanen, Theaterstücken und Opern (z. B. Wagners „Parzifal") weiter nahegebracht.

Das Mitleid sollte in der Diskussion des 18. und 19. Jahrhunderts aber nicht in „weibisches Jammern", sondern in die „männliche" Tat münden (Frevert 2016).

Die Mitleidstat tritt daher heute in den Vordergrund. Ein Zeitalter der Empathie ist angebrochen. Das Mitleid greift über die Grenzen von Familie und Stamm hinaus.

Organisationen wie „Ärzte ohne Grenzen", Greenpeace und die „Tafeln" bieten den mitleidigen Idealisten Tätigkeitsfelder. Das angefachte Mitleid kann sich heute in Spenden, in politischen Stimmen, in persönliches Tun umsetzen. Staaten bieten stellvertretend Wohltaten, die der Wähler sich selber moralisch gutschreiben kann. Armutsbekämpfung und aufgenommene Flüchtlinge agieren gegen die Ohnmacht des Fernsehzuschauers anlässlich globalen Leidens.

Das Massenmitleid wird natürlich auch durch die Medien angefacht. Frevert (2016, S. 77): „In dem Maße, wie Mitgefühl nicht ein im stillen Kämmerlein bedachtes moralisches Desiderat war, sondern sich in einer Flut von Worten, Bildern, Gesten und Praktiken materialisierte, wuchs ihm eine überindividuelle Kraft zu, die alles bislang dagewesene in den Schatten stellte."

Frevert sagt 2019 (sinngemäß) in einem Interview in der „Welt am Sonntag": Tapferkeit ist von Jungen nicht mehr gefordert. Bei Mädchen ist es der Verzicht und die Bereitschaft, gegen eigene Gefühle zu handeln. Früher gab es eine stärkere Militarisierung des Privatlebens.

Die Ideale

In der Literatur werden Konflikte der Zeit erspürt und Lösungsversuche angeboten. Bornhoff-Nyssen 2003 betrachtete Werke von Kracht, Rudorf, Houellebecq, Schmitter, Kumpfmüller und Maier. Sie schreibt (S. 357): „Ich gebe dieser Literatur diese positive Bewertung. Sie ist eine ‚stille' Befreiungsliteratur, die Menschen vom Anspruch des Heldentums zu befreien versucht, auch vom Zwang ideal zu sein."

Die Handy-Generation (iGen)

Zurzeit wird eine Generation erwachsen, die bereits ihr ganzes Leben lang über Handys verfügt. Sie ist über Twitter, Facebook und Instagram vielfältig sozial verbunden, aber – wie es im Untertitel des Buches von Twenge (2017) heißt – „weniger rebellisch, toleranter, unglücklich und vollständig unvorbereitet für das Leben als Erwachsener". Weil ihre (Helikopter-)Eltern, bei denen sie bis zum Studium leben, sie überall hinkutschieren, wünschen sie sich keinen Führerschein. Auf ihre eigenen Probleme konzentriert, suchen sie nicht so sehr nach einem Partner (dann hätte man dessen Probleme ja zusätzlich, wie ein Interviewpartner Twenges sagte). Sie haben also weniger Sex und wenn, dann ohne tiefere Bindung. Leicht zugängliche Pornografie stimuliert mehr oralen Sex und weniger Geschlechtsverkehr. Für das Ende von Beziehungen gibt es den neuen Begriff „ghosting", der bedeutet, dass sich jemand ohne Vorwarnung und Erklärung „unsichtbar" macht und auf Kontaktversuche nicht mehr reagiert.

Irgendwie werden die jungen Menschen langsamer erwachsen und malen noch Malbücher aus, wenn sie sich beruhigen wollen. Wenn sie beispielsweise mit kontroversen Meinungen konfrontiert werden, kann das als traumatisch empfunden werden; statt zu diskutieren weint man in derartigen Konfrontationen. Um das seelische Gleichgewicht wiederzugewinnen, bieten amerikanische Universitäten Beruhigungsräume an. Vor drastischen Stellen der Literatur (etwa von Shakespeare) wird vorher mit einem Hinweis gewarnt. Auch Humor, der ja oft aggressive Impulse bedient, wird eher abgelehnt.

Immer mehr Zeit wird mit dem Handy verbracht. Diese Zeit fehlt dann für soziale Aktivitäten, aber auch zum Lernen oder gar für so etwas Langwieriges wie Bücher lesen und fernsehen. Aber auch die durchschnittliche Schlafdauer leidet darunter.

Weil die Handyzeit allein verbracht wird, fühlen sich die Teenager einsam, und im sozialen Vergleich mit vielen, die ihr glückliches Leben und schönes Aussehen in den sozialen Medien posten, scheint das eigene Leben blass. So hat die Häufigkeit depressiver Verstimmungen drastisch zugenommen, was sich in den entsprechenden Häufigkeiten für Selbstmordversuche ausdrückt.

Die 13-jährige Andrea drückt ihre Vereinsamung neben dem Handy aus, wenn sie von ihren Freunden spricht (Twenge 2017, S. 289): „Ich versuche, mit ihnen über irgendetwas zu reden, aber sie schauen nicht in mein Gesicht, sie schauen auf ihr I-Phone."

Die Kinder dieser Generation erleben Eltern die auf dem Spielplatz, im Urlaub zu Hause in der Freizeit auf das Handy konzentriert sind. So missachtet und allein gelassen könnte sich in der nächsten Geberation m.E. eine depressive Grundstimmung einstellen.

Die Lebenssinnsuche der vergangenen Generationen ist out; Sorgen über die Erhaltung des Wohlstandes und das Erlangen von guten Jobs beherrschen das frühe Erwachsenenleben.

Die Liebe in den Zeiten der Werbung
Die Soziologin Illouz untersucht in Interviews und in Analysen die Werbung (1997). Sie fand seit etwa 1930 Veränderungen der Einstellung zur Liebe im vergangenen Jahrhundert: Die romantische Liebe entfernt sich von der „langweiligen" Ehe und wird immer stärker mit Freizeit und kaufbaren

Lebensgenüssen wie Alkohol und Zigaretten verbunden. Kurze Beziehungen erscheinen den Befragten intensiver zu sein als langdauernde Beziehungen. Die „Liebe" in länger dauernden Beziehungen aufrechtzuerhalten, bedeutet dagegen „harte Arbeit".

Gleichzeitig verwirklicht sie sich in einem Markt von Partnern, die austauschbar sind und nach sozialökonomischen Gesichtspunkten gewählt werden. Aus Sorge, nicht die richtige Entscheidung zu treffen oder nicht den passenden Partner zu finden, kommt es zu einer Art Bindungsunfähigkeit.

> **Fazit**
>
> Neben einer kulturvergleichenden Psychologie könnte es eine zeitenvergleichende Psychologie geben. Gerade sie könnte Wurzeln und Ursachen unseres heutigen Verhaltens aufzeigen und die Variationsbreite menschlichen Verhaltens und Empfindens ergänzen. Ich hoffe, es war auch unterhaltsam, diesem Versuch zu folgen, und Erkenntnisse, die sich auf dem Weg zu einer zeitenvergleichenden Psychologie ergaben, mit zu vollziehen.

Literatur

Bornhoff-Nyssen, M. (2003). Wenn das Herz (k)eine Heimat findet. Moderne Literatur anhand psychohistorischer Thesen. In F. Nyssen & P. Jüngst (Hrsg.), Kritik der Psychohistorie. Anspruch und Grenzen eines psychologischen Paradigmas. Gießen: Psychosozial.

Briggs, J. L. (1970). *Never in anger. Portrait of an Eskimo family.* Cambridge: Harvard University Press.

Casanova, G. (1976) *Casanova Memoiren.* Klagenfurt Kaiser.

Crisam, H. (2014). Die intrauterine Beziehungsmatrix: Das indische Paradigman un bewusster Organisationsschwemata gesellschaftlicher Strukturen. In: Janus, L. & Kurth, W. & Heinrich, J. & Egloff, G. (Hrsg.), *Verantwortung für unsere Gefühle. Die emotionale Dimension der Aufklärung. Jahrbuch für Psychohistorie 16.* Heidelberg: Mattes.

Dinzelbacher, P. (2006), *Das fremde Mittelalter. Gottesurteil und Tierprozess.* Essen: Magnus Verlag.

Dinzelbacher, P. (2007). *Das fremde Mittelalter Gottesurteil und Tierprozess.* Paderborn: Schöningh.

Elias, N. (1976). *Über den Prozess der Zivilisation. Bd. 1 und 2.* Frankfurt a. M.: Suhrkamp.

Frevert, U. (2016). *Vergängliche Gefühle.* Göttingen: Wallstein.

Fuchs, S. (2016). Als Kind geliebte Menschen fangen keine Kriege an. In H. J. Reiß, R. Heinzel, & W. Kurth (Hrsg.), *Sein und Haben - was und bewegt. Jahrbuch für Psychohistorische Forschung Band 17.* Heidelberg: Mattes.

Harari, Y. N. (2015). *Eine kurze Geschichte der Menschheit.* München: Beck.
Harari, Y. N. (2017). *Homo Deus. Eine Geschichte von Morgen.* München: Beck.
Janus, L. (2016). Transformations in emotional structures througout history. *The Journal of Psychohistory, 43,* 187–198.
Jüttemann, G. (2011). Historische Psychologie und die Entwicklung der Menschheit. Die Perspektive einer Fundamentaltheorie. *Erwägen, Wissen, Ethik, 2,* 3–16.
Morris, D., Collett, P., Marh, P., & Shaugnessy, M. (1979). *Gestures.* New York: Stein and Day.
Pesmen, D. (2000). *Russia and Soul. An Exploration.* NY: Cornell University Press.
Plamper, J. (2012). *An Introduction to the History of Emotions.* Oxford: Oxford University Press.
Riegel, A. (1893/2015). *Stilfragen: Grundlegungen zu einer Geschichte der Ornamentik.* Berlin: Reprint.
Rosenwein, B. H., & Cristiani, R. (2018). *What is the History of Emotions?* Medford: Polity Press.
Rousseau, J.J. (1990). *Abhandlung über den Ursprung und die Grundlagen der Ungleichheit.* Stittgart: Reclam.
Schopenhauer, A. (1977). *Die Welt als Wille und Vorstellung.* Zürich, Diogenes.
Schaik, van C. & Michel, K. (2016). *Das Tagebuch der Menschheit.* Reinbeck: Rowohlt.
Schuster, M. (2016). *Wodurch Bilder wirken. Psychologie der Kunst.* Köln: DuMont.
Schuster, M. (2006). Die Suche nach den Memen des Museums. In M. Schuster & H. Ameln-Haffke (Hrsg.), *Museumspsychologie. Erleben im Kunstmuseum.* Göttingen: Hogrefe.
Schuster, M., & Jezek, U. (2003). Formübernahme in der Kinderzeichnung. In C. Kirchner (Hrsg.), *Sammelband „Kinder und Jugendzeichnung" der Zeitschrift Kunst und Unterricht,* (Nachdruck des Aufsatzes von 1992 in Kunst und Unterricht).
Thomae, H. (1960). *Der Mensch in der Entscheidung.* München: Johann Ambroses Barth.
Thomae, H. & Straub, J. (2004). Das Individuum und seine Welt im Spiegel der Zeit. *Forum: Qualitative Sozialforschung 5* (3), Artikel 6.
Twenge, J. M. (2017). *iGen why today's super-connected kids are growing up less rebellious, more tolerant. Less happy - and completely unprepared for adulthood.* New York: Simon and Schuster.
Vingerhoets, J. J. M. & Lauren, M. B. (2016). The riddle of human emotional crying: a challenge for Emotion researcher. *Emotion Review, 8,* 207–217.
Voigtländer, N. & Voth, H.J. (2012). Persecution perpetuated: the medieval origins of anti-semitic violence in nazi germany. *Quarterly Journal of Economics 11,* 1339–1332.
Wundt, W. (1919). *Völkerpsychologie. Bd. 3 Die Kunst.* Leipzig: Krömer.

Erratum zu: Einleitung

Erratum zu:
Kapitel 1 in: M. Schuster, *Menschliches Verhalten im Wandel der Zeit*,
https://doi.org/10.1007/978-3-662-60698-8_1

Auf Seite 22 wurde versehentlich Literatur falsch zitiert. In Zeile 1 auf Seite 22 muss es richtig heißen:

Dilthey 1894 und im Literaturverzeichnis auf derselben Seite: Dilthey, W. (1894). *Ideen über eine beschreibende und zergliedernde Psychologie.* Berlin: Berliner Akademie.

Die korrigierte Version des Kapitels ist verfügbar unter
https://doi.org/10.1007/978-3-662-60698-8_1

© Springer-Verlag GmbH Deutschland, ein Teil von Springer Nature 2021
M. Schuster, *Menschliches Verhalten im Wandel der Zeit*,
https://doi.org/10.1007/978-3-662-60698-8_10

MIX
Papier aus verantwortungsvollen Quellen
Paper from responsible sources
FSC® C105338

If you have any concerns about our products,
you can contact us on
ProductSafety@springernature.com

In case Publisher is established outside the EU,
the EU authorized representative is:
**Springer Nature Customer Service Center GmbH
Europaplatz 3, 69115 Heidelberg, Germany**

Printed by Libri Plureos GmbH
in Hamburg, Germany